LE JOURNALISME D'INVESTIGATION A LA DECOUVERTE DES SOUFFRANCES ET DENIS DES DROITS HUMAINS DANS LE SYSTEME PENITENTIAIRE BURUNDAIS: LE JOURNALISTE ET LE PRISONNIER

Au bureau, le 10 juillet 2010

Au parquet, le 13 Avril 2011

LE JOURNALISME D'INVESTIGATION A LA DECOUVERTE DES SOUFFRANCES ET DENIS DES DROITS HUMAINS DANS LE SYSTEME PENITENTIAIRE BURUNDAIS: LE JOURNALISTE ET LE PRISONNIER

JEAN-CLAUDE KAVUMBAGU

GALDA VERLAG 2021

Bibliografische Information der Deutschen Nationalbibliothek
Die Deutsche Nationalbibliothek verzeichnet diese Publikation in der Deutschen Nationalbibliografie; detaillierte bibliografische Daten sind im Internet über http://dnb.ddb.de abrufbar.

ISBN 978-3-96203-142-8 (Print)
ISBN 978-3-96203-143-5 (e-book)

TABLE DES MATIERES

I. DÉDICACE

A toi ma chère épouse Confidence NDAYISABA

A nos enfants,

Andy Cyrille ;
Guy Crépin ;
Golder Migisha, dite Michelle ;

KAVUMBAGU

Ainsi qu'à toi chère maman, qui partis pour l'Eternité quand j'étais en prison ;

Je dédie ce livre.

II. SIGLES ET ABRÉVIATIONS

A.B.R	Association Burundaise des Radiodiffuseurs.
A.C. Génocide	Association de Lutte contre le Génocide.
A.C.A.T.	Association Chrétienne de Lutte contre la Torture.
ACCORD	African Centre for the Constructive Resolution of Disputes.
A.I.	Amnesty International.
A.N.S.S.	Association Nationale des Séropositifs et des Sidéens.
A.P.P.L.E	Association pour la Promotion et la Protection de la Liberté d'Expression au Burundi.
A.PRO. D.H.	Association pour la Promotion des Droits de l'Homme et des Prisonniers.
B.B.C.	British Broadcasting Corporation.
B.I.F.	Franc burundais.
B.I.NU.B.	Bureau Intégré des Nations-Unies au Burundi.
B.R.B.	Banque de la République du Burundi.
C.P.J.	Comité pour la Protection des Journalistes
C.E.C.I.	Centre Canadien d'Etudes et de Coopération Internationale.
C.F.P.J.	Centre de Formation et de Perfectionnement des Journalistes.
C.I.C.R.	Comité International de la Croix Rouge.
CNDD	Conseil National de Défense de la Démocratie.
CNDD-FDD	Conseil National de Défense de la Démocratie – Forces de Défense de la Démocratie.
C.N.R.S.	Centre National de Recherches Scientifiques.
C.R.I.D.	Centre de Recherches pour l'Inculturation et le Développement.
C.P.F.	Centre de Formation en cours d'Emploi
COSOME	Coalition de la Société Civile pour le Monitoring des Elections.
D.G.A.P.	Direction Générale de l'Administration Pénitentiaire.
D.G.V.A.	Direction Générale de la Vulgarisation Agricole.
E.H.A.H.R.D.P.	East and Horn of Africa Human Rights Defenders Project.
F.B.I.	Federal Bureau of Investigation.
FL	Front Line

F.L.S.H.	Faculté des Lettres et des Sciences Humaines.
F.N.L.	Forces Nationales de Libération.
FO.R.S.C.	Forum pour le Renforcement de la Société Civile.
FRO.DE.BU.	Front pour la Démocratie au Burundi
H.R.W.	Human Rigthts Watch.
I.C.G.	International Crisis Group.
I.P.P.	Institut Panos Paris
I.M.AF	Institut des mondes Africain
I.R.D.	Institut de Recherche pour le Développement
I.S.A.	Institut Supérieur d'Agriculture.
L.C.P.	La Chaine Parlementaire (Télévision parlementaire française).
L.B.D.H.	Ligue Burundaise des Droits de l'Homme
L.D.G.L.	Ligue des droits de la Personne dans la Région des Grands Lacs
Me.	Maître
Mgr.	Monseigneur.
M.P.B.	Maison de la Presse du Burundi.
M.S.D.	Mouvement pour la Solidarité et le Développement.
N.A.B.J.	National Association of Black Journalists.
Ndlr.	Note de la Rédaction.
O.A.G.	Observatoire de l'Action Gouvernementale.
O.B.P.	Observatoire Burundais des Prisons.
O.LU.CO.M.E.	Observatoire de Lutte contre la Corruption et les Malversations Economiques.
O.P.B.	Observatoire de la Presse Burundaise.
P.A.C.A.M.	Plan d'Action Commun d'Appui aux Médias.
P.J.P.	Police Judiciaire des Parquets.
PUM.	Programma Uitzending Managers.
R.F.I.	Radio France Internationale.
R.P.A.	Radio Publique Africaine.
R.T.N.B.	Radio-Télévision Nationales du Burundi.
R.S.F.	Reporters sans Frontières.
SWAA - Burundi	Society and Women and Aides in Africa/Burundi.
U.B.	Université du Burundi.
U.B.J.	Union Burundaise des Journalistes.
U.P.D.	Union pour la Paix et la Démocratie.
U.PRO.NA.	Unité pour le Progrès National.
V.O.A.	Voice of America.

III. PRÉFACE

Le journaliste Jean-Claude Kavumbagu m'a demandé de préfacer son livre-témoignage sur la prison, j'ai vite répondu qu'il n'y a pas de soucis, sauf que nous avons les mêmes soucis pour notre pays. Mais petit-à-petit, l'oiseau fait son nid sans violence. Nous y parviendrons. Avais-je argumenté.

Concernant la justice au Burundi, les textes de loi sont très bien rédigés et peu de critiques sont à émettre à leur endroit, tant et si bien que les hommes de la loi ont toujours pris assez de temps et de recul pour produire des documents irréprochables. Cependant, leur mise en application pose problème, surtout après l'indépendance de ce pays, suite aux diverses spéculations des fonctionnaires de l'Etat comme l'avancement de grade ou de salaire, selon que les supérieurs hiérarchiques sont satisfaits ou pas.

Cette problématique appelle à une réflexion profonde relative à l'indépendance de la magistrature car le Chef de l'Exécutif - le Chef de l'Etat dans le contexte du Burundi - est la même personne qui place les magistrats, qui est le magistrat suprême du fait qu'il est président du conseil supérieur de la magistrature et son ministre de la justice et garde des sceaux, est généralement son vice-président. En d'autres termes, l'Exécutif contrôle le système judiciaire dans ce pays. Cette situation peut être évidemment une source de dysfonctionnement de la justice dans un pays où elle est en vigueur car elle ne respecte pas la séparation des pouvoirs, l'un des piliers de la démocratie.

A regarder de près donc, dans l'histoire récente de la justice du Burundi, pratiquement à partir de l'indépendance en 1962, les hommes au pouvoir se sont succédé, mais le fonctionnement de la justice est resté le même alors que le pays semblait se mettre au rendez-vous des changements de l'ordre mondial. L'on ne peut pas perdre de vue que le Burundi, comme la plupart des pays africains, a vécu une époque monopartite depuis les années 60 jusqu'en 1992, date du changement de la Constitution, menant le Burundi sur la voie de l'ouverture à la démocratie et au pluralisme des partis politiques et des médias.

C'est dans ce contexte que le journaliste Jean Claude Kavumbagu s'est lancé dans le métier d'informer en 1996, en créant une agence de presse privée dont la ligne éditoriale affichait une indépendance vis-à-vis des pouvoirs publics, qui étaient habitués à une presse unique, une presse de l'Etat, une ligne que les autorités de l'époque trouvaient comme "osée" par rapport à d'autres médias.

A cette période de 1996, l'on s'en souvient, il y avait beaucoup plus de journaux des partis politiques naissants, comme le FRODEBU avec l'"Aube de la Démocratie" à côté de celui de l'UPRONA, appelé "Carrefour des Idées", des journaux qui véhiculaient les idéologies de leurs partis politiques respectifs. A un certain moment, ils ont même été qualifiés de médias de la haine par des organisations de défense des droits de l'homme et celles des journalistes comme Reporters Sans Frontières, à titre d'exemple.

Ainsi, le Directeur de Net Press, tout comme son organe, ont connu des problèmes de justice, un outil privilégié par des hommes politiques pour faire taire un "ennemi" réel ou supposé. Jean Claude Kavumbagu aura pratiquement des démêlés avec tous les régimes qui se sont succédé, de Pierre Buyoya à Pierre Nkurunziza, car il a séjourné dans les geôles de Bujumbura à cinq reprises, y compris dans les cachots du service national des renseignements.

Etant soutenu par les populations, des corps diplomatiques accrédités à Bujumbura, des associations de la société civile et des partis de l'opposition, il se sentait soulagé de son indépendance vis-à-vis des régimes politiques ou carrément des formations politiques car, si tout le monde le plaçait dans un premier temps à l'Uprona, d'autres au Raddes ou au PRP, des partis d'obédience tutsi, il a été qualifié par le pouvoir de Pierre Buyoya, en 1998, d'être proche du FRODEBU. A ses yeux, c'était une preuve de plus de son impartialité dans le jeu mené par des hommes politiques d'autant plus qu'il a toujours clamé qu'il n'appartient à aucune formation politique.

Aujourd'hui, M. Kavumbagu a décidé de témoigner ce qu'il a vu de ses propres yeux. Il a un seul souhait, voir que des Burundais lisent nombreux son témoignage pour que demain, s'ils sont appelés à diriger ce pays, puissent corriger les monstruosités qui s'observent dans les prisons, pratiquement à l'insu de tout le monde, y compris des dirigeants.

Pierre-Claver MBONIMPA
Doctor Honoris Causa
Président de l'APRODH.

IV. REMERCIEMENTS

Lorsque cet ouvrage aura été publié, tout le monde aura comme réflexe de se précipiter à la page de garde ou alors à la couverture pour voir le nom et ou la photo de son auteur. Le lectorat va alors m'octroyer la paternité de ce livre. Certes, cela est en partie vrai car j'ai pris l'initiative et le temps de le concevoir, de le rédiger et de le mettre à la disposition du public. Cependant, tout ce beau monde devra savoir que pour y parvenir, il y a eu une combinaison de plusieurs facteurs, dont une contribution ô combien précieuse d'hommes et de femmes qui m'ont prodigué leurs conseils pour que l'« enfant » à accoucher ait un visage présentable.

Mes premiers sentiments de gratitude vont tout naturellement à l'endroit de ma famille qui a vaillamment supporté mes peines et qui m'a encouragé d'aller toujours de l'avant malgré des conseils de plus en plus nombreux m'invitant à abandonner le métier de journaliste. J'ai une pensée spéciale pour mes six enfants et neveux – de 3 à 9 ans en 2010 -, qui n'ont jamais perdu l'espoir même si je n'étais pas parmi eux.

Dans un premier temps, ils avaient peur même de me saluer quand ils me voyaient porter un costume vert de détenu, qu'ils n'avaient jamais vu quand j'étais encore libre. Ils se sont habitués avec le temps si bien qu'ils étaient à l'aise et chacun me racontait sa propre « histoire » qu'elle détenait soit de l'école, soit de la maison pendant mon absence. Ils se permettaient depuis de me raconter des taquineries qu'ils s'étaient faits pendant la semaine. Je n'oublierai jamais comment leurs visites dominicales, avec chacun 100 francs burundais (0.056 euros en 2010) dans la main, me réconfortaient.

Quand j'ai été relâché, j'étais très sollicité par mes confrères, les membres élargis de la famille, la société civile, les hommes politiques, la communauté internationale, etc. Cette famille m'a alors montré compréhension quand je devais lui prendre congé pour rencontrer tout ce monde qui désirait me voir. Plus tard, quand j'ai décidé de gratter quelques lignes de cet ouvrage, ma famille a accepté mon retrait sans grogne. Elle devrait sentir que cet ouvrage est aussi le sien.

Mes remerciements vont ensuite aux confrères et consoeurs de la presse privée en général et de l'Agence en ligne Net Press en particulier. Les journalistes de notre agence ont tout fait pour que la publication se poursuive durant mon absence. C'est un honneur pour eux et pour Net Press. Ces confrères et consoeurs de la presse privée ont tout fait pour que je sois relaxé chaque fois que j'avais des difficultés avec la justice de mon pays. J'ai toujours considéré que ma libération était une victoire de la presse privée au Burundi.

Si ces quelques pages ont pu être publiées, c'est parce que j'avais recouvré la liberté, l'inverse n'étant pas possible car l'on me présentait comme un élément dangereux - un journaliste - pouvant subvertir la prison, un homme à surveiller de près à tout prix. C'est dans ce contexte que tout ce que je posais comme geste en prison était rapporté à la direction à la minute près, voire à la seconde. Ma libération est pressentie donc comme une oeuvre des confrères et consoeurs qui comptaient tous les jours le temps que je passais derrière les verrous, une pratique qui gênait beaucoup les pouvoirs publics en place.

A côté de ces prestations médiatiques, les mêmes confrères et consoeurs organisaient régulièrement des visites à la prison pour s'enquérir de l'état de ma santé à titre d'exemple. Je n'ai pas souvenance d'une seule fête des professionnels des médias célébrée sans qu'une délégation ne soit envoyée à Mpimba pour m'y associer. Je ne peux pas oublier comment le 3 mai 2011, mes confrères et consoeurs ont organisé une marche – manifestation du centre-ville à la Maison de la Presse, pour exiger ma libération.

Manifestation des journalistes le 3 mai 2011, avec le soutien de Reporters sans frontières.

Lors de cette marche-manifestation, ils avaient érigé une pancarte qui demandait ma libération sans autre forme de procès. Ils ont toujours annoncé ces visites qui étaient accompagnées chaque fois d'une enveloppe et Dieu seul sait combien elle est salvatrice dans ces circonstances.

Pancarte érigée par l'Union burundaise des journalistes.

Je suis donc infiniment reconnaissant à l'endroit de mes confrères et consoeurs, la confraternité oblige dans le métier d'informer.

La presse internationale a également contribué à ma libération. Ma pensée va directement à la Radio néerlandaise, à RFI, à la BBC, à la VOA et à Radio Canada qui n'ont cessé de rapporter chaque événement nouveau concernant mon emprisonnement. Je dis également merci aux associations professionnelles des médias comme RSF qui a suivi de bout en bout mes peines quand j'étais interné, le Comité pour la protection des journalistes, la Fédération des journalistes africains, la Fédération internationale des journalistes ainsi que l'Association nationale des journalistes afro-américains (NABJ). Cette dernière m'a décerné d'ailleurs un prix 'Percy Qoboza Award' pour le courage et la résistance en date du 4 août 2011 à Philadelphie aux Etats-Unis.

De son côté, l'Institut Panos Paris (I.P.P.), dont le représentant au Burundi et au Rwanda est le Burundais Cyprien Ndikumana, en collaboration avec le Plan d'Action Commun d'Appui aux Médias (PACAM), représenté par un Français du nom de Robert Minangoy, m'ont trouvé un stage d'un mois à Paris, en octobre 2011, auprès du Centre de Formation et de Perfectionnement des Journalistes (C.F.P.J.), afin de bénéficier d'une formation portant sur la « Rigueur professionnelle et la déontologie ». C'est un centre bien connu et qui organise des formations universitaires pour les étudiants en communication. Cette formation a été sanctionnée par un certificat et parmi les 12 participants de plusieurs nationalités, j'ai occupé une place de choix, pour ne pas dire la première.

INTERNATIONAL
CFPJ
CENTRE DE FORMATION
ET DE PERFECTIONNEMENT
DES JOURNALISTES

35, RUE DU LOUVRE
75002 PARIS
FRANCE

ATTESTATION DE STAGE

Rigueur professionnelle et déontologie

Le Centre de formation et de perfectionnement des journalistes certifie que

Jean-Claude Kavumbagu

a suivi la formation organisée à Paris du 3 au 28 octobre 2011.

Fait à Paris, pour valoir ce que de droit le 28/10/2011

C.F.P.J. INTERNATIONAL

Véronique Garé
Responsable du service International

Attestation de stage obtenu à Paris le 29 octobre 2011

Outre cette formation, je devrais rappeler que lors de mon passage en France, ce pays était en pleine campagne électorale. L'atmosphère politique était tendue car plusieurs courants politiques, de gauche comme de droite, cherchaient à tout prix à rafler le maximum de voix pour le premier tour des élections qui devait avoir lieu le 22 avril de l'année suivante, en 2012.

Déjà à cette époque, au regard de l'évolution de la campagne, il était évident que le Parti socialiste et l'Union pour la majorité présidentielle, pilotés respectivement par François Hollande et Nicolas Sarkozy, Président sortant, avaient plus de poids sur l'échiquier politique français. Il était sans équivoque que les deux hommes politiques français allaient sortir vainqueurs du premier tour afin de « s'affronter » deux semaines plus tard au second tour, le 6 mai de la même année.

Alors qu'en groupe, nous nous rendions au siège du Parlement français pour visiter La Chaine Parlementaire, une télévision du parlement, nous avons pu rencontrer et serrer la main, au Palais Bourbon, à un candidat qui n'est pas monsieur tout le monde puisqu'il s'agissait de .... Mr François Hollande, candidat du PS aux présidentielles.

Personnellement, j'ai été content quand il a gagné les élections en 2012, mais pour des raisons subjectives, le fait de l'avoir salué. Mais quelques années plus tard, il est devenu tellement impopulaire si bien que des compatriotes de François Hollande que j'ai rencontrés m'ont révélé que le fait d'avoir serré sa main ne me servirait à rien dans l'opinion des Français.

Ainsi, à la fin de l'année 2015, il était difficile de savoir si François Hollande sera réélu en 2017 car tous les indicateurs étaient au rouge, surtout qu'il n'avait pas pu réduire le chômage, ce qui était une promesse - clé de sa campagne trois ans plus tôt. Même les Français rencontrés à Bujumbura estimaient que la deuxième législature du président français était inenvisageable.

Jean-Claude Kavumbagu sur la photo à gauche du candidat François Hollande[1]

[1] L'équipe des journalistes en provenance d'Afrique – Algérie, Bénin, Burundi, Cameroun -, d'Haïti et d'Irak en compagnie du candidat François Hollande, au Palais Bourbon, le 21 octobre 2011.

Je n'oublie pas non plus les associations nationales comme la Maison de la Presse du Burundi, l'Association burundaise des radiodiffuseurs, l'Association des femmes journalistes, l'Union burundaise des journalistes ainsi que l'Observatoire de la presse burundaise.

Que dire des avocats-conseils ? Il n'y a pas moyen de trouver des termes exacts pour qualifier le service rendu par les avocats du barreau de Bujumbura. Ils ont tout tenté, ils ont tout fait, ils ont tout réussi dans la défense de mes dossiers. Je profite de cette occasion pour rendre un hommage très appuyé, malheureusement à titre posthume, à feu Maître Laurent Nzeyimana. Sa prestation de février 2009 aux côtés de ses quatre confrères fut sans précédent, ce qui me valut un acquittement pur et simple en date du 19 mars 2009, douze jours avant sa mort inopinée, survenue au Kenya, le 31 mars 2009.

Mes remerciements vont également tout droit à Mes Onésime Kabayabaya, Emmanuel Hakizimana et Tharcisse Ntakiyica pour la défense du procès de 2008-2009. Au moment où j'écrivais encore cet ouvrage en 2015, je devrais préciser que dans l'entre-temps, la mort a frappé encore une fois à la porte du barreau du Burundi, emportant Me Tharcisse Ntakiyica, un avocat très apprécié par ses confrères et qui fut aussi président de cette prestigieuse institution. Quant au procès de 2010, un autre avocat-conseil s'était joint à l'équipe, il s'agit de Me Rémy Kururu. A travers Me Gabriel Sinarinzi, principal avocat-conseil et qui a toujours gagné dans mes procès, j'adresse donc tous mes remerciements à l'endroit du barreau de Bujumbura ainsi qu'à Me Bernard Maingain, qui s'est personnellement déplacé de Bruxelles pour venir défendre ma cause. Tout comme pour les cas précédents, sur l'accusation de « Trahison » qui m'était reprochée par le ministère public, j'ai également été acquitté le 13 mai 2011.

Les avocats ne sont pas seulement efficaces à la barre. Ils sont aussi indispensables lorsqu'on doit rédiger un texte sur le droit et la justice, surtout que leur assistance est gratuite. Je fais allusion ici à Me Isidore Rufyikiri, Bâtonnier de l'Ordre des avocats du barreau de Bujumbura à l'époque des faits, aujourd'hui en exil pour des raisons politiques, qui m'a été d'une très grande utilité dans la compréhension de certaines notions juridiques lors de la rédaction de cet ouvrage. Quand bien même il n'a pas fait partie de l'équipe de mes avocats-conseils, il a cautionné cette assistance du barreau et il a toujours manifesté son soutien moral à mon égard.

C'est une occasion en plus d'exprimer mes vifs remerciements à l'endroit des différents corps diplomatiques et consulaires en mission à Bujumbura.

La pensée se dirige particulièrement vers les ambassades des Etats-Unis d'Amérique, de France, de Belgique, d'Allemagne et de la Hollande. Elles ont suivi de près toutes mes comparutions au parquet, tout en essayant de contacter diverses autorités – hors micro bien entendu comme on dit dans le jargon journalistique – sur mon cas.

J'exprime ici ma gratitude sans bornes envers toutes ces personnalités, surtout la Belgique dont le ministère des Affaires Etrangères s'est personnellement mobilisé pour défendre mon cas. En plus de leur présence au parquet les jours de comparution, ces missions diplomatiques et consulaires envoyaient régulièrement des délégations pour me rendre visite en prison.

Je m'en voudrais si je ne mentionnais pas l'Association des experts Séniors hollandais dénommée PUM. Elle a fait tant de déclarations sur la Radio néerlandaise et sur son site à propos de mon cas. Ces cris d'alarme, ajoutés aux autres qui fusaient de toutes parts, ont contribué à ma relaxe. Le dernier mais pas le moindre, c'est le Comité International de la Croix Rouge (CICR). Cette ONG m'a assisté jusqu'à me rendre des visites à l'intérieur de la prison, à m'octroyer des savons pour lessive et à approvisionner la prison en eau potable quand elle manquait. Par modestie, le CICR n'aime pas qu'on lui dise merci de ce qu'il fait pour les prisonniers car, avance-t-il souvent, il ne fait que son travail. Tout en étant d'accord avec lui, je lui demanderais cependant de m'excuser pour avoir mentionné dans ce livre que son travail sur terrain est très appréciable.

Les associations et ligues de défense des Droits de l'Homme, tant nationales qu'internationales, ont également une place de choix parmi les organismes à qui je dois reconnaissance. Il s'agit notamment de la Ligue des Droits de l'Homme Iteka, du Forum pour le renforcement de la société civile (Forsc), de l'Association pour la promotion des Droits de l'Homme et des Prisonniers (APRODH), de l'Association de lutte contre le génocide, A.C Génocide Cirimoso ainsi que sa branche basée au Canada, de l'Association chrétienne de lutte contre la torture(ACAT), des associations internationales comme Human Rights Watch[2], International Crisis Group, Front Line, le projet de défense des défenseurs des Droits de l'Homme à l'Est et dans la Corne de l'Afrique (EHAHRDP), etc.

D'autres associations de la société civile ont également suivi de près mes difficultés avec la justice. Il s'agit de l'Observatoire de lutte contre la corruption et les malversations économiques (OLUCOME). Cet observatoire

[2] J'ai une pensée spéciale pour Neela Ghoshal, chercheuse à Human Rights Watch et représentante de cette ONG au Burundi. Elle m'a rendu visite en prison à deux reprises en 2008 et en 2009 avant d'être désignée persona non grata le 5 juin 2010, en pleines élections.

a lui-même un contentieux avec la justice car son ancien Vice-président, Ernest Manirumva, a été assassiné en date du 9 avril 2009. J'y reviendrai. Je remercie également un autre Observatoire qui, lui, s'occupe de l'Action gouvernementale, l'OAG, qui n'a pas non plus cessé d'exiger ma libération en bonne et due forme.

Une autre catégorie de personnalités que je dois remercier est faite des professeurs d'Université. Je pense dans un premier temps à la Professeure belge Marie-Soleil Frère, qui enseigne le cours de Communication à l'Université Libre de Bruxelles et consultante à l'Institut Panos Paris, devenu dans l'entre-temps Institut Panos Grands Lacs. Elle fait souvent les déplacements de Bujumbura pour venir assurer la formation des cours de Master en Communication. Elle a relu tous mes manuscrits et son expérience en matière de production des ouvrages dans le domaine de la communication m'a été d'une utilité inestimable.

Une autre personne qui a corrigé mes manuscrits est Mme Christine Deslaurier, de nationalité française, docteur en histoire et chargée de recherche à l'Institut de recherche pour le développement (IRD), rattachée à l'Institut des mondes africains (IMAF).

Cette chercheuse d'une cinquantaine d'années, titulaire d'un doctorat d'Histoire de l'Université Paris-I Panthéon-Sorbonne, en octobre 2002, fait partie de la jeune génération des chercheurs sur des questions africaines. Elle est spécialiste de la transition du Burundi de la colonisation vers l'indépendance. Tout comme Marie-Soleil Frère, cette Française est auteure de plusieurs ouvrages sur le Burundi.

L'on saura également que Christine Deslaurier est une femme très humble, qui n'aime pas qu'on dise qu'elle est intelligente malgré son doctorat en Histoire. Cependant, l'on ne peut pas citer de mémoire les ouvrages produits par ce chercheur de renommée internationale.

Je pense ensuite à mes anciens professeurs du Département d'Histoire à la Faculté des Lettres et Sciences Humaines dont certains ont accepté volontiers de lire mes manuscrits pour des corrections.

Je pense également au professeur Evariste Ngayimpenda, qui, malgré son intention de jeter un coup d'oeil sur le chapitre relatif à la démographie dont il est spécialiste, n'a pas pu le faire pour des raisons indépendantes de sa bonne volonté. Je pense également au professeur Melchior Mukuri qui m'a d'ailleurs octroyé un Dictionnaire chronologique du Burundi[3], qu'il venait de produire au mois d'août 2011, au professeur Déo Nsavyimana, plus connu sous le sobriquet de 'Gandhi' pour ses conseils qui ont été très précieux dans la confection de cet ouvrage.

Le professeur Sylvestre Ndayirukiye, docteur en Géographie, m'a dispensé le cours de Géographie Humaine en première candidature à l'Université du Burundi, quand j'étais encore « puant »[4], selon le jargon universitaire. On s'est revu dans la vie active et il m'a promis de m'aider à confectionner une carte géographique des prisons du Burundi, ce qui n'a pas pu se faire malheureusement. J'ai appris plus tard que même à l'institut géographique du Burundi (IGEBU), cette carte n'existe pas. Pour qu'il y ait sa confection, il faut que le ministère de la justice en fasse la demande, ce qui n'est pas apparemment son souci.

Enfin, le dernier mais pas le moindre, l'Abbé Adrien Ntabona[5] de la Paroisse Esprit de Sagesse située à Mutanga Sud, pour ses conseils très précieux quand je rédigeais ce livre. Aujourd'hui, il a pris sa retraite aussi bien à la paroisse qu'à l'université du Burundi dont il était professeur depuis bien longtemps.

Les confessions religieuses ont été également d'un apport important. L'Eglise Catholique m'envoyait régulièrement des messages de soutien moral à travers notamment l'abbé Simon Ruragaragaza, de la Paroisse Saint Joseph de la commune urbaine de Ngagara à l'époque des faits ainsi que des Soeurs – Elisabeth et Gentille - qui me rendaient souvent visite. L'on ne peut pas passer sous silence l'aumônier de la prison, Gilbert Ndayishimiye.

J'adresse également mes sentiments de reconnaissance à Mgr Pie Ntukamazina, de l'Eglise anglicane de Bujumbura, pour avoir envoyé régulièrement des messages de soutien via des professionnels des médias. Je le connais depuis longtemps par ailleurs et il est toujours apparu comme « The right man in the right place », comme disent les Anglais. C'est également le

[3] MUKURI Melchior, Dictionnaire chronologique du Burundi. Volume 1 : 1850 – 1966 De Mwezi Gisabo à la chute de la monarchie, Presses Lavigerie, Bujumbura, 2011, 382 p.

[4] Dans le jargon universitaire, est « puant » tout nouveau venu à l'université. Cette appellation est évidemment un « grade » académique car celui qui n'a pas fréquenté le milieu universitaire est traité de « néant ». Celui qui fréquente l'université s'appelle « poil ». Un puant donc se nomme également « poilicide », pour dire qu'il est nocif aux poils.

[5] L'abbé Adrien Ntabona a fondé la paroisse Esprit de Sagesse en 1996. Professeur d'université, il a pris sa retraite il y a quelques années et aujourd'hui, il a pris une autre retraite, celle à la tête de sa paroisse.

même sentiment de gratitude à l'endroit du Sheikh Abou, qui passe tous les vendredis à la prison pour aider les Musulmans à prier. Il m'a toujours cherché après la prière pour remonter mon moral. Je lui suis infiniment reconnaissant.

Enfin, mes voisins immédiats, à travers l'association « La Case »[6], se sont organisés souvent pour me rendre visite en prison, ce que font très peu de gens quand ils savent que le voisin est en difficultés. J'exprime un remerciement indéfectible et promets de suivre toujours leur exemple, qu'il s'agisse de circonstances heureuses ou malheureuses. J'avais l'habitude de les joindre régulièrement, mais la rédaction de cet ouvrage a fait que mes fréquentations sont allées decrescendo. Ils ont manifesté leur compréhension. Parmi eux, il y en a qui ont pu lire quelques lignes de ce texte et y ont apporté des corrections utiles, surtout qu'ils ont des compétences dont j'avais besoin. Tout comme mes anciens professeurs et mes avocats-conseils, ils m'ont assisté gratuitement, leur souci étant que mon produit soit « comestible ».

Je ne saurai passer sous silence l'apport des autorités de l'Administration pénitentiaire et de la Banque centrale (BRB). Ces dernières ont mis à ma disposition une documentation que j'ai jugée indispensable pour expliquer certaines réalités de la vie en prison. C'est également le cas des fonctionnaires du ministère de la justice qui ont été pour moi des sources d'informations très importantes. Ils m'ont donné des informations sur tout ce que j'ai demandé, ils ont répondu à mes questions, des fois critiques à l'endroit du secteur judiciaire, qu'ils ont rectifiées ou appuyées. Mes remerciements vont également à l'endroit des codétenus qui m'ont fourni des témoignages incroyables mais vrais. Comme j'étais surveillé de près, je recueillais des informations le matin que je mettais sur papier le soir, avec un style codé que personne ne pouvait déchiffrer.

Je ne saurai enfin oublier le nombre impressionnant de gens qui se sont donné la peine de venir me rendre visite en prison. Ils ont manifesté leur témérité car une rumeur circulait selon laquelle celui ou celle qui venait me voir était directement dans le point de mire du service national des renseignements. Beaucoup de gens ont eu peur de se rendre à Mpimba suite à ce bruit.

Cela n'était pas sans fondement car en 2009, la direction de la prison a instauré un système de noter l'identité de tout visiteur à certains prisonniers politiques : Hussein Radjabu (ancien président du CNDD-FDD), Alexis Sinduhije (président du parti d'opposition MSD), Sévérin Ndikumugongo

[6] C'est une association d'entraide des gens habitant la zone de Kinindo, nouvelle commune de Muha.

(ancien ministre sous Domitien Ndayizeye), Pasteur Mpawenayo (ancien député)[7], Gérard Nkurunziza (ancien député), Juvénal Rududura (ancien syndicaliste non magistrat), Jean-Claude Kavumbagu (directeur de Net Press) ainsi que Jean-Bosco Sindayigaya, alias Gatayeri (ancien rebelle du Palipehutu-Fnl).

Les deux anciens députés étaient des codétenus d'Hussein Radjabu. La direction avait prévu un cahier pour chaque prisonnier où elle marquait l'identité de ses visiteurs et il semble que chaque vendredi, les cahiers étaient acheminés au service national des renseignements pour identifier les visiteurs desdits prisonniers.

Sans toutefois dire que l'information était avérée, cette situation aurait été dictée par une visite à la prison effectuée par l'ancien président de la République, Domitien Ndayizeye, en 2009. Il était connu de tous les policiers et détenus car un peu avant, - en 2006 précisément -, il avait dû passer par la prison de Mpimba, quelques mois seulement après sa remise et reprise avec son successeur, le P Pierre Nkurunziza.

Cette journée-là, il était entré en prison avec tous les honneurs d'un ancien Chef d'Etat, - c'est un homme très populaire -, n'avait pas été obligé par les policiers de décliner son identité comme cela se fait pour tous les autres visiteurs et la police avait laissé sa voiture se garer à l'entrée de la prison. Il avait alors demandé à voir Hussein Radjabu, Sévérin Ndikumugongo et Jean-Claude Kavumbagu. Il a tenté d'animer un point de presse devant la prison, ce que les policiers ont refusé.

Il est ensuite rentré à son domicile où il a animé une conférence de presse au cours de laquelle il a expliqué le choix de ceux qu'il était allé voir. Les autorités politiques ont vu en ce geste un acte de propagande et elles ont décidé de renforcer la surveillance des prisonniers politiques, huit au total tels que cités dans les paragraphes précédents.

Parmi les personnes qui m'ont rendu visite, je dois tout de même mentionner une dame qui s'est distinguée d'autres visiteurs, raison pour laquelle j'ai estimé utile de le signaler. C'est une veuve qui s'appelle Caritas Nkoraniye, affectueusement appelée « Mama Ntore », « intore » étant un terme kirundi qui désigne une personne intègre. Il se fait que l'un de ses fils s'appelle justement Ntore.

[7] Il est sorti de la prison, acquitté, après 4 ans d'incarcération, du 04/07/2008 au 01/06/2012 !

Cette dame a quitté la province de Bubanza, à 42 km à l'Ouest du pays, elle ne me connaissait pas, elle entendait tout le temps à la radio ce journaliste emprisonné pour une énième fois, elle a décidé de me rendre visite à Mpimba dans le cadre de remonter mon moral, me disant que chaque chose a un début et une fin. J'ai apprécié son geste si bien qu'au sortir de la prison, la première réaction fut de quitter Bujumbura pour aller saluer cette bonne maman dans sa province. Elle est devenue une amie personnelle de ma famille restreinte.

Je dis aussi merci à toutes les personnes – elles sont nombreuses – qui m'ont soutenu moralement et toutes celles qui ont pris leur courage en mains pour exprimer mon soutien par la voie des différentes stations locales.

Enfin, je voudrais demander l'indulgence à toute personne physique ou morale qui se sentirait oubliée à travers ces lignes. Ce sera bien sûr une omission, mais involontaire, tant et si bien que la mémoire humaine ne peut pas tout retenir de mes cinq emprisonnements sur une période de 12 ans, de 1999 à 2011. Cependant, je suis conscient que la liste des personnes à remercier que j'ai confectionnée est loin d'être exhaustive.

Ce projet de livre m'a pris beaucoup de temps, pratiquement 5 ans pour la simple raison que je n'avais pas l'expérience requise et parce qu'il fallait mentionner « tout » ce que j'ai vu et senti même si je reste convaincu que je n'y suis pas parvenu. J'ai décidé de boucler ce projet de livre au mois de juillet 2016, ce qui correspond au 20ème anniversaire de la création de l'agence Net Press. L'autre intention était de le publier trois ans plus tard, en 2019, ce qui correspondait au 60ème anniversaire de la création de la prison centrale Mpimba, en 1959[8], mais ce deuxième objectif n'a pas été atteint.

[8] L'idée m'a été suggérée par l'Historienne Christine Deslaurier

V. AVANT-PROPOS

D'aucuns sont convaincus qu'il y a une prédestination d'une personne, dès la naissance jusqu'à sa mort. Cette théorie, quoi que certains la contestent, semble faire son bonhomme de chemin, surtout pour ceux qui l'observent sur une longue période, dans le temps et dans l'espace. Dans tous les cas, il est difficile de déterminer avec précision ce que l'on devient dans le futur, tellement chacun, surtout en bas âge, rêve de devenir une personnalité très importante – être plus fort dans son entourage, plus beau, plus sympathique, etc, - dans la société où il évolue. Mais ce souhait ne devient pas forcément une réalité car, plus une personne grandit, plus elle constate que le milieu ne lui est pas nécessairement favorable. Il lui faut donc s'adapter, parfois réajuster ses rapports avec le monde qui l'entoure pour y vivre en harmonie, quand bien même cela n'est pas toujours évident.

C'est pour moi une occasion de vanter la création de l'école à l'époque de la modernité. En effet, celle-ci permet de structurer toute une organisation personnelle et vivre en toute indépendance, les relations humaines devenant intéressantes selon qu'on parvient à contribuer, de façon modeste soit-elle, à la construction de son propre environnement.

En fréquentant l'école donc, je disais à mes camarades de classe – au Collège de Muramvya, actuel Lycée de cette même province[9] et qui porte le même nom -, que tôt ou tard, je devrai écrire un livre. Nous sommes en 1982 et je fréquente la 5ème année secondaire ou la 9ème année, selon les écoles, à 17 ans. L'on me prenait pour un rêveur, d'autant plus que, me disait-on, même ceux qui ont des diplômes de licence ou de doctorat, qui ont fait tant d'études depuis des années-lumière, n'ont pas encore produit d'ouvrages. L'argument semblait me convaincre par le fait qu'effectivement, il y avait à l'époque très peu d'ouvrages écrits par des Burundais, la plupart d'entre eux, si pas tous, qui ont accédé aux études universitaires, s'étant limités à la production de leurs mémoires de fin d'études supérieures. En outre, moi-même, en lançant cette idée, je ne voyais pas exactement comment je pouvais y parvenir.

[9] L'école s'appelait initialement Collège officiel de Muramvya, située dans la province de Muramvya, au centre du pays. Plus tard, elle deviendra Lycée de Muramvya, sous la IIème République dirigée par Jean-Baptiste Bagaza.

En poursuivant mes études, j'aimais beaucoup la lecture et j'avais un respect sans bornes pour les personnalités qui produisent régulièrement. L'exemple qui me venait toujours à l'esprit était celui de Jean-Pierre Chrétien, un historien français spécialiste de l'Afrique centrale et Directeur de recherches pendant de nombreuses années au Centre national de recherches scientifiques en France. Mon appréciation de ce chercheur aujourd'hui en retraite est à l'origine de mon orientation au Département d'Histoire à l'Université du Burundi.

Les études terminées vers le milieu des années 1990, je ne fis pas la carrière d'enseignant d'histoire comme la plupart des étudiants de ma faculté. Ayant soutenu publiquement mon mémoire le 1er mars 1993, j'introduisis ma demande d'emploi comme tout le monde. La réponse ne tarda pas à venir du Ministère de l'éducation nationale qui m'affecta au Lycée de Kibimba pour commencer à enseigner l'histoire en date du 26 octobre de la même année. Or, cinq jours plus tôt, le 21 octobre 1993, le tout premier président hutu élu, Melchior Ndadaye, venait d'être assassiné par un groupe de militaires tutsi. La suite est connue, les Hutu un peu partout dans le pays, ont procédé à la chasse aux Tutsis, pour « venger leur président » assassiné, une réaction qualifiée d'ailleus plus tard en 1996 d'actes de génocide par le rapport S/1996/682 des Nations-unies[10]. Même dans ses recommandations, la Commission d'enquête avait exprimé son souhait de voir établie une compétence internationale au regard de ces actes[11]. Le Lycée de Kibimba n'a pas été épargné par cette folie humaine. Les éducateurs, tout comme les populations hutues du voisinage ont tué une centaine d'élèves et d'enseignants tutsi, toujours dans la logique de les « punir » pour avoir « tué » Melchior Ndadaye. Je me suis senti comme un rescapé car la plupart des enseignants tutsi à cette école ont trouvé la mort en même temps que les élèves.

J'ai donc renoncé au métier d'enseignant surtout à l'intérieur du pays, mais j'ai écrit encore une autre lettre pour demander de l'emploi au Ministère de la Fonction publique. Au bout de quelques semaines, l'on m'annonça que ma correspondance s'est perdue, qu'il y a des traces dans des registres, mais que le document physique est pratiquement introuvable. Dans l'entre-temps,

[10] Dans son paragraphe 483, le rapport indique que la « Commission estime que les éléments de preuve dont elle dispose suffisent à établir que des actes de génocide ont été perpétrés au Burundi contre la minorité tutsie le 21 octobre 1993 et les jours suivants à l'instigation et avec la participation de certains militants et responsables du FRODEBU, y compris au niveau des communes ».

[11] Dans son paragraphe 496, le rapport mentionne que « Ayant conclu que des actes de génocide ont été perpétrés contre la minorité tutsie au Burundi en octobre 1993, la Commission est d'avis qu'une compétence internationale doit s'exercer à l'égard de ces actes ».

j'avais accumulé des connaissances en informatique si bien que j'ai été recruté pour former les fonctionnaires de la Direction générale de la vulgarisation agricole (DGVA) à Gitega et des étudiants à l'Institut supérieur d'agriculture (ISA), de l'université du Burundi, toujours dans la même province. Au bout de la formation, le Vice – recteur de l'Université de l'époque paya mes prestations, mais refusa de me reconduire car, disait-il, j'avais un diplôme de licence en histoire et non en informatique. C'est alors que j'ai décidé de ne plus chercher d'emploi auprès de l'Etat et de créer l'Agence d'information Net Press, après trois ans de chômage.

Je me suis donc lancé dans le métier de journalisme que je pratique depuis juillet 1996. A l'époque, l'art de communiquer était un métier dangereux pour la simple raison que les autorités d'alors, qui venaient de lancer le pluralisme politique avec la Constitution de 1992, ne comprenaient pas exactement le fonctionnement du multipartisme, encore moins le rôle de la pluralité des médias dominé par la presse privée. L'on notera que la plupart de ces autorités avaient évolué dans le monopartisme, donc un parti unique, une pensée unique, une presse unique, bref, un tout unique[12].

Dans un premier temps, ces responsables politiques étaient contre les médias privés. Plus tard, ils ont tenté de s'adapter mais jusqu'à présent, le courant ne passe pas correctement entre les autorités politiques et les médias privés. En témoignent les différents emprisonnements et interpellations des journalistes de la presse privée, surtout la Radio publique africaine (RPA) et l'Agence Net Press, ainsi que la radio Bonesha FM et la radio Isanganiro[13] dans une moindre mesure. Je n'ai jamais vu un journaliste de la RTNB par exemple comparaître suite à ses prestations journalistiques. Ce qui peut se comprendre aisément car ce médium public suit une ligne éditoriale imposée par le gouvernement.

Il faut dire également que la plupart des dirigeants africains des pays francophones venaient d'assister au sommet France - Afrique en 1990 à La Baule en France. Le Président de l'Hexagone à l'époque, François Mitterrand, venait de lier l'aide au développement à l'introduction de la démocratie par ces leaders africains dans leurs pays respectifs. En d'autres termes, les régimes issus des putschs devaient être bannis dans toute l'Afrique, surtout francophone, au

[12] Dans un régime de parti unique, il y avait un seul médium monopolisé par l'Etat et seul le chef – généralement militaire, du moins en ce qui concerne le Burundi - avait raison et tout le monde devait obéir à ses décisions et à ses ordres coûte que coûte. Il avait seul raison contre tous.

[13] Je fais allusion à Domitille Kiramvu et Serges Nibizi de la RPA, Abbas Mbazumutima, Etienne Ndikuriyo et Gabriel Nikundana alias Djibril de la radio Bonesha ainsi qu'à Mathias Manirakiza, Directeur de la radio Isanganiro en 2006.

profit des régimes élus démocratiquement par les peuples du continent. Dans ce cas, seul le Sénégal n'était pas concerné par cette conditionnalité car le pays connaissait déjà alors une gouvernance démocratique à cette époque.

Avec ce métier donc, il y eut beaucoup d'embûches à l'endroit de l'Agence Net Press et de son Directeur si bien qu'après plus de 19 ans passés comme journaliste, l'auteur a vu son agence en ligne interdite à quatre reprises et a connu lui-même la prison cinq fois. J'y reviendrai plus loin, c'est l'un des chapitres de cet ouvrage.

Cette expérience répétée à la fois de l'emprisonnement et de l'interdiction fut à l'origine des contacts avec plusieurs personnalités tant nationales qu'internationales, en l'occurrence M. Robert Mahoney, Directeur-Adjoint du Comité pour la protection des journalistes, basé à New York aux Etats-Unis. Celui-ci a fait un déplacement de Bujumbura où il m'a rendu visite à la prison le 8 décembre 2010. Au cours des échanges, il me suggéra de produire un livre car, disait-il, j'avais le temps matériel de réfléchir et de produire.

Il m'est alors venu à l'esprit les réminiscences de l'adolescence et cette proposition m'inspirera à « positiver » les réalités de la prison, c'est-à-dire à produire une oeuvre, afin de pouvoir partager l'information avec des centaines de milliers de gens qui ignorent tout des réalités atroces de cet « enfer » terrestre. En outre, me disais-je, un journaliste, partout où il se trouve, est en mission de travail. De ce « reportage » donc, j'ai senti l'obligation de confectionner un « rapport » destiné au public, dirigeants et dirigés, afin de voir dans quelle mesure il faut améliorer, - voire réanimer -, les systèmes pénitentiaire et judiciaire de ce pays.

De mon côté, je suis convaincu que les autorités politiques, voire judiciaires, ne sont pas informées sur ce qui se passe réellement dans les maisons de détention car les conditions sont humainement insupportables. En discussion en prison avec un ancien ministre détenu, il m'a révélé que les membres du gouvernement entendaient des jérémiades dans ce sens et que quand ils posaient la question au ministre de la justice, celui-ci minimisait l'ampleur de l'information.

Ils croyaient donc aux propos de leur collègue du gouvernement, sans vérification aucune. Il avait conclu en disant qu'il faut vivre les réalités de cet endroit pour en avoir une idée bien précise. Si donc le fonctionnement de la justice pouvait changer dans le sens positif, ce serait une satisfaction personnelle car ce livre aura tout au moins contribué à quelque chose de positif dans ce pays.

Néanmoins, il faut mentionner que la liberté d'expression s'est fortement dégradée dans ce pays suite surtout à l'annonce du président Pierre Nkurunziza de briguer un troisième mandat. Outre que des médias n'émettaient plus que sur Bujumbura au début de l'année 2015, quatre des radios plus populaires du pays, Radio publique africaine, R.P.A, la Radio Bonesha Fm, Radio et Télévision Renaissance et la Radio Isanganiro ont été détruites par des forces de l'ordre du gouvernement au lendemain de la tentative du coup d'Etat du 13 mai 2015. Les manifestants qui savouraient la liberté relative à ce coup d'Etat avaient détruit eux aussi le même jour, la Radio et Télévision Rema, du parti Cndd-Fdd. Plusieurs journalistes ont dû fuir le pays pour leur sécurité.

Mais de nos jours, la situation risque d'être compliquée car la justice est très politisée, jusque dans les milieux des prisons. Pour le moment, pour avoir une fonction quelconque dans la prison, il faut être membre du parti au pouvoir ou alors être membre des milices Imbonerakure. Quant aux conditions de vie, elles se sont nettement dégradées car il y a eu plusieurs emprisonnements relatifs à la crise politico-sécuritaire déclenchée en avril 2015.

0. INTRODUCTION

La production de ce livre a été dictée par des circonstances particulières que j'ai vécues au cours de ma carrière professionnelle, à savoir l'injustice et la prison. Pourtant, dans tous les textes et lois tant nationaux qu'internationaux que le Burundi a ratifiés, il est toujours mentionné que la liberté d'opinion, d'expression, d'association, de culte, etc, est garantie. Il était donc impensable pour moi qu'un jour je puisse être interné dans les quatre murs d'une des prisons du Burundi pour avoir diffusé une information. Cela était d'autant plus frustrant que nulle part on démentait la nouvelle diffusée, mais elle était qualifiée de diffamation, d'imputation dommageable à l'endroit des plus hautes autorités, à commencer par le chef de l'Etat, juste pour aggraver le chef d'accusation. Car, si l'information était fausse, il est prévu dans la loi sur la presse un mécanisme pour rectifier une information mensongère ou déséquilibrée qui a été publiée.

L'article 39 de la loi sur la presse au Burundi[14] stipule que « la requête d'insertion ou de diffusion de la réponse doit être adressée au directeur de la publication, de station et/ou de télévision par lettre recommandée ou par un autre moyen offrant les mêmes garanties, avec les mentions ci-après :

1. Le nom et le numéro du journal et/ou de télévision concernés ;
2. Le titre de l'article du journal ou le nom de l'émission contestée ainsi que la date de publication ou de l'émission ;
3. L'identité complète du requérant, son domicile, sa raison sociale et la qualité du signataire de la demande s'il s'agit d'une personne morale ».

De son côté, l'article 40 de la même loi prévoit qu'« en ce qui concerne les journaux, les périodiques et les agences de presse sur le net, le Directeur de la publication est tenu d'insérer la réponse dans le numéro suivant après réception de la requête du droit de réponse. Cette insertion est faite dans la même place et dans les mêmes caractères. La publication est gratuite ».[15]

[14] La loi sur la presse a été modifiée à plusieurs reprises et sous différents régimes juridiques. Ainsi, la loi de la presse date de 1992, mais elle a été modifiée en 1997, en 2003, en 2013, en 2015 et plus récemment en 2018.

[15] La loi sur la presse au Burundi, Loi n°1/025 du 27 novembre 2003 régissant la presse au Burundi, in Les Lois sur la presse, éditées avec le soutien de l'Institut Panos Paris, de l'Union européenne et de Cordaid, Bujumbura, 2004, 66 p, p. 18. Voir également la loi sur la presse du 9 mai 2015, en son chapitre IV qui traite du droit de réponse, de rectification et de réparation des dommages. p.12

Il aurait été donc logique de privilégier la diffusion d'un démenti venu de la part de ces autorités plutôt que d'incarcérer directement un journaliste pour l'acquitter quelques mois plus tard. Ce comportement prouve que les véritables mobiles de l'emprisonnement des journalistes sont à chercher ailleurs. Cela est d'autant plus vrai que chaque fois que je sortais de la prison, je fixais rendez-vous avec les mêmes « accusateurs » de la veille – les magistrats du ministère public - chez un tel, un endroit plutôt discret, pour partager un verre. Ils me montraient compassion, me disaient que l'information avait déplu aux plus hautes autorités, qu'ils avaient agi sur ordre et qu'ils ne pouvaient pas faire autrement, que mon emprisonnement avait une odeur politique, etc., bref, qu'ils étaient très contents de constater que je les comprenais et surtout que je n'avais pas gardé rancune.

Connotation politique ? Mes différentes incarcérations en avaient certainement. Car, à cinq reprises, je fus accusé d'imputation dommageable, de diffamation, d'outrage à chef de l'Etat. Ce n'est qu'en juillet 2010 que j'ai été arrêté, pour la cinquième fois, avec comme chef d'accusation « trahison », qui n'existe en réalité qu'en période de guerre. Ce fut une nouvelle trouvaille du ministère de la justice, mais qui a également un caractère politique. Et pour toutes ces accusations, j'ai été acquitté. Lors du tout dernier procès d'avril 2011, le juge m'a relâché sur le dossier « trahison », mais m'a condamné à huit mois sur base d'un article de la loi sur la presse de 2003. L'on doit préciser ici que d'autres infractions avaient été créées car même le ministère public avait constaté qu'il ne pouvait pas défendre une telle cause sans se rendre ridicule évidemment. J'ai dû sortir de la prison car je venais d'y séjourner pendant 10 longs mois.

De son côté, l'article 50 de la loi sur la presse, alinéa 5, stipule que « Par dérogation aux dispositions pertinentes du code pénal, sont passibles d'une peine de six mois à cinq ans de servitude pénale et d'une amende de 100.000 à 300.000 FBU, le Directeur de publication, le Rédacteur en chef, le Secrétaire de rédaction ou le journaliste qui aura publié des informations susceptibles de porter atteinte au crédit de l'Etat et à l'économie nationale »[16].

Le Comité International de la Croix Rouge a reconnu également mes différents emprisonnements comme étant politiques, d'où il m'a délivré un numéro à base duquel il me traitait comme prisonnier politique ou d'opinion. Le numéro en question était BIB-003450-01[17]. L'assistance des différentes missions diplomatiques et consulaires basées à Bujumbura, du barreau du

[16] La loi sur la presse au Burundi, op.cit, pp. 50 – 51.

[17] Numéro obtenu auprès du CICR.

Burundi, d'innombrables réactions de la société civile, des défenseurs des droits de la personne au niveau tant national qu'international, sans oublier celles de la population tant à l'intérieur qu'à l'extérieur du pays, prouvaient également que mon incarcération était de nature politique, d'autant plus que j'étais, comme l'a si bien dit l'un de mes avocats - conseil de nationalité belge, Me Bernard Maingain, un multi-acquitté.

Par ailleurs, même les autorités politiques et judiciaires qui devaient traiter mon dossier étaient très gênées quand elles devaient par exemple faire une sortie médiatique. Elles contactaient également les associations des professionnels des médias pour que les différents messages repris par tous les médias soient suspendus pour que M. Kavumbagu soit libéré. Sans devoir donner trop de détails sur cet épisode, il convient de signaler que juste après ma libération, c'était l'accalmie générale et les médias ne diffusaient plus rien, ce qui poussait d'aucuns à conclure, à juste titre, qu'il ne fallait pas s'attaquer aux journalistes.

Pour le moment, les choses ont changé et des journalistes sont obligés de se taire ou de fuir le pays, le pouvoir actuel étant prêt à tirer sur eux au regard de leurs traitements.

00. METHODOLOGIE

Comme mentionné ci-haut, j'ai décidé donc d'écrire un ouvrage sur la prison. Ce travail se veut être un mélange de témoignages et de données scientifiques consultées dans différents services concernés pour expliquer certains phénomènes de la détention. L'ouvrage ne vise donc pas à se venger de mauvais traitements subis par son auteur. C'est pourquoi il sera le fruit d'une recherche sur les textes et lois qui régissent la justice et les prisons au Burundi.

Cependant, cette documentation n'est pas facile à trouver. Je fais allusion directement aux archives du dispensaire de la prison, mais surtout de la direction générale des affaires pénitentiaires dont les données chiffrées disponibles dans les rapports annuels datent de 1998. Avant cette époque, les rapports écrits étaient muets sur les effectifs des prisonniers libérés par exemple, raison pour laquelle pour certaines conclusions, l'on devra se contenter des tendances dégagées par les quelques données trouvées ici et là.

Au service des archives de la prison même, les données ne sont pas fiables. Je cherchais surtout l'âge des détenus à l'arrestation. Les données obtenues sont disponibles mais leur classement s'appuie beaucoup plus sur la date de la fin de la peine que sur l'âge des détenus à l'arrestation. En d'autres termes, il est des fiches où les dates de naissance ne sont pas enregistrées, ce qui gêne un peu le choix de l'échantillon ou celui qui s'intéresse à un autre aspect de l'étude. Et comme les dossiers sont très nombreux, j'ai dû choisir un échantillon de plus ou moins 1.000 prisonniers, soit près d'un quart de l'effectif des détenus de Mpimba lors de la collection des données, au mois de décembre 2010.

Cependant, ces fiches présentent une limite dans le sens qu'elles ne renseignent pas si la détention est la première ou la nième fois, ce qui ne donne pas un éclaircissement donc sur l'âge réel des détenus à l'emprisonnement.

Une autre difficulté à la prison centrale de Mpimba est qu'en décembre 2009, des bureaux administratifs, y compris la direction, le secrétariat et le service des archives ont été saccagés par des détenus en révolte. La plupart de données d'une importance capitale ont alors disparu car presque tous les documents qui y étaient entassés ont pris feu, y compris des mandats d'élargissement de certains prisonniers qui ont dû attendre encore pour que leurs dossiers soient reconstitués pour rentrer. En conséquence, il y avait à la fin de l'année 2010 des personnes qui étaient encore détenues alors qu'elles avaient déjà purgé leurs peines.

Une petite parenthèse à ce sujet est que le seul "bénéficiaire" de cette destruction de la direction est un policier qui était à l'époque un agent de transmission du directeur de la prison. Il était présent le jour de la subversion et aurait pillé tout ce qui se trouvait dans les bureaux de la direction, des téléphones portables confisqués aux prisonniers et de l'argent également saisi dont les prisonniers n'ont jamais connu le montant.

Par contre, à la banque centrale BRB, les données sont très bien conservées et sont disponibles dans les différents rapports annuels. Il s'agit de la dévaluation de la monnaie burundaise à travers les taux de change, une dévaluation continue et profonde de 1990 à 2016. Ce phénomène pourrait bien expliquer l'hypothèse selon laquelle il y a l'emprisonnement massif des populations, surtout citadines qui volent ici et là pour survivre.

En ce qui concerne la vie en prison, l'on devra faire recours aux témoignages, au vécu quotidien d'une personne qui y a séjourné, qui connaît tous les coins et les recoins, qui a vu de ses propres yeux comment vivent les détenus, qui a posé des questions, qui a régulièrement eu des doléances de la part des codétenus, qui comprend donc le fonctionnement du système pénitentiaire. Enfin, pour des raisons pratiques, surtout pour ceux qui ne connaissent pas la valeur de la monnaie burundaise, j'ai pensé à fournir l'équivalent d'un euro en francs burundais au 31/05/2011, qui était de 1 € pour 1780 fbu au moment où je commençais à rédiger les premiers manuscrits de ce livre. Cette donnée pourra guider le lecteur quand j'aborderai des parties qui ont trait à l'usage de la monnaie burundaise.

Ce travail aura un thème principal à savoir la prison de Bujumbura connue sous l'appellation de Mpimba, du nom de la petite rivière qui longe cet établissement pénitentiaire. Je l'ai prise comme cible pour plusieurs raisons. Tout d'abord, c'est la seule qui est connue de l'auteur. En effet, le pays dispose de 18 provinces avec seulement 11 prisons établies dans 10 provinces à savoir Bubanza (1), Bujumbura Mairie - Mpimba (1), Bururi (1), Gitega (1) Muramvya (1), Muyinga (1), Ngozi (2), - pour hommes et pour femmes -

Rutana (1), Rumonge (1) et Ruyigi (1). En outre, c'est la prison centrale de Bujumbura qui contient le plus grand nombre de prisonniers, venus de toutes les régions du pays, voire des étrangers accusés de commettre des délits au Burundi.

Ceci me poussera cependant à parler brièvement de la situation carcérale dans toutes les provinces du pays à une date précise, en fonction des données à ma disposition. Et au regard des conditions de vie dans les prisons à

l'intérieur du pays, il y a de fortes ressemblances avec celle de Mpimba qui peut donc représenter valablement les autres réalités. En effet, partout ailleurs, il y a presque les mêmes infractions sauf à Muyinga et à Ngozi où, en plus de celles connues, les deux prisons détiennent une « originalité » qu'est l'anthropophagie, une infraction prévue par le code de procédure pénal. Certains passages seront donc repris parfois pour expliquer d'autres réalités de la prison. Ce ne sera pas donc une répétition inutile.

Ce thème sera abordé dans le temps et dans l'espace, ce qui m'amènera à parler de l'histoire de la justice de la période précoloniale à nos jours. Cette démarche sera la même pour le diagnostic de la prison à la seule différence qu'elle date de 1959, quelques années avant l'indépendance du Burundi, le 1er juillet 1962 et que des références écrites remontent seulement aux années 90. Malgré donc des passages d'histoire de la prison, je n'ai pas cherché à verser dans le travail des professionnels de cette discipline scientifique d'autant plus qu'il s'agit beaucoup plus d'un livre de témoignages.

Par ailleurs, si l'on consulte les archives nationales, l'on se rend compte que plusieurs documents écrits concernent la prison de Kitega (appellation coloniale de Gitega), dont la maison de détention date de 1926. L'on saura que Kitega était à cette époque la capitale politique de la colonie belge.

Pour revenir sur la prison de Mpimba, cette maison d'arrêt a toujours abrité des détenus depuis le début de 1959 mais les registres de la direction générale des affaires pénitentiaires sont lacunaires d'où, pour être réaliste, il faut situer le début de la recherche aux années 1990, encore que même pour cette période, les données chiffrées ne sont pas disponibles. Pourtant, cette période est très intéressante pour mon étude car elle coïncide avec l'introduction de la démocratie dans notre pays.

Ce travail va s'articuler sur 5 chapitres. Dans les deux premiers chapitres, j'essaierais d'apporter beaucoup plus d'informations sur l'histoire de cette maison d'arrêt, de la décrire pour tous ceux qui n'y ont jamais accédé – je ne souhaite pas néanmoins qu'ils y séjournent - afin qu'ils puissent avoir une idée sur ce milieu qui est tant craint par tout le monde, les justiciables, tout comme les juges et les magistrats d'ailleurs qui y envoient régulièrement des pensionnaires, à tort ou à raison !

Le troisième chapitre traitera de quelques aspects démographiques des détenus à Mpimba. Celui-ci va analyser l'évolution des effectifs des prisonniers ces 25 dernières[18] années, l'impact de la guerre sur l'effectif des prisonniers, l'âge moyen des prisonniers, les maladies, des naissances et des décès en prison, les croyances religieuses, les nationalités emprisonnées dans cet établissement pénitentiaire, la dévaluation constante de la monnaie burundaise comme source de paupérisation des populations, ce qui les pousse à commettre des délits mineurs les emmenant en prison, ainsi que l'impact de la démocratie naissante sur le système judiciaire.

Le quatrième chapitre traite des conditions de détention. Il sera ici question de la vie au quotidien des prisonniers dans leur exigüité (de la direction, de l'organisation des quartiers et des cellules, des effectifs par quartiers, le manque d'hygiène faute de toilettes et douches suffisantes, de la présence des punaises, des cafards, des rats et des poux qui sont les voisins immédiats des prisonniers). Il s'agira également de la fréquence des infractions, ainsi que de la comparution devant les différents cours et tribunaux, et pourquoi pas des loisirs ? Ce chapitre doit également présenter brièvement la responsabilité des magistrats dans la surpopulation carcérale (corruptions, jugements, emprisonnements arbitraires, etc....) ainsi que les conséquences sur le budget de l'Etat.

Le cinquième et dernier chapitre portera un regard sur des cas concrets d'études où l'exécutif se mêle de façon nette dans le fonctionnement de la justice.

---

[18] Je n'ai pas eu l'autorisation de revisiter les registres de la prison et celui qui m'avait permis l'accès avait quitté la direction générale des affaires pénitentiaires, pour sa retraite.

CHAPITRE 1 : HISTORIQUE DE LA JUSTICE DU BURUNDI PRECOLONIAL A NOS JOURS

1.1. La justice dans le Burundi précolonial.

Nul ne peut situer avec exactitude le début de la justice traditionnelle au Burundi. Citant Rodegem, Jean-Marie Vianney Kavumbagu affirme que les premières manifestations juridiques, d'après les légendes recueillies par l'auteur, ont un caractère magique et sont en relation directe avec la divinité. Il estime que « la justice précoloniale était une institution très ancienne. La société a ressenti la nécessité de se protéger contre l'action des malfaiteurs en ayant recours aux juges, en leur confiant des litiges pour trancher »[19].

Avant la colonisation, la justice au Burundi était assurée par des notables qu'on appelait « Abashingantahe » et cela était perçu, non pas comme une simple fonction, mais comme un devoir civique. Jean-Marie Vianney Kavumbagu pense que le fondateur mythique de l'institution d'Ubushingantahe aurait été Sacega qui aurait rendu des arbitrages célèbres au temps du premier roi.

D'après l'Abbé Adrien Ntabona[20], l'institution d'Ubushingantahe était étatique sous la monarchie. Les tribunaux étaient assurés par ces notables qui se trouvaient un peu partout : au niveau local (kumugina), au niveau de la sous-chefferie (i Butware), de la chefferie (i Buganwa) et au niveau national ou royal (mu rurimbi). Cette institution était l'un des deux piliers du royaume, Kiranga ou le serviteur de Dieu sur terre et Abashingantahe, le roi se trouvant au milieu des deux. Les tribunaux étaient donc à 100% aux mains des Bashingantahe. Il y avait des mécanismes semblables à l'organisation actuelle de la justice et tout justiciable qui n'était pas satisfait du verdict pouvait interjeter appel jusqu'à la cour du Mwami (Roi).

Ce dernier était lui-même tenu de respecter le jugement des Bashingantahe et avait aussi le droit de siéger pour juger ses sujets. Dans leur façon de

[19] Kavumbagu J.M. Vianney, La condition pénitentiaire au Burundi de 1850 à 1962, Mémoire, U.B., F.L.S.H, Département d'Histoire, 1989, 176 p, p. 10.

[20] Abbé Adrien Ntabona, Entretien avec l'auteur le 11 novembre 2011.

siéger, les Bashingantahe procédaient à des convocations, des confrontations des témoins, des remises, des délibérés et des sentences comme c'est le cas aujourd'hui dans le fonctionnement des institutions judiciaires. Une fois que les Bashingantahe avaient tranché, c'était définitif, il n'y avait pas de réclamations possibles auprès des chefs ou des sous chefs sur les sentences.

Les administratifs comme les chefs et sous-chefs punissaient, exerçaient le pénal, soit par la tuerie, soit par la confiscation des terres ou des vaches ou alors désignaient leurs citoyens de persona non grata. Dans ce dernier cas, la personne frappée par cette sanction n'avait d'autre choix que de s'établir dans une autre chefferie. Et une fois installé dans une autre localité, l'homme chassé n'avait plus d'inquiétude, et n'était plus poursuivi par le chef de l'endroit d'où il a été expulsé. Cependant, chaque fois que les punitions passaient par les Bashingantahe, elles étaient atténuées ou renforcées selon la gravité de l'affaire même si ces derniers ne prévoyaient jamais la peine de mort. Il convient également de signaler que tous les chefs, à l'exception du roi, devaient être investis Bashingantahe. Le Mwami naissait avec des semences, par conséquent investi des pouvoirs divins donc, Umushingantahe dès sa naissance.

Selon toujours notre interlocuteur, les Allemands n'ont rien changé sur cette institution, faute de temps. Cependant, ils laisseront quelques traces que l'on verra dans les pages à venir. Les Belges par contre ont apporté des modifications importantes. Ils ont créé les tribunaux gérés directement ou alors sous la soumission des sous-chefs, des chefs et du roi. Ils ont donc étatisé l'institution tout en minimisant la valeur des Bashingantahe.

Sur le même chapitre, Marc Manirakiza, dans son ouvrage « La fin de la monarchie burundaise 1962 - 1966 »[21], démontre combien la justice burundaise traditionnelle, sans toutefois recourir à la prison, appliquait des châtiments qui n'avaient pas de commune mesure. Pour lui, « c'est ainsi que l'accusation d'atteinte à la sûreté de l'Etat, à celle du roi ou d'un prince (kumenja) devait entraîner la mort de l'accusé mais aussi celle de toute sa famille. Le fait d'être soupçonné d'entretenir des liaisons intimes avec l'une des femmes du roi ou d'un prince (kurenga ibigo) était passible de la peine de mort ou, dans le meilleur des cas, de la confiscation de tous les biens (kwangaza, gutuza). Une jeune fille qui tombait enceinte sans être légalement mariée (inda y'ishushu) était simplement exécutée. Une faute légère était sanctionnée par le payement d'une amende en nature appelée « ingorore ».

[21] Manirakiza Marc, La fin de la Monarchie Burundaise 1962 à 1966, Edition Le Mât de Misaine, Bruxelles, 1990, 107 p, pp. 27-28.

« Un condamné à mort était exécuté à coups de lances ou de flèches, à l'exception de jeunes filles enceintes que l'on jetait, pieds et poings liés, dans des marécages ou des eaux profondes (munyabarega, mw'ibenga)… ».

Abordant le thème d'Ubushingantahe, Marc Manirakiza affirme : « On ne parlera jamais assez de la contribution de la vénérable institution des sages (Abashingantahe) à l'unité et à la cohésion nationale. C'est grâce à elle que la justice était appliquée à tous les niveaux. Petits, grands, riches et pauvres, personne ne pouvait se soustraire à cette juridiction. Le Roi lui-même, lorsqu'il avait commis des fautes, était acculé au suicide par les sages. On disait alors 'Umwami yatanze, yihaye ubuki' (le roi est décédé, il a bu de l'hydromel)[22].

Pour faire partie de cette institution, il fallait avoir été intronisé et par conséquent, avoir un certain âge, être marié, bien connaître les coutumes du pays, faire preuve d'éloquence et de finesse d'esprit dans l'instruction des litiges, selon toujours Jean-Marie Vianney Kavumbagu[23]. Pour Marc Manirakiza, il fallait être au-dessus de tout soupçon, avoir une conduite irréprochable. Il livre dans son ouvrage les quatre étapes qu'il fallait franchir pour atteindre le sommet.

1. « Il fallait être Umukungu », c'est-à-dire jeune aspirant sans prétention spéciale.

2. Il fallait être Umutamana, candidat à la candidature, c'est-à-dire qu'on pouvait sortir du lot.

3. Il fallait devenir Ugutwi kw'Abagabo, candidat officiel au poste de sage lorsqu'on s'était affirmé par ses qualités civiques. On avait alors le droit d'assister aux délibérations de certains jugements, avec voix consultative ; on pouvait régler de petits litiges et présider certaines cérémonies où les Bakungu (pluriel de Umukungu) et les Batamana (pluriel de Umutamana), - les deux premières phases d'initiation - étaient rassemblées. C'était un véritable stage d'initiation.

4. Enfin, on accédait à la dernière étape : l'Ukwatirwa, cérémonie d'installation, d'initiation, d'intronisation au cours de laquelle on devenait sage (Umushingantahe) avec tous les honneurs et les devoirs que cette fonction comportait. Ces personnalités étaient au service de la nation, et non d'un individu ou d'un régime ».[24]

---

[22] Manirakiza Marc, op.cit, p. 25
[23] Kavumbagu J.M. Vianney, op.cit, p. 10
[24] Manirakiza Marc, op.cit, p. 25

Bref, ces trois auteurs ayant travaillé sur la justice traditionnelle reconnaissent un caractère rigoureux et impartial de cette institution, une légitimité aux yeux des justiciables. C'est l'une des raisons qui a fait que la société précoloniale, sans toutefois être parfaite, connaissait une cohésion sociale qu'on ne retrouve plus dans le Burundi colonial et postcolonial comme on le verra plus loin.

Jean-Marie Vianney Kavumbagu mentionne quelques fondements du droit coutumier dans son mémoire de fin d'études universitaires. Le premier était le caractère religieux et magique. Il fallait procéder au culte des ancêtres. Dans le système clanique, les mânes des ancêtres sont de véritables chefs de clan. Le deuxième fondement était le caractère hiérarchique du droit coutumier. En effet, dans la plupart des pays africains, surtout dans la région des grands-lacs et donc au Burundi précolonial, le principe de base est la paternité. Par conséquent, les hommes ne sont pas égaux en droits mais sont soumis les uns aux autres.

Le troisième fondement est le caractère communautaire. L'auteur trouve que le « Muntu » (la personne) n'est pas un être ontologiquement autonome, mais fait partie d'un tout et participe à la vie du clan, en est entièrement solidaire. Le quatrième et dernier est le sentiment aigu de la justice. Deux raisons justifient ce sentiment. D'une part, la conception du droit coutumier est globalisante. Elle repose sur la conception ontologique de la vie et du monde. Cette conception repose sur la philosophie, la morale et le droit. La deuxième raison est que la vie du « Muntu »[25] ne s'étend pas à sa personne, mais à tout ce qui s'étend dans la sphère de son influence vitale : enfants, chèvres, bétail, etc…

Evidemment, le droit coutumier burundais était perçu comme rudimentaire par des Européens, comme le constate l'auteur du mémoire. En effet, la justice, telle que comprise par la société occidentale, est différente de la conception du droit coutumier par les Burundais. En réalité, en Europe, la justice a pour but de sauvegarder l'ordre public, d'empêcher les malfaiteurs de nuire à la société. Elle a également un but exemplatif de corriger le malfaiteur et décourager ceux qui voudraient l'imiter. Par contre, le but principal de la répression traditionnelle est la sauvegarde de la collectivité dans son essence. Une infraction est un trouble causé à l'ordre des forces, à leur harmonie. La répression tend à restaurer la force vitale dans son intégrité, donc à la réparation.

[25] KavumbaguJ.M. Vianney, op.cit pp10 – 14

Ceci ne veut pas dire évidemment qu'il n'y avait pas d'injustice au Burundi. Comme le rappelle Marc Manirakiza dans son livre, l'appropriation abusive des terres en était un exemple frappant. D'autres formes d'injustice, celles-là admises par la société étaient une sorte de contrat de terre qui liait à vie l'usufruitier au propriétaire (Ubugererwa) ou alors le type de contrat qui déterminait les obligations sociales du receveur de la vache envers le donateur (Ubugabire).

Signalons enfin qu'une femme, quelle que soit son intégrité sociale, ne pouvait pas accéder à l'institution des sages. Dans ses recherches sur le Bushingantahe, Christine Deslaurier trouve que ces dernières n'ont jamais pu tenir le bâton d'intahe en raison de leur indiscrétion supposée.[26]

Toujours dans cette logique, Marc Manirakiza, tout comme l'Abbé Adrien Ntabona, - ce dernier a été lui-même investi Mushingantahe en 1968 -, déplore le fait que cette institution a été diluée à partir de la colonisation. Il trouve que « Le petit peuple devait payer des redevances de toutes natures aux dirigeants coloniaux et burundais (ibiturire, amarari) et exécuter de lourds travaux agricoles, de construction et de génie civil sans rémunération ou compensation. L'administration coloniale avait renforcé la pratique du bannissement ou la déportation dans une autre région ou un autre pays. La chicotte ou ikimoko (huit coups violents sur le postérieur des hommes fautifs) et la prison (umunyororo) ont été instaurées au Burundi par l'Arabe (Esclavagiste) et le Blanc (Colonisateur).

On le voit donc, malgré l'absence du système carcéral avant la colonisation, la justice traditionnelle était des plus rigoureuses suite justement au système d'ubushingantahe. Aujourd'hui, ce phénomène a perdu sa valeur intrinsèque comme on va le voir dans les pages à venir.

1.2. L'apport de la colonisation en matière de justice.

Quand on parle de la colonisation au Burundi, il faut penser directement à celle assurée par la Belgique. En effet, les Barundi ont pu chasser les Arabes avant qu'ils ne soient vaincus militairement par les Allemands, après 7 ans de résistance, à partir de 1896. Ce n'est que le 6 juin 1903 que le Mwami (roi) Mwezi Gisabo a abdiqué devant la supériorité des armes des Allemands, en signant le traité de Kiganda.

---

[26] C. Deslaurier, Dossier : Justice et réconciliation : ambigüités et impensés. "LE "BUSHINGTAHE" PEUT-IL ENCORE RECONCILIER LE BURUNDI ? pp 76 - 96, p.92..

Le Burundi venait donc de perdre son indépendance. Mais les Allemands eux-mêmes ne pouvaient pas s'imaginer qu'ils allaient être chassés si tôt de leurs colonies suite à leur défaite lors de la première Guerre Mondiale (1914 - 1918). Ces derniers n'ont pas eu donc le temps de transformer la société burundaise à leur guise car ils ont dû quitter le Deutsch Ost Afrika en 1916, soit 13 ans seulement après leur occupation du Burundi, du Rwanda et du territoire du Tanganyika (actuelle Tanzanie).

Cependant, les Allemands ont laissé quelques traces sur le fonctionnement de la justice. En effet, dès la soumission de Mwezi Gisabo, ils ont entrepris de soutenir des rebelles comme Kirima et Maconco[27] contre le pouvoir central. Ceci a eu des conséquences sur la justice car les populations sous administration des personnes rebelles étaient soumises à une justice totalement étrangère à celle de Mwezi Gisabo. Les populations vivant dans ces conditions respectaient donc les nouveaux chefs imposés par la colonisation allemande. L'usage du fouet a diminué d'intensité et était désormais réservé aux condamnés mais la bastonnade devrait se faire en présence d'un fonctionnaire et d'un infirmier. Cette sanction ne pouvait pas dépasser 25 coups dans un intervalle de 15 jours.

Les Allemands ont également introduit de nouvelles peines comme la prise d'otage, la résidence surveillée, l'exécution par balles, la prison, etc. [28]

- La période belge

De son côté, le colonisateur belge installé au Burundi en 1916 trouva une société traditionnelle très bien organisée sur tous les plans. Outre l'organisation politico-militaire qui était des plus fortes en Afrique centrale, il y avait également une justice qui était rendue de façon plus ou moins indépendante. Une des explications de ce phénomène est qu'il n'y avait pas de spéculations diverses comme l'avancement de grade, de salaire ou d'autres avantages de service à ceux qui rendaient la justice. C'était un grand honneur de contribuer à la bonne marche de la société par le biais de la justice. C'était un privilège que de s'appeler Mushingantahe dans la société ancestrale.

Très tôt, l'administration belge a entamé un affaiblissement effectif de l'autorité du roi – très jeune par ailleurs car il avait 3 ans quand il a accédé au trône et dirigeait par régence de l'un de ses oncles paternels - sur tous les plans, exécutif, législatif et judiciaire. Les articles 4 et 9 de l'ordonnance-loi

[27] Ces deux hommes estimaient qu'ils étaient des rivaux de MweziGisabo du fait qu'ils se considéraient comme les demi-frères du roi. Ils n'ont jamais reconnu le pouvoir central.

[28] Kavumbagu J.M. Vianney, op.cit, p. 59

du 6 avril 1917 portant organisation territoriale et administrative stipulaient que « Les Sultans (chefs) exercent, sous la direction du Résident (belge), leurs attributions politiques et judiciaires dans la mesure et de la manière fixée par la coutume indigène et les instructions du commissaire royal. Dans les manières où les ordonnances du commissaire royal ne déterminent pas leurs attributions, les fonctionnaires préposés à l'administration des territoires occupés se conformeront aux règles et aux traditions établies par l'administration allemande ». Le roi était donc soumis à la volonté du Résident car il ne pouvait rien décider en matière judiciaire sans son accord.

La Belgique entama une politique de changement progressif du Burundi, par une loi administrative d'août 1925, rattachant d'abord le Ruanda-Urundi (mandat) au Congo belge (colonie), permettant à la tutelle de gérer les deux groupes de la même manière. Le Professeur Joseph Gahama[29] n'entre pas comme tel dans le système judiciaire de la colonisation, mais montre des changements importants au niveau de l'administration burundaise sous la colonisation, qui n'ont pas du tout épargné le fonctionnement du système judiciaire traditionnel.

En effet, il indique qu'à partir de 1925 environ, on a assisté à des changements profonds et rapides dont les répercussions ont eu des effets immédiats et durables sur la vie économique et sociale. Lors de la réorganisation administrative de 1929, les grandes orientations étaient le maintien en place des autorités traditionnelles, le regroupement des chefferies (fiefs) pour combattre le morcellement et affermir ainsi le pouvoir royal ainsi que la mise en place d'une politique paternaliste à l'égard des autorités burundaises.

En 1929 donc, selon toujours le Professeur Joseph Gahama, une enquête administrative fut organisée à travers tout le pays par les différents administrateurs de territoires et déboucha sur une constatation urgente : le besoin de regrouper les chefferies et sous-chefferies en des unités solides et bien gérées par les autorités coutumières « capables ». Officiellement, la réforme administrative devait prendre fin en 1933 mais elle se poursuivra jusqu'en 1943 avec la sortie des premiers lauréats du groupe scolaire d'Astrida[30], une école secondaire basée à Butare au Sud du Rwanda, qui formait essentiellement des Rwandais et des Burundais.

---

[29] Gahama Joseph, Le Burundi sous administration belge, la période de mandat 1919 – 1939, édition Karthala, 2001, 465 p, pp. 61-68 ; 217 – 242.

[30] Voir aussi Ntabahungu Josée & Manirakiza Marc, La gloire d'une école (Astrida 1929 - 1963), Presses de l'IMOBU, 2009, 202 p.

L'école d'Astrida devait être une institution spécialisée, moderne, de type européen, devant répondre aux besoins de l'administration. Véritable cité estudiantine avec son école primaire, ses humanités modernes et ses sections spécialisées, elle s'était fixée entre autres objectifs de former une partie de l'élite des meilleures écoles des missions du Rwanda et de l'Urundi pour qu'elle puisse plus tard seconder les Blancs dans l'administration des deux pays[31].

Cette enquête administrative de la tutelle avait également d'autres visées non évoquées officiellement comme la cartographie du pays, le régime de propriété foncière, des impôts et des prestations coutumières aux travaux publics et à l'enseignement en passant par l'agriculture et les tribunaux indigènes.

L'on comprend donc que la tutelle avait besoin des collaborateurs autochtones, de bons collaborateurs. Elle devrait donc les choisir parmi ceux qui étaient déjà sur place. Pour ce faire, chaque chef devait faire l'objet d'une étude approfondie portant sur son origine, son degré de culture, son attitude à l'égard des missions catholiques et des autorités européennes ainsi que sa manière de commander. Pour l'administration donc, un bon chef est celui qui est ferme mais bon, sévère mais juste envers ses administrés, empressé dans l'exécution des ordres reçus des Européens, à qui il doit soumission et recours dans des moments difficiles.

L'intelligence devient un critère important car les nouveaux devoirs auxquels les dirigeants coutumiers sont appelés l'exigent. Les autres critères, au nombre de quatre, sont notamment le degré de culture et l'ouverture à la civilisation. Il faut comprendre ici l'instruction européenne et la rupture avec les superstitions du passé. Le troisième critère était l'origine des dirigeants. C'est ce que l'on appelait échelle des valeurs.

Il s'agissait des Bezi puis des Batare en tête, puis des Batutsi et loin derrière, des Bahutu. Pourtant, si les grandes fonctions administratives étaient l'apanage de l'aristocratie ganwa, bon nombre de Batutsi et de Bahutu jouaient un rôle prépondérant sur les plans politiques et religieux. Le quatrième critère était la manière d'exercer le commandement. On considérait surtout l'autorité et l'ascendance sur les administrés, deux qualités-clés pour devenir un bon chef. Le tout dernier critère était l'âge. Lors de l'hésitation à prendre une décision sur tel ou tel autre chef, l'âge était un facteur déterminant car l'administration privilégiait les jeunes, nantis de l'énergie nécessaire pour commander.

[31] Ntabahungu Josée &Manirakiza Marc, op. cit, p. 15.

Cela a eu des conséquences énormes comme l'introduction de la christianisation, l'administration ayant gardé uniquement des dévoués, c'est-à-dire non soumis à la pratique de la magie et de la sorcellerie. De plus, faire du catholicisme une religion d'Etat, c'était une atteinte à la liberté de conscience, la Belgique ayant violé ainsi les recommandations de l'article 8 de son mandat. En effet, cette mesure était applicable au Congo belge qui était une colonie et non au Ruanda-Urundi sous mandat. Dans le prolongement de cette même violation, l'école secondaire d'Astrida, confiée aux Frères de la Charité de Gand, garda ses portes fermées aux non-catholiques. On eut beau demander la création d'une autre école soutenue par le pouvoir colonial, destinée aux protestants, aux musulmans et aux païens, ce fut vain[32].

En résumé donc, comme le constate Joseph Gahama, le christianisme a introduit une nouvelle sorte de légitimité politique, une légitimité de nature étrangère. L'idéologie religieuse entraîna de nouveaux clivages entre les différentes confessions. Enfin, l'ouverture du pays au monde moderne introduisit de nouvelles sources de conflits, de tensions et de blocages dont la clé échappait au Burundi. Il faudrait enfin ajouter que si la tutelle a réussi à transformer le système judiciaire du Ruanda-Urundi, cela lui a pris énormément de temps, une vingtaine d'années, car elle procédait presque tous les jours à des ajustements et à des modifications. La grande barrière à sa politique a été évidemment la non-maîtrise de la langue et de la culture de ces nouveaux acquis.

1.3. Le Prince Louis RWAGASORE

1.3.1. Le Prince Louis Rwagasore et la justice[33].

Dans cette étude, il est également intéressant de connaître la position du prince Louis Rwagasore par rapport à la justice de son pays à cette époque. L'un de ses admirateurs, Zénon Nicayenzi[34], citant son oeuvre à paraître « Le Cinquantenaire de la Victoire et de l'Assassinat du Prince Louis Rwagasore », indique que sous la colonisation, la justice, en ce qui concerne les affaires pénales et civiles, relève de l'écrit, donc de l'administration belge. C'était l'administration qui possédait la police, le parquet, qui faisait des enquêtes, etc. C'était un défaut très grave contraire à la constitution belge, constate-t-il. Deux cas seulement ont intéressé l'administration belge, à savoir la révolte

[32] Gahama Joseph, op.cit, p. 220

[33] Le prince Louis Rwagasore était le fils aîné du Roi Mwambutsa.

[34] Zénon Nicayenzi, entretien avec l'auteur le 11 novembre 2011.

d'Inamujandi à Cibitoke au Nord-ouest du pays et celle de Runyota dans la province actuelle de Karuzi, au centre-est. A noter également que le code civil était applicable uniquement aux étrangers. En matière de commerce, il y avait très peu de Burundais impliqués dans cette activité.

Quant aux autres délits comme le vol, le viol, la dot, ils étaient sous le contrôle de la justice de proximité, de l'appareil coutumier. Ils étaient donc réparés par les Bashingantahe et l'administration ne s'en mêlait pas. Aussi, les codes civil et pénal ne reconnaissent pas les Bashingantahe. Une loi expresse stipulait d'ailleurs que les étrangers ne donnent pas de crédits aux indigènes. Si ces derniers ne paient pas au comptant, c'est aux risques et périls des commerçants étrangers, ceux-ci ne pouvant pas porter cette plainte au civil. Et si par hasard un tel cas se présentait, c'était plutôt le commerçant qui était poursuivi et puni.

Le prince rentra en 1955/1956 pour ses vacances de Noël et il fait ce constat amer que la colonisation écarte trop le peuple colonisé. Le conseil supérieur du pays (que l'on peut rapprocher au parlement aujourd'hui) lui demande de l'aider à rédiger deux motions. La première rejetant la création de l'école laïque et la deuxième consistant à élaborer et promulguer la constitution du Royaume du Burundi. Il s'exécuta et achemina ces deux textes en compagnie de son père. En décembre 1956, il rentre définitivement et en avril de l'année suivante, il est élu président du Cercle Pierre Ryckmans de Gitega, qui deviendra plus tard le Cercle de Gitega.

Quelques temps après, il est désigné comme inspecteur des chefferies et à ce moment, il a pu se rendre compte de comment la justice de proximité fonctionne. Des exactions sans nom étaient alors commises par des chefs soutenus par l'administration, surtout en ce qui concerne les propriétés foncières et la spoliation des vaches. Il fait un rapport accablant sur ce scandale à son père.

1.3.2. De la coopérative à la politique

A la fin de 1957, Louis Rwagasore crée le mouvement coopératif autonome, en dehors de celui créé, financé et encadré par l'administration. En effet, il avait constaté que les commerçants burundais sont totalement absents du système de commerce. En outre, ce sont eux qui produisent des cultures industrielles, reçoivent un prix dérisoire à la production et en revanche, pratiquent un prix excessivement élevé quand ils doivent acheter du sel ou du sucre, c'est-à-dire des produits fournis par le colonisateur. Il décide de s'attaquer à la source d'injustice économique et commerciale. C'était une déclaration pure et simple de lutte contre l'administration.

Jean-Paul Harroy, le dernier Résident général du Ruanda-Urundi avant l'indépendance, estime d'ailleurs que Rwagasore a mis en marche une machine de guerre contre le colonisateur à l'instar des autres semeurs de troubles comme Julius Nyerere. Pour lui donc, le prince doit absolument choisir entre l'exil, la résidence forcée ou la prison. Il résista et indiqua que le mouvement coopératif est en faveur du petit peuple. Qui s'y oppose sabote le développement du petit peuple.

Concernant ces coopératives, Christine Deslaurier écrit que « ces coopératives de commerce et de consommation avaient été créées par Rwagasore en 1957, à la faveur d'une brèche dans la législation qui permettait leur complète autonomie par rapport aux autorités belges. Elles avaient pour objectif d'affranchir le commerce burundais d'intermédiaires omniprésents (Grecs et Asiatiques pour l'essentiel), et connurent un vif succès dès leur début, notamment auprès des commerçants swahilis que le pouvoir colonial appréhendait comme un groupe subversif. Par leur développement, Louis Rwagasore gagna en moins d'une année une stature nationale et, dans le même temps, il prit la première place parmi les adversaires de l'administration de la Tutelle, dont il était l'employé depuis avril 1957 ».[35]

Evidemment, la colonisation a tout fait pour que ces coopératives échouent, ce qu'elle a réussi à la fin de l'année 1958. En conséquence, Louis Rwagasore organisera un refus d'obéissance, des grèves fiscales et boycottage des commerces non-africains. De ce bras de fer, Rwagasore organisera des réunions qui seront à l'origine de la création de sa formation politique, Union et Progrès National (Uprona).

En octobre 1958, il (en collaboration avec les autres) crée son parti politique en province de Muramvya (au centre du pays), l'Uprona, le premier dans toute l'Afrique coloniale belge. Or, la loi à cette époque interdit aux indigènes de créer un parti politique ou un syndicat. Ils peuvent uniquement être membres des syndicats ou des partis métropolitains comme l'Amicale flamande, wallonne ou chrétienne. Le fils aîné du roi organise des meetings à Muramvya et à Mwaro alors que son parti n'est pas agréé. Il émet son premier manifeste où il parle alors de l'émancipation sociale et politique du petit

[35] Deslaurier Christine, RWAGASORE FOR EEVER ? Des usages contemporains d'un héros consensuel au Burundi. Vingtième Siècle, Revue d'histoire, 2013/2 N° 118, p15-30, DOI : 10.3917/Ving.118.0015, pp.16-17.

peuple. Pour le prince Rwagasore, les systèmes ennemis de la justice sont le féodalisme, le socialisme et le colonialisme. En décembre 1958, il émet son deuxième manifeste perfectionnant le premier. Cette fois-ci, il est on ne peut plus clair. La justice coloniale écrase le petit peuple car la Tutelle ne tient pas compte des intérêts vitaux de ce dernier, il faut donc une indépendance immédiate.

Contraint par les événements, le gouvernement belge autorise la création des partis politiques en 1959. Au total, 23 partis politiques vont naître avec des idéologies qui ne sont pas très différentes. Malgré cela, Rwagasore inquiète déjà les Européens car il est membre du mouvement associatif, coopératif et il est sur terrain, par le truchement de sa formation politique. La colonisation trouva une astuce de partager en deux la Chefferie Nduwumwe qui venait de décéder. La partie Nord reviendra à son fils Jean Baptiste Ntakiyica (du clan Batare) et le Sud fut attribué à Rwagasore du clan des Bezi.[36] Le calcul de la tutelle était alors tout simple. Comme les clans des Batare et des Bezi sont des rivaux historiques, le prince allait se lancer dans des chicanes avec des Batare et de cette manière, il n'aurait plus à s'occuper de son mouvement associatif, coopératif ou de son parti. Il n'en fût pas ainsi et le colonisateur se rendra compte plus tard que finalement, suite aux différentes fonctions occupées, Rwagasore avait maîtrisé la société burundaise plus que les autres chefs, coutumiers ou lauréats du groupe scolaire d'Astrida.

La colonisation créa donc des partis politiques comme contrepoids de l'Uprona et ils étaient tous financés et encadrés par la Tutelle. Constatant donc l'injustice pratiquée par la Belgique, il décida d'éviter des confrontations avec qui que ce soit, des colons tout comme de ses adversaires politiques, préférant adopter une politique de non-violence active. Malgré tout, sa côte de popularité ne faisait que progresser.

A la veille de l'indépendance, l'administration belge, qui s'était rendue compte que la victoire de l'Uprona était imminente, fit un recours à l'abus de la justice pour mieux mâter ceux qu'elle considérait comme des opposants. Augustin Mariro[37]écrit : « Une autre mesure prise fut la nomination, le 9 septembre 1960, de 6 Commissaires de pays, tous issus des partis de collaboration. Pour consolider les mécanismes d'écartement mis en place

---

[36] Pour le Mushingantahe Zénon Nicayenzi, Rwagasore était abusivement classé dans le clan des Bezi. En réalité, il était du clan des Bambutsa, du nom dynastique de son père Mwambutsa IV.

[37] Mariro A, Burundi 1965 : la première crise ethnique, Genèse et contexte politique, édition L'Harmattan, 2005, 249 p, p. 85.

contre Louis Rwagasore et son parti Uprona, une ordonnance législative fut signée, prévoyant que les parents ainsi que les alliés du Mwami jusqu'au second degré ne pourraient recevoir aucun mandat actif ni exercer des fonctions politiques, ou participer à une activité politique.

" Cette ordonnance offrait ainsi à l'administration belge les moyens légaux qui lui manquaient pour écarter définitivement le Prince Rwagasore de la scène politique. C'est dans ces circonstances que le Prince, à son retour du Tanganyika Territory (l'actuelle Tanzanie), fut placé en résidence surveillée à Bururi par les autorités de la Tutelle, et cela pendant toute la durée des élections communales, c'est-à-dire du 27 octobre au 9 décembre 1960. »

Ce fut l'une des raisons qui ont fait que l'Uprona eut perdu les élections communales de l'année 1960. S'estimant lésés, les responsables de l'Uprona ont pris la décision de saisir les Nations unies et de dénoncer toutes les irrégularités. Comme la Tutelle était décidée à organiser les législatives au mois de janvier 1961, elle se vit contrer par l'organisation onusienne qui a sommé à la Belgique de surseoir aux élections législatives. Les Nations unies ont décidé d'organiser elles-mêmes ces échéances électorales, ce qui fut fait au mois de septembre 1961. A la grande surprise de la Belgique, l'Uprona sortit vainqueur et rafla 58 sièges sur 64. Un colon belge, Albert Mauss, n'a pas supporté cet échec et a décidé de mettre fin à sa vie. Sa résidence, située dans la commune et province de Rumonge, est devenue un lieu touristique et baptisée « Château Mauss », ou Castel. Plus tard, cet endroit a changé de nom pour devenir « Resha ».

Mais une contradiction est à relever dans le chef des autorités tutélaires, selon toujours M. Zénon Nicayenzi. Il était interdit – une loi était bien édictée dans son article 24 du 25/9/1960– aux princes ou à leurs parentés jusqu'au deuxième degré de se lancer dans la politique. Mais après la victoire de l'Uprona, ce fut le même Jean-Paul Harroy, qui avait mis en place le décret, qui intronisa Rwagasore le 20/9/1961, presqu'une année après, alors que le décret était toujours en vigueur. Et après la mort de Rwagasore, il intronisa M. André Muhirwa, lui aussi prince de sang.

1.3.3. La mort de Rwagasore : conséquence de son entrée en politique[38]

« …Plus personne n'est en mesure de retenir Rwagasore. Il n'y a plus d'obstacles sur le chemin qui mène à l'indépendance. Quelque neuf mois plus

[38] POPPE Guy, L'assassinat de RWAGASORE, le LUMUMBA BURUNDAIS, édition IWACU, 2012, 229 p, p.134

tard, le 18 septembre 1961, l'Uprona remporte triomphalement les élections législatives. Avec presque 81% des voix, le parti de Rwagasore remporte 58 sur 64 sièges. Les six sièges restants vont au Front Commun de Ntidendereza et Biroli qui obtiennent 18% des voix. Rien n'empêche plus la désignation de Rwagasore comme premier ministre ».

Comme nous sommes dans la période coloniale, certains noms seront repris comme ils étaient avant l'indépendance quitte à expliquer par après leurs significations. Il s'agit surtout des noms des villes et des lieux.

Pour la Belgique, il fallait donc tuer cet homme. Un vendredi donc, le 13 octobre 1961, vers 11 heures moins le quart, Jean Kageorgis, un jeune Grec vendeur dans un magasin d'Usumbura (Bujumbura), se cache derrière un buisson, à une dizaine de mètres de la barza, la terrasse du bar Tanganyika. Antoine Nahimana, accroupi près de lui, dit : « Jean, le moment est venu, tire sur lui, nous sommes tous ensembles ».

Avec son fusil 9,3 mm, Kageorgis vise un homme qui a pris place avec sa compagnie à une table de la barza. Il tire un seul coup, bien ajusté. L'homme de la barza est Louis Rwagasore, le fils du Mwami, le roi de l'Urundi (Burundi). Seize jours auparavant, le 28 septembre, il prêtait serment comme premier ministre de son pays. Il était attablé avec quelques-uns de ses ministres à la terrasse.

Kageorgis et Nahimana s'enfuient après le coup de fusil. Ils s'engouffrent dans un break qui les attend à quelques cinq à dix mètres plus loin, portières ouvertes et moteur en marche, sur le chemin de terre qui longe le bar. Henry Ntakiyica est au volent, son frère aîné Jean-Baptiste se trouve également dans la voiture. Ils se dirigent vers la route asphaltée qui relie Bujumbura à Astrida. Ils ont l'intention de se rendre à Kayanza, à mi-chemin environ.

Mais au cours de la route, ils tombent en panne. Ils font demi-tour, profitent de la descente pour rebrousser chemin vers Bujumbura, mais tombent définitivement en arrêt peu après la borne kilométrique 16. Plus d'essence. Cinq minutes plus tard, passe une voiture en route pour Usumbura. Kageorgis demande au chauffeur de l'emmener. Il monte à bord et les autres restent. Au volant, Mwambutsa, le roi de l'Urundi et père de Rwagasore qui ignore que ce Grec vient d'assassiner son fils. Il le dépose au restaurant Athénée. Ce dernier y rencontre Jean Baptiste Ntidendereza, son neveu Jean Kigoma et Pascal Bigirindavyi.

Tous les trois sont au courant du fait que Kageorgis avait l'intention de perpétrer ce soir-là un attentat contre Rwagasore. Ntidendereza est un des fondateurs du Pdc (Parti Démocrate-Chrétien) et, en tant que tel, un des dirigeants du Front Commun, l'alliance des partis d'opposition qui a perdu les élections face à Rwagasore en septembre.

Les 4 hommes montent dans le Mercedes de Ntidendereza, prennent de l'essence à une station-service BP et se dirigent vers Astrida pour ravitailler la voiture en panne. Kageorgis raconte ce qui s'est passé dans la soirée mais il ignore s'il a touché Rwagasore. Les autres accueillent l'annonce avec satisfaction. Ntidendereza dit à Kageorgis qu'il n'oubliera jamais leur pacte, ce qui signifie chez ce dernier qu'il s'agit du million de francs belges qui lui a été promis. Après avoir rempli le réservoir du break, Kageorgis rentre à Usumbura dans la Mercedes, récupère sa voiture et rentre.

Le lundi 16 octobre 1961, à cinq heures et quart du matin, la police est à la porte de Kagerogis pour l'arrêter. Son coup de fusil a bel et bien atteint le but. La balle a touché Rwagasore sous le noeud de la cravate et sa tête est tombée sur la table, la cigarette brûlante entre ses lèvres. Il est mort sur le coup. Kageorgis arrêté, il sera pendu le 30 juin 1962, à la veille de l'indépendance car l'on estimait que le Burundi ne peut pas retrouver sa souveraineté au moment où l'assassin du père de l'indépendance est encore vivant.

1.3.4. Et l'après indépendance ?

Au cours de cette même période de la colonisation, le Burundais devint un auxiliaire du Belge et aussitôt après l'indépendance, il apparaissait de plus en plus comme un colonisateur autochtone. La tutelle, qui venait de passer 46 ans à gérer le Burundi, avait marqué son image positive comme négative que le Burundais avait assimilée, consciemment ou non. Après avoir acquis son indépendance, il a aussitôt affiché la même attitude qu'il avait copiée chez son maître de la veille. Ce comportement aura d'ailleurs des conséquences néfastes sur l'administration burundaise postcoloniale, les Burundais n'ayant pas bien compris les enjeux de la colonisation et les tâches qui leur attendaient après le départ de la Tutelle. Ce qui fut à l'origine des instabilités politiques que l'on observe jusqu'aujourd'hui d'ailleurs, si l'on en croit l'avis d'observateurs de la politique burundaise qui estiment que jusqu'à présent, le prince Rwagasore n'a jamais été valablement remplacé à la tête de ce pays[39].

[39] Zénon Nicayenzi, grand admirateur de Rwagasore, clame haut et fort que le héros de l'indépendance n'a jamais été valablement remplacé à ce jour,

Après donc la colonisation, le fils aîné du Mwami Mwambutsa, dont toutes les sources accordent une clairvoyance et un amour sans bornes pour le petit peuple, - à l'exception de la Tutelle belge de l'époque qui le traitait de tous les noms -, a tout fait pour l'abolition des avantages politiques des chefs et des sous-chefs ganwa, tutsi et hutu. Il a eu également du mal à convaincre pour que les jeunes hutu et tutsi de l'administration coloniale et qui avaient reçu l'instruction, remplacent les féodaux.

1.4. La justice sous le Burundi indépendant : plutôt marginale.

Après l'indépendance, l'institution d'Ubushingantahe a survécu à la colonisation. Toutes les structures étaient encore là, mais avec une efficacité déjà diluée. Lors de l'avènement de la république, il y aura un autre changement plus substantiel et qui affectera beaucoup plus ladite institution. Depuis cette période, les Bashingantahe étaient investis par les administratifs, ce qui l'a rendue pratiquement un instrument du pouvoir sous le parti unique. Le Colonel Jean-Baptiste Bagaza, fondateur de la IIème République, la supprima tout simplement car il estimait que cette pratique était un des moyens de multiplier les fêtes. En effet, les gouverneurs et autres administratifs achetaient à boire et à manger pour prendre des journées entières à investir uniquement des candidats Bashingantahe.

La pratique reviendra sous Pierre Buyoya en 2002, c'est-à-dire sous la démocratie, mais jusqu'à présent, les Bashingantahe ne sont pas acceptés dans l'Etat moderne. Le pouvoir ne veut pas intégrer cette institution dans la constitution burundaise, pourtant recommandée dans les Accords d'Arusha d'août 2000. La nouvelle loi sur le fonctionnement de la justice ne prévoit pas que les Bashingantahe accèdent au tribunal pour siéger. Les responsables de cette institution ont demandé une collaboration, dans la confection de la loi communale, avec les élus mais ils se sont heurtés à une fin de non-recevoir. Cela a été ressenti comme une perte d'appartenance à l'Etat. Actuellement donc, seule la loi sur la famille oblige de passer par les Bashingantahe pour conciliation[40].

1.4.1. Les procès sous la monarchie.

A cette époque d'après l'indépendance, bien que la plupart des sources soient muettes sur le déroulement de la justice, force est de constater que le pays avait des problèmes de tous genres, surtout politiques, qui ne devraient pas laisser intact le fonctionnement de la justice. L'exemple souvent cité est celui

[40] Entretien avec l'Abbé Adrien Ntabona le 11 novembre 2011

de la condamnation à mort des commanditaires d'assassinat de Rwagasore, Joseph Birori et Jean Ntidendereza, contre la volonté de la Belgique qui les avaient condamnés à des peines à terme.

Au mois de septembre 1962, deux petits mois seulement après l'accession du Burundi à l'indépendance plus politique qu'économique, le procès fut rouvert. Les frères Birori et Ntidendereza, leurs cousins Jean Ntakiyica et Antoine Nahimana ainsi que le Grec Iatrou furent condamnés à mort par pendaison. Henri Ntakiyica sauva sa tête. Devant une foule immense rassemblée à cet effet, les cinq condamnés, enveloppés entièrement dans des draps noirs, pieds et mains liés, furent pendus publiquement à Gitega, deuxième ville du pays à cette époque. Quelques cris de joie fusèrent, mais la foule resta silencieuse, médusée, ne sachant pas s'il fallait rire ou pleurer. L'esprit de mercenariat fut la motivation principale de la condamnation des deux Grecs impliqués dans l'assassinat du prince.

La Belgique, qui avait vainement tenté d'obtenir la grâce de ses anciens protégés, se considéra comme personnellement visée. Un froid s'installa entre Bujumbura et Bruxelles[41].

En 1963, les problèmes au niveau de la justice commençaient à se manifester. En l'absence du Roi Mwambutsa, le premier ministre, André Muhirwa, avait pris l'initiative d'incarcérer trois grandes personnalités à savoir Thaddée Siryuyumusi, alors président de l'assemblée nationale, Ignace Ndimanya, ministre des travaux publics et Pie Masumbuko, ministre de la santé publique. Il s'agissait des conflits d'appartenance politique car certains faisaient partie du groupe dit « Monrovia »[42] et d'autres étaient des partisans du groupe « Casablanca ». Ces trois personnages sont retenus par l'histoire judiciaire récente de ce pays comme étant les tout premiers prisonniers politiques du Burundi postcolonial, en dehors du procès Rwagasore.

Ces tergiversations politiques, avec des conséquences sur le plan judiciaire, se sont poursuivies et se transformèrent d'ailleurs en rivalités ethniques voire régionales, empêchant ainsi la justice de devenir indépendante.

---

[41] Manirakiza Marc, La fin de la monarchie burundaise 1962 – 1966, Le Mât de Misaine, Bruxelles, 1990, 107p, p.40

[42] Le Groupe « Casablanca » était dominé par des « conservateurs » alors que le groupe « Monrovia » se définissait comme étant des Révolutionnaires. Même si les deux Groupes étaient ethniquement mélangés, le premier était dominé par des Tutsi et des Ganwa et le second par des Hutus.

- L'assassinat du premier ministre

L'on se souviendra qu'après le décès du premier ministre Pierre Ngendandumwe[43] en janvier 1965, son procès s'est terminé en queue de poisson.

Cet assassinat est presqu'à l'origine de la rupture idéologique et consacre plutôt l'ethnisme comme critère de référence. C'est dans ce contexte de manipulations et de spéculations politiques de tous genres qu'éclate au Burundi la première crise ethnique entre Hutu et Tutsi le 19 octobre 1965, comme le constate Augustin Mariro[44]. Tout a commencé dans la nuit du 18 au 19 octobre, quand il y a eu une tentative de coup d'Etat contre le roi Mwambutsa. Ce dernier a été sauvé de justesse mais son premier ministre, Léopold Bihumugani, fut grièvement blessé par balles.

Il ne s'agit pas ici de décrire le déroulement des événements relatifs à la tentative du coup d'Etat contre le roi en octobre 1965. J'ai été intéressé de connaître la gestion judiciaire d'après la crise de 1965. Selon M. Zénon Nicayenzi, ceux qui étaient suspectés de troubler l'ordre public (tentative de coup d'Etat) ont été arrêtés, jugés et exécutés, à l'instar de Paul Mirerekano et de Gervais Nyangoma. Evidemment, les présumés putschistes, qui étaient plus ou moins 23 personnes, ont été entendus dans un tribunal spécial où l'instance d'appel n'était pas prévue et dont la décision prise était irrévocable.

1.4.2. La République et la justice.

Cette pratique de la justice téléguidée par l'exécutif se remarque également et surtout lors de l'avènement de la république en 1966 et même sous la démocratie à partir de 1993 où l'exécutif pesait énormément – il le reste d'ailleurs jusqu'aujourd'hui - sur le judiciaire, ce qui laisse croire que dans le domaine de la justice dans ce pays, il n'y a que les visages qui changent mais la pratique d'immixtion des politiciens est restée intacte. Dans ces quelques lignes, je vais revenir sur certains procès qui ont fait couler beaucoup d'encre et de salive dans l'histoire récente de la justice de ce pays.

1.4.2.1. Une justice téléguidée sous le régime de Michel Micombero.

Selon toujours Zénon Nicayenzi, le même scénario que celui de 1965 s'est reproduit quatre ans plus tard, en 1969. Une tentative de putsch contre Michel

[43] Tué par un Rwandais qui travaillait à l'Ambassade des Etats-Unis au Burundi, le 15/01/1965.
[44] Mariro Augustin, op. cit, Titre de son ouvrage.

Micombero (vrai ou faux ?) a conduit à des arrestations, à des jugements et à des exécutions sauf qu'ici, les militaires étaient les plus visés, dont Charles Karorero notamment. Zénon Nicayenzi précise même que les années 1965 et 1969 ont visé uniquement des Hutus. Il affirme qu'il ne voit pas, de mémoire, un seul Tutsi qui est inquiété à cette période.

- Le procès Jérôme Ntungumburanye et consorts

Tout autre procès politique fut celui qui est connu sous l'appellation de « Procès Ntungumburanye et consorts », en 1971. Pour une histoire de coup d'Etat supposé encore une fois, plusieurs cadres originaires de Muramvya, d'Ijenda et de Mwaro, au centre du pays, furent arrêtés par les autorités du pays, majoritairement ressortissantes de Bururi, au Sud, sous le régime de Michel Micombero (26 ans en 1966 quand il a pris le pouvoir).

Ils étaient presque tous condamnés à mort et le pouvoir était sur le point de les exécuter malgré les vives protestations de l'opinion tant nationale qu'internationale. Là au moins, le représentant du ministère public, Léonard Nduwayo, à qui tout le monde rend hommage aujourd'hui à titre posthume, a laissé entendre qu'il y avait un montage du pouvoir pour écarter ceux qu'il considérait comme des opposants. Il a refusé net de cautionner ce montage du pouvoir en place et a acquitté les détenus en bonne et due forme. En réalité, à ses yeux, les enjeux étaient ailleurs et non ceux que l'on présentait officiellement.

Le jour du procès, le procureur Nduwayo a exigé qu'il y ait un témoin à charge des prévenus mais on lui rétorqua que le témoin était invisible, ce à quoi il a répondu que le putsch en question n'était qu'un pur montage. Le fameux témoin à charge existait pourtant, c'était le chef d'Etat-major de l'armée à l'époque, Thomas Ndabemeye, du grade de lieutenant-colonel au moment des faits. Quelques années après, il monta très rapidement de grades et était devenu lieutenant-général, tout comme le président Micombero, lors de leur destitution, le 1er novembre 1976.

Feu Léonard Nduwayo, lui-même originaire de Bururi pourtant, se plaça au-dessus de la mêlée et déchargea tout ce monde qui n'était pas de sa région car le procès avait pris une tournure de rivalités entre les originaires de Bururi (au Sud) et de Muramvya (au Centre du pays). Les politiciens vont vite en besogne, dit-on. L'on apprendra plus tard que des fosses communes avaient été prévues, vers l'aéroport international de Bujumbura, où l'on devait enterrer sans manière tous ces « putschistes » qui ont finalement été sauvés de justesse. Un condamné à mort de l'époque, du nom de Libère Ndabakwaje, a vu les cheveux blancs pousser en une nuit passée au cachot de Bujumbura, suite au stress engendré par ce procès.

Dans un premier temps, les hommes politiques au pouvoir à l'époque se montrèrent fâchés contre Léonard Nduwayo, procureur de la République. Mais avec le temps, le gros des Burundais – à commencer par ceux-là même originaires de Muramvya -, lui manifestèrent un respect sans bornes. Plus tard, même les originaires de Bururi se sont rendu compte que le procureur avait eu raison avant tout le monde. Quand il a quitté définitivement l'administration pour embrasser la carrière sportive – il était président du comité national olympique (CNO) -, il avait des honneurs de toute personne qui a suivi de près ou de loin le procès de 1971.

- Le procès de 1972

L'autre « grand » événement juridique fut la gestion de ce que l'on appelle pudiquement les événements de 1972, mais que les Hutus décrivent comme génocide des Hutus. Selon toujours Zénon Nicayenzi[45], cette période est différente des précédentes. Vu l'ampleur du mouvement de révolte, le tribunal militaire et d'exception a été vite dépassé et le pouvoir a eu recours au mouvement d'exécution expéditive. Il précise que la répression a eu lieu d'avril à novembre 1972.

Ces événements sont apparus dans un contexte que personne, y compris les autorités politiques, ne maîtrisait. Tout d'abord, le Roi Ntare V a été transféré de l'Ouganda au Burundi et est mis aux arrêts dans la province de Gitega. En date du 29 avril 1972, la radio nationale a été sabotée à partir de 20 heures jusqu'à 7 heures du matin le lendemain et le gouvernent destitué. Le pouvoir de Micombero accusa donc dans un premier temps le Roi Ntare V de recrutement des mercenaires pour renverser la République, de connivence avec les Tutsi de Muramvya, ceux-là même qui avaient été relâchés quelques mois auparavant.

Ce dernier fut tué sans autre forme de procès et la plupart de ceux qui avaient été appréhendés dans l'affaire Ntungumburanye furent arrêtés de nouveau, y compris des fonctionnaires non originaires de cette province de Muramvya mais qui y travaillaient, un phénomène nouveau où Hutu et Tutsi sont réprimés en même temps. Et là aussi, l'intention était de les éliminer physiquement. La justice burundaise n'a pas daigné travailler sur le dossier Ntare V qui, jusqu'à présent, est enterré dans un endroit que personne ne sait identifier avec exactitude.

[45] Entretien du 27 novembre 2012.

Quant aux Tutsi qui étaient présumés impliqués dans le coup, ils auront la vie sauve du fait que la semaine suivante, le pouvoir de Michel Micombero s'est rendu compte que l'attaque était menée par des Hutu dans le Sud du pays. Dans les régions de Bururi et de Makamba, des massacres spectaculaires étaient organisés contre des familles des Tutsis. Le pouvoir changea alors la direction de son regard et le porta contre les Hutus. Comme conséquence immédiate, les camps militaires ont réprimé sévèrement les Hutus et ceux qui vivaient dans la plaine furent chassés vers les hauteurs, les uns, les autres préférant la voie de l'exil, surtout en Tanzanie.

Cette expédition « punitive » fut étendue aux populations hutu, surtout des fonctionnaires moyens, avant de la poursuivre dans les écoles, les universitaires dans un premier temps, les élèves du secondaire dans un deuxième temps et aux prêtres et soeurs un peu partout dans le pays. Le cas le plus évoqué est celui de l'Abbé Michel Kayoya, un prêtre intellectuel qui laissa derrière lui deux ouvrages, « Sur les Traces de mon père » et « Entre deux mondes ».

1.4.2.2. La justice sous Jean-Baptiste Bagaza

Par contre, si le procès Ntungumburanye et consorts avait trait essentiellement à des rivalités régionales, il y eut une autre affaire en 1977, qui elle, visait officiellement la lutte contre la corruption et les corrupteurs. C'était au lendemain de l'installation du colonel Jean-Baptiste Bagaza (30 ans en 1976) au pouvoir que cette affaire dite « Ntiyankundiye » a surgi. En effet, le président Jean-Baptiste Bagaza et son ministre de la justice et garde des sceaux, Jean-Baptiste Manwangari, ont procédé à des arrestations multiples de fonctionnaires accusés d'avoir trempé dans cette affaire. Ntiyankundiye était un commerçant originaire de la province actuelle de Mwaro qui fut accusé d'avoir corrompu des fonctionnaires à l'échelle nationale en fournissant vivres et autres marchandises aux écoles, aux prisons et aux hôpitaux.

- Des arrestations spectaculaires

A cette occasion, une cinquantaine de directeurs de ministères, d'écoles, d'hôpitaux et de prisons tombèrent dans la trappe, y compris l'ancien ministre des finances, Joseph Hicuburundi. Il leur était reproché d'avoir soustrait à l'Etat une somme de bif 120.000.000 (1 million de dollars américains à l'époque)[46] dans un dossier qu'on a baptisé Ntiyankundiye. Celui-ci était un

[46] MANIRAKIZA Marc, Burundi La déviance d'un pouvoir solitaire Le régime Bagaza (1976 - 1987), Ed. La Longue Vue, Bruxelles, 1997, 159 p, p. 31.

commerçant qui a été accusé d'avoir corrompu toutes ces personnes qui ont été emprisonnées juste à l'avènement de la IIème République.

Selon Marc Manirakiza, ces arrestations prirent une tournure plus politique que pénale sans rapport avec les faits reprochés. Les condamnations collectives ressemblaient à un procès bâclé, destiné à adresser une sévère mise en garde aux éventuels coupables de malversations : certains ont été condamnés à plus de dix ans d'incarcération.

Même la presse fut manipulée pour que l'opinion se rallie à l'hypothèse du gouvernement. Un article paru à cette époque avait tout sauf l'air d'une dépêche professionnelle des médias. Le journaliste qui l'a rédigé était tout simplement dans la peau du gouvernement, au regard de la teneur de son texte. La dépêche se trouve en annexe de ce livre.

Comme je l'avais mentionné, le dossier présentait au départ un visage de lutte contre le détournement de fonds et la corruption, mais les dossiers étaient tellement mélangés, - ceux de détournement et de meurtre -, si bien que la dose politique ne pouvait ne pas s'inviter dans cette affaire. En outre, à analyser ce document, l'on se rend compte qu'il s'agit des dossiers des années 70, mais également plusieurs d'entre eux qui datent de la fin des années 60, ce qui pourrait laisser croire qu'il y avait des cibles bien privilégiées dans les différentes arrestations. De surcroît, les personnes arrêtées étaient toutes des dignitaires du régime déchu. Dans ce même numéro, des listes des fournisseurs, des montants, des lieux de fourniture et des périodes de fourniture étaient mentionnées et le montant « détourné » oscillait autour de Bif 119.985.743.

L'affaire se termina en queue de poisson car une fois ces personnes arrêtées, même les fonds qui étaient supposés avoir été détournés n'ont jamais été remis dans les caisses de l'Etat. Et après la destitution du président Jean-Baptiste Bagaza, lui et son équipe étaient accusés de corruption et de détournements de fonds publics à leur tour. L'on peut donc conclure que ce slogan était utilisé, surtout lors de la période des coups d'Etat, comme une intention de lutte contre la corruption mais cachée derrière une motivation politique pour se faire légitimer par l'opinion, ce qui est une arme de prédilection des hommes au pouvoir.

1.4.2.3. La justice sous la Troisième République.

Sous la 3ème République dirigée par Pierre Buyoya, la justice ne fonctionna pas vraiment mieux que sous les régimes précédents. A son arrivée au pouvoir le 3 septembre 1987, il ne changea point de politique. Le conseil militaire pour le salut national (CMSN) fut composé d'une trentaine de militaires, tous des officiers. Son premier gouvernement était composé d'une vingtaine d'hommes, des Tutsis essentiellement mêlés de deux Hutu seulement. Il ne changea sa gestion du pouvoir qu'à peu près un an après son installation à la tête du pays, au lendemain des événements meurtriers du 15 août 1988 suite aux attaques de Ntega et de Marangara, au Nord du pays.

Pour la première fois, il nomma un premier ministre hutu, Adrien Sibomana, en 1988. Ce poste venait de passer 23 ans sous la gestion des Tutsis, soit du chef de l'Etat lui-même, soit d'un premier ministre nommé, mais tous originaires d'une même commune du Sud du pays, Rutovu, en province de Bururi. La population tutsie, du moins dans sa majorité, était étonnée car dans son entendement, un premier ministre hutu était tout simplement impensable au regard de l'évolution politique et sociale récente de ce pays.

En matière de justice, il procéda lui aussi à une traque des anciens dignitaires de la 2ème République. Son fondateur sera contraint à l'exil et le nouveau régime prétextera que Jean Baptiste Bagaza devra rester à l'étranger pour que la sécurité intérieure soit garantie. Le président déchu tentera à maintes reprises de rentrer au pays, ce fut vain. Les proches collaborateurs de l'ancien président ont été mis aux arrêts, certains d'entre eux ont trouvé la mort en prison, d'autres sont décédés juste à leur sortie des geôles et d'autres enfin ont été contraints à l'exil. Les relations diplomatiques avec la Libye de Mouammar Kadhafi vont d'ailleurs se dégrader suite à ces réactions d'emprisonnement massif de ces anciens dignitaires qui s'entendaient bien avec le « Guide » libyen. Il ne faut pas perdre de vue que l'ancien président déchu alors qu'il était absent du pays, a fini par s'installer en Libye.

- La justice, instrument du pouvoir exécutif

Ce fut également une période où la justice devint véritablement l'instrument du pouvoir. Si les régimes précédents « tranchaient » un peu n'importe comment les affaires à connotation politico-sécuritaire, celui de la 3ème République installa une impunité des crimes, ce qui fut désormais un nouveau « mode » de gouvernement politico-judiciaire. Depuis lors, la justice ne pouvait plus travailler en toute indépendance et devait attendre les instructions du pouvoir exécutif pour agir. Non plus, elle ne touchait pas à certains dossiers sensibles aux yeux du pouvoir. Dans ces circonstances, l'on a commencé à observer des mutations des magistrats « mal pensants

» qui traitaient objectivement des affaires sans considération des avis et considérations des politiciens aux commandes.

L'on se souviendra alors de la crise de Ntega et de Marangara en 1988, où des Hutus ont massacré des Tutsis dans ces deux communes du Nord du pays. Non seulement l'affaire a été abandonnée pour des raisons de « réconciliation » nationale, mais aussi le président d'alors se mit à construire des maisons pour ceux que l'opinion

tutsi traitait de bourreaux des leurs. Officiellement, ces constructions dont le chef de l'Etat a posé la première pierre, rentraient dans le cadre de la levée de deuil définitive des morts de l'année précédente.

En 1990, le 17 août précisément, le fondateur du parti pour la libération du peuple hutu, Palipehutu, Rémy Gahutu, est assassiné en Tanzanie dans des circonstances non encore élucidées. Ce mouvement de lutte armée contre le régime tutsi de Bujumbura avait commencé en 1980, toujours dans le pays de Julius Nyerere. Le pouvoir de Bujumbura à l'époque est suspecté d'être à l'origine de sa mort mais jusqu'à présent, la justice burundaise n'a fait aucune enquête pour élucider les circonstances de sa mort.

Pourtant, l'on sait qu'il a été enterré dans un cimetière sécurisé et que si la politique y mettrait un peu de volonté, tout au moins ses restes pourraient être rapatriés, réconciliation oblige, pour qu'il soit enterré aux côtés des autres Burundais qui ont été emportés par la gestion calamiteuse des crises cycliques du pays depuis l'assassinat du prince Louis Rwagasore.

Pour le moment, l'on sent que le régime en place n'est pas pressé de rapatrier le corps d'un chef de guerre d'une force rivale. Par ailleurs, même au sein de ce mouvement, il y a des chicaneries si bien que le rapatriement de la dépouille mortelle de Rémy Gahutu n'est pas une priorité.

1.4.2.4. Que dire de la justice sous la démocratie ?

Comme mentionné dans les pages antérieures, l'avènement de la démocratie a eu pour origine le sommet franco-africain de La Baule en France en 1990. Certains présidents africains, notamment ceux de la sous-région des grands lacs, Mobutu Sese Seko du Zaïre (actuelle République démocratique du Congo) et Juvénal Habyalimana du Rwanda, furent réticents à mettre en application ces injonctions de François Mitterrand. Les autres se sont lancés donc dans cette aventure sans maîtriser tous les contours du pluralisme tant politique que médiatique, comme ce fut le cas pour Pierre Buyoya du Burundi, qui mit en marche la machine devant aboutir aux élections au suffrage direct trois ans plus tard.

- Le sort du président Ndadaye

Le sort du président Melchior Ndadaye était soit la vie, soit la mort. Trouvant que la situation du Burundi à l'époque était explosive compte tenu des tensions entre Hutu et Tutsi, le président du Frodebu et candidat aux élections de 1993, proposa à Pierre Buyoya d'ajourner les élections afin de bien préparer les esprits. Ce à quoi le président Buyoya a répondu que si le Frodebu a peur des élections, il n'avait qu'à laisser tomber la bataille politique.

Plus tard, le Frodebu et d'autres partis politiques d'obédience hutu, PP, PL...., ont constitué ce qu'ils ont appelé forces de changement démocratique. C'est à ce moment que Pierre Buyoya a constaté que Melchior Ndadaye devenait le candidat des Hutus et non du seul Frodebu. A son tour, il demanda à Melchior Ndadaye si l'on ne pouvait pas prévoir un régime de transition, laissant Ndadaye devenir premier ministre de la transition, une proposition vite rejetée aussi par les forces de changement démocratique.

Melchior Ndadaye estimait pourtant qu'il risquait de trouver la mort dans cet engagement d'autant plus qu'il était convaincu que les militaires tutsis pouvaient lui ôter la vie. Ses fidèles lui ont fait savoir qu'il doit prendre ce risque, qu'il y avait eu par le passé un premier ministre hutu -Adrien Sibomana, NDLR -, donc qu'il fallait viser la présidence.

Suite donc à ces élections « un homme, une voix » organisées en juin 1993, le pouvoir changea de main et Buyoya fut remplacé par Melchior Ndadaye. Ce dernier a été la toute première victime de la démocratie naissante car il fut assassiné le 21 octobre 1993, en compagnie de ses proches collaborateurs, comme le président de l'assemblée nationale, Pontien Karibwami, son vice-président, Jules Bimazubute, le ministre de l'intérieur, Juvénal Ndayikeza, le patron du service des renseignements ainsi que l'épouse de Sylvestre Ntibantunganya, alors ministre des relations extérieures, par un groupe de militaires tutsi, trois mois après son intronisation, le 10 juillet 1993[47].

Son parti, Sahwanya-Frodebu, porta plainte pour que des responsabilités soient établies et que les auteurs de ces crimes soient punis conformément à la

[47] Certains milieux hutus encore sous le choc ont parlé du « génocide des institutions ».

loi. Le procès se termina en queue de poisson et jusqu'à présent, la vérité sur sa mort n'est pas encore connue du public. Ce procès est finalement à traiter dans la commission vérité et réconciliation qui n'était même pas encore créée au début de l'année 2015, presque 15 ans après les recommandations des Accords d'Arusha d'août 2000.

Son épouse a toujours évoqué le procès de son mari, mais l'on a l'impression qu'il s'agit des discours ou alors des réclamations qui se font juste à l'occasion de l'anniversaire de l'assassinat de ce premier président hutu et non originaire du Sud du pays, démocratiquement élu.

- L'éphémère Cyprien Ntaryamira

Son successeur, Cyprien Ntaryamira, qui avait été investi le 5 février 1994, mourut dans un accident d'avion le 6 avril 1994 dans le ciel de Kigali, en compagnie de ses deux ministres Bernard Ciza et Cyriaque Simbizi ainsi que de son homologue rwandais, Juvénal Habyalimana. Il rentrait d'un sommet sur le Burundi qui avait été organisé à Dar Es Salam en Tanzanie. Les partenaires du Burundi et du Rwanda voulaient que ces deux pays passent par des négociations pour arrêter l'insécurité de plus en plus grandissante dans la sous-région.

Selon des informations reçues plus tard, la communauté internationale était très inquiète de l'évolution de la situation sécuritaire dans ces deux pays. En effet, le Burundi avait déjà assassiné son président et des massacres à grande échelle s'en étaient suivis. Au Rwanda, à partir de cette date de l'accident d'avion, le génocide a été aussitôt déclenché, faisant entre 800.000 et 1 million de morts, en majorité des Tutsis et des Hutus non acquis aux idéaux du défunt président Habyalimana. Il fallait donc engager très rapidement les négociations inter-burundaises pour éviter qu'il y ait gestion de deux génocides dans deux pays souvent qualifiés de jumeaux suite à leurs compositions ethniques, à leurs situations géographiques ainsi qu'à leurs superficies.

Au bout de ces négociations, la même communauté internationale voulait présenter deux pays qui ont retrouvé la paix, la stabilité et la réconciliation, l'un après une guerre atroce – un génocide - et un autre après les négociations.

Encore une fois, la formation politique dont les trois dignitaires défunts étaient issus, le Frodebu, a demandé au gouvernement Ntibantunganya de s'enquérir de la situation pour connaître les véritables circonstances de l'accident ayant coûté la vie à ses trois leaders. Car, cela paraissait étonnant que le président Cyprien Ntaryamira, dont l'avion personnel était en parfait état de voler, ait dû voyager avec son homologue rwandais, préférant envoyer son appareil vide de passagers, à l'exception peut-être de l'équipe de pilotage et de quelques autorités non essentielles dans le voyage des deux présidents. D'autres informations indiquaient que les ministres Bernard Ciza et Cyriaque Simbizi ont préféré rester aux côtés de leur président car ils avaient peur des questions qui pourraient leur être posées par des journalistes, une fois arrivés à l'aéroport international de Bujumbura.

L'on signalera que l'ancien président rwandais chérissait ce type de voyages car une fois Melchior Ndadaye élu, ce dernier a été prié par son homologue d'abandonner le Falcon 50 burundais pour être à ses côtés au cours d'un voyage à destination de Bruxelles à l'occasion de l'enterrement du roi des Belges, Baudouin, décédé en Espagne à l'âge de 63 ans. Cela pouvait être une stratégie à lui que de voyager avec d'autres personnalités pour que les rebelles du FPR ne tirent pas sur son appareil.

Sinon, il était parfaitement conscient qu'il allait être attaqué d'un moment à l'autre, vu que le FPR était déjà dans le pays depuis octobre 1990 et que Juvénal Habyalimana était de plus en plus isolé aussi bien dans son pays que dans le concert des Nations. De toutes les manières, quelques soient les circonstances de la mort de Cyprien Ntaryamira, les Burundais devraient savoir la réalité sur cet accident qui a coûté la vie à leur président.

- Sylvestre Ntibantunganya aux commandes

Juste après la mort du président Ntaryamira, Sylvestre Ntibantunganya, qui était alors président de l'assemblée nationale, a été pressenti comme successeur constitutionnel du défunt président. Il a été investi en avril 1994, à l'annonce de la mort de son prédécesseur dans le ciel de Kigali. Il est monté au trône dans un contexte de crise suite à l'assassinat du président Ndadaye quelques mois auparavant. Du coup, il n'était pas sûr des actes qu'il devait poser, notamment devant des forces de l'ordre majoritairement de l'ethnie différente de la sienne.

Prié de poser la question aux autorités rwandaises sur les circonstances de l'accident, Sylvestre Ntibantunganya, probablement encore sous le choc d'avoir perdu sa conjointe lors de l'assassinat du président Ndadaye, ne mobilisa ni sa diplomatie ni sa justice pour avoir de plus amples détails sur cette mort accidentelle. Cependant, Sylvestre Ntibantunganya est l'un des présidents de ce pays qui n'a pas connu d'ennuis politico-judiciaires avec son peuple, presque deux ans qu'il a passé à la tête du Burundi. C'était un homme qui cherchait à tout prix à composer avec les forces armées burundaises, à l'époque dominées par les Tutsis et il était prêt à exécuter tous les ordres reçus de ce corps, ce qui a fait dire à Hermès Niyonzima que le président Sylvestre Ntibantunganya était un président fictif dans son ouvrage « Burundi, Terre des Héros non Chantés du Crime et de l'Impunité », Editions Remesha.

Cependant, il a été accusé par les militaires burundais, ceux qu'on appelait à l'époque forces armées burundaises ou FAB, d'entretenir la rébellion à l'époque où la guerre battait son plein. Les massacres de Bugendana (province de Gitega au centre du pays), le 21 juillet 1996, ont été à la base de sa chute. En effet, l'enterrement collectif de quelques 340 victimes était prévu le 23 juillet, soit 48 heures après le drame. Le président a voulu participer à l'enterrement et il s'y est déplacé à bord de son hélicoptère, mais il a été accueilli par des insultes et des jets de merde et de cailloux d'une population enragée et il dût faire demi-tour. De retour de cette mésaventure, il a trouvé que sa garde de palais avait été changée, d'où il a pris fuite à la résidence de l'ambassadeur des Etats-Unis accrédité à Bujumbura.

Sur le plan politique, il venait de signer la venue des troupes étrangères au Burundi, le 25 juin 1996, contre l'avis de certains dignitaires, notamment ceux de l'Uprona. Son premier ministre, Antoine Nduwayo, de cette dernière formation politique, avait publiquement déclaré au stade du prince Louis Rwagasore qu'il serait même prêt pour un éventuel coup d'Etat. C'était le 4 juillet 1996 et tout semblait indiquer que le régime de Ntibantunganya était au soir de sa vie. Il y avait des manifestations au quotidien des universitaires, l'administration était complètement paralysée et l'on sentait qu'il y avait une main derrière tous ces mouvements C'est pour cette raison que Pierre Buyoya, le candidat malheureux aux élections de 1993, l'a renversé par un coup de force le 25 juillet 1996 sans beaucoup de peine car tout semblait avoir été préparé d'avance dans l'ignorance totale de Sylvestre Ntibantunganya.

Même après ce président, ses successeurs, les présidents Pierre Buyoya, Domitien Ndayizeye et même Pierre Nkurunziza, président en fonctions au moment de la publication de cet ouvrage, n'ont pas bougé leur petit doigt pour suivre ce dossier. Cela est probablement un autre accident de parcours du pays où les Burundais ne sauront jamais la vérité sur l'histoire récente de leurs institutions. Encore que les familles des disparus étaient en droit d'être indemnisées, ce qui ne se fera pas probablement. Comme les Burundais aiment la facilité, ce dossier risque d'être lui aussi traité dans la commission vérité et réconciliation, selon les recommandations des Accords d'Arusha.

Mais le risque est grand de voir certaines vérités disparaître car plus le temps passe, plus l'on oublie les détails qui étaient pourtant très utiles.

- Le retour de Pierre Buyoya et l'assassinat du représentant de l'OMS au Burundi.

Un autre dossier qui a pris une tournure politique et dont le jugement se fait toujours attendre est celui de l'assassinat du Dr. Kassy Malan, représentant de l'organisation mondiale de la santé (O.M.S) au Burundi. Il a été retrouvé mort au bord du lac Tanganyika dans la petite matinée du 19 novembre 2001, des enquêtes ont été menées et même des personnes arrêtées et incarcérées. Au bout de cinq ans d'internement, toutes ces personnes ont été acquittées et même réintégrées dans leurs services respectifs. En réalité, à défaut d'une justice indépendante, les rumeurs prennent le dessus et tout le monde a tenté une explication de ce meurtre.

Pour les uns, le représentant de l'OMS a été surpris en train d'enquêter sur le détournement des fonds des médicaments contre le paludisme qui passait pour une épidémie dans notre pays à cette période-là. Pour d'autres, dans le souci de calmer le jeu, le gouvernement du Burundi, à travers l'un de ses membres, a contacté Mme Manlan, l'a intéressée au moyen d'une enveloppe consistante, - sans précision du montant -, pour qu'elle abandonne cette affaire. Le Chef de l'Etat avait fait la même démarche auprès de l'O.M. S, selon toujours les racontars. Les mêmes rumeurs ont parlé d'une société basée en France où le montant détourné aurait transité, etc. Du côté de la justice, ce fut le silence radio.

Pourtant, certains noms ont été cités mais la justice burundaise n'a jamais osé enquêter sur ces personnalités. L'on se souviendra que même plus tard, l'ancien président Pierre Buyoya et l'ancien procureur général de la République, Gérard Ngendabanka, se sont accusés ouvertement par médias interposés. Lors de leurs déclarations dans les différentes stations locales, les deux personnalités ne demandaient qu'une chose : une rencontre au tribunal pour que la vérité éclate au grand jour. Toujours du côté de la justice, aucune réaction n'a été enregistrée alors qu'elle pouvait se saisir, forte de cette nouvelle donne.

L'on se souviendra même qu'un avocat belge, Me Bernard Maingain, est venu défendre la cause de Mme Gertrude Nyamoya, cadre à l'OMS, qui était détenue suite à cet assassinat. Lors de ses déclarations par voie de presse, il avait demandé à la justice de chercher des informations utiles auprès de l'ancien président Pierre Buyoya dans cette affaire. Mais encore une fois, la justice n'a rien fait pour tirer la situation au clair.

Par ailleurs, parmi les autres témoins cités, il y avait ceux qui étaient en prison au moment des faits. Ceux-là ont été soustraits des prisonniers et le même procureur général de la République d'alors, informa l'opinion qu'il a mis les deux prisonniers – témoins dans un lieu sûr pour leur sécurité. Officiellement, ils étaient bien protégés pour qu'ils témoignent le moment venu.

Selon des informations recueillies auprès des prisonniers, ces détenus, au nombre de deux, dont un Rwandais, avaient obtenu un congé de cinq jours, ce qu'on appelle dans un jargon sur place « mémorandum », - une sorte de congé de 5 jours offert aux prisonniers déjà condamnés pour qu'ils rentrent à la maison. Dans ce cas précis, ils avaient pour mission de faire le « travail », donc d'assassiner Kassy Malan. L'on apprit quelques temps après qu'ils ont quitté le pays, avec des passeports burundais, payés par on ne sait pas trop qui, et qu'ils étaient partis pour une destination inconnue. Cette situation a fait jaser plus d'un qui ont indiqué qu'après quelques années d'enquêtes, la justice a constaté que le Dr. Kassy Malan s'est suicidé. D'autres diront qu'au Burundi, il y a des crimes sans criminels.

- **S'il y avait eu volonté, les pistes étaient-là !**

Pourtant, si la justice burundaise avait voulu creuser dans ce dossier, elle était en possession d'informations importantes suite aux enquêtes menées par un journal ivoirien « Fraternité Matin » posté le 24 juin 2006. En effet, d'autres types d'informations circulaient en Côte d'Ivoire et l'unique convergence avec les informations dans notre pays est l'argent qui semble avoir été détourné, une information qui a fait également le tour du Burundi. Le document se trouve en annexe de ce livre.

Faut-il voir dans ce silence de la justice burundaise une complicité quelconque ? Car, au regard de ce que Mme Malan a révélé, rien a priori ne pouvait engager le Burundi, c'était beaucoup plus une affaire interne de l'OMS. L'on se souviendra que même un Burundais, fonctionnaire de l'OMS, en poste à Harare, surnommé Gatoro, a été lui aussi assassiné dans des circonstances similaires. Aucune enquête non plus n'a été faite de la part de l'OMS.

Mais l'on peut objectivement conclure que ce silence coupable de la justice burundaise peut cacher quelque chose de louche dans le chef des autorités de notre pays de l'époque. Pour certains, un tel crime d'une personnalité de la stature de Kassy Malan ne peut pas passer inaperçu dans un pays où les gestionnaires de la chose publique sont responsables. Il y a eu complicité quelque part, concluent les habitants de Bujumbura.

- **Des dossiers sans issus**

L'affaire Kassy Malan ne constitue qu'un seul dossier parmi tant d'autres qui n'ont plus de traces actuellement. En effet, nul n'ignore qu'après son retour en 1996, Pierre Buyoya a emprisonné la plupart de ses adversaires politiques ainsi que des membres de la société civile. L'on peut penser à Domitien Ndayizeye, qui deviendra plus tard son vice-président sous la période de la transition, à Léonce Ngendakumana (président du Frodebu et de l'Adc-Ikibiri au moment des faits), à Charles Mukasi (ancien président du parti Uprona limogé par Buyoya en 1998), à Venant Bamboneyeho (président de l'association de lutte contre le génocide AC-Génocide Cirimoso), à Diomède Rutamucero (président de Puissance d'Auto-Défense P.A. Amasekanya), à Déo Niyonzima (président de la société jeunesse pour la défense de la minorité (Sojedem), à Gédéon Ntunwenindavyi, porte-parole de P.A. Amasekanya à l'époque, etc, sans oublier les « poseurs » des mines du parti Parena de l'ancien président Jean-Baptiste Bagaza, dont Mes Isidore Rufyikiri et Pacelli Ndikumana, bref, des dossiers dont personne n'a connu l'issue, ni politique ni judiciaire.

Il ne faut pas passer sous silence que sous Buyoya II ou III selon certains (1996 – 2003), des officiers militaires avaient trouvé la mort dans des circonstances ombrageuses sans qu'une enquête ne soit diligentée par les autorités d'alors. Il s'agit de la mort du colonel Pascal Ntako dans la prison de Muyinga, du colonel Firmin Sinzoyiheba connu sous le sobriquet de Kagajo, dans un accident d'avion entre Mwaro et Gitega au centre du pays, de la mort du colonel Edmond Ndakazi dans les eaux du lac Tanganyika, etc.

Toutes ces disparitions ainsi que la chute brutale d'avion du colonel Léonidas Maregarege, alors chef d'Etat-major général de l'armée burundaise, au-dessus de la Kibira, témoignent d'une volonté politique d'intervenir dans les dossiers judiciaires, surtout à connotation politique. Comme solution à ce problème, les autorités de l'époque ont uniquement suspendu de voyager à bord des avions mais sans mener d'enquêtes. Tous les déplacements se faisaient en voiture, ce qui est une référence de taille que la justice burundaise n'a pas encore une fois voulu saisir.

- Domitien Ndayizeye, l'homme à une justice pas gênante.

Lors de la deuxième tranche de la transition pilotée par Domitien Ndayizeye, la population a senti un changement en matière de liberté des gens. On l'appelait président « Cool » qui était joyeux, souriant, sans rancune et qui n'avait pas de problème avec ses compatriotes. Il était plutôt célèbre suite à son humour où il disait sans cesse à qui voulait l'entendre qu'il ne lâchera jamais son tournevis, car il est plus technicien que politicien.

Le seul cas d'emprisonnement arbitraire qu'on puisse lui imputer est celui d'Etienne Ndikuriyo, à l'époque journaliste à la radio Bonesha FM, accusé d'avoir « injurié » le président. Avant les scrutins de 2005, le Frodebu était presque sûr de gagner les élections et ses membres ont été fortement déçus des résultats annonçant leur défaite aux élections communales.

C'est à ce niveau que le journaliste, qui avait fait un reportage dans la province de Kayanza où se trouvait le président Ndayizeye, a indiqué que suite à cette déconfiture, le chef de l'Etat a déprimé. Etienne Ndikuriyo passa quelques jours enfermé au service national des renseignements avant d'être transféré à la prison de Mpimba. Au total, il a fait 10 jours à la police présidentielle et 6 jours à Mpimba, ce qui totalise 16 jours de privation de la liberté. Ce n'est pas rien !

On peut donc conclure que c'était de la colère qui avait poussé le président à agir de la sorte. Mais d'un autre côté, M. Ndayizeye passa également quelques jours sans apparaître publiquement. C'est ainsi qu'une rumeur de la dépression du président fut confirmée dans Bujumbura. Je pense de ma part que les responsables du parti Frodebu avaient organisé une réunion extraordinaire pour constater l'échec et ne pas fournir de candidature pour l'élection présidentielle, ce qui fut fait comme cela.

Cependant, même s'il n'était pas « embêtant » sur le plan des libertés fondamentales, il ne tira pas de leçon sur la nature des textes juridiques qui donnaient l'air d'être très bien rédigés. Pourtant, il y avait des pièges car le législateur avait mis en place des lois taillées sur mesure. En ce moment, si son parti avait gagné les élections, il n'aurait pas connu de problèmes. Mais avec la défaite du Frodebu, il devait s'attendre à des difficultés car le costume cousu pour sa formation politique était porté par le Cndd-Fdd.

Et pour preuve, quand il a été arrêté et emprisonné en 2006 juste après la remise et reprise du pouvoir, les nouveaux maîtres du pays se sont basés sur les textes qui avaient été confectionnés sous les législatures antérieures. Ce sont les mêmes textes sur lesquels on s'est basé pour enfermer d'autres têtes gênantes comme Me Isidore Rufyikiri qui rejoignit les anciens dirigeants en prison ainsi qu'Hussein Radjabu, qui devint pensionnaire de la prison l'année suivante.

- Le régime de Pierre Nkurunziza : une justice politisée.

Si les pouvoirs exécutifs se sont succédé de la manière que l'on sait, des réflexes d'injustice basés sur des faits montés de toutes pièces sont restés vivaces. En janvier 2006, le mardi 17 plus précisément, alors que le chef de l'Etat Pierre Nkurunziza était à Mwakiro dans la province de Muyinga, au Nord-est du pays, il informa l'opinion nationale – le discours était en kirundi - qu'il avait des informations fiables qui font état d'une éventuelle préparation d'un coup d'Etat.

Cela était étonnant car il venait de répéter un discours vieux de 40 ans, du temps de Michel Micombero. On se rappelle que ce dernier, arrivé sur la scène politique par un coup d'Etat en 1966, a toujours séquestré des gens qu'il accusait régulièrement de fomenter des coups de force. Ses successeurs ont toujours été préoccupés par des coups d'Etat parfois imaginaires si bien qu'ils étaient tout le temps occupé à torturer des opposants réels ou supposés. Jean-Baptiste Bagaza réussira lui aussi un coup d'Etat mais subira le même sort que son prédécesseur, 11 ans plus tard.

Sous la démocratie donc, l'on croyait que le système de putsch était révolu, ce qui a fait couler beaucoup d'encre et de salive. Ce qui est souvent regrettable, c'est que les politiciens qui recourent chaque fois à ce prétexte pour exterminer les gens ne constatent pas que l'opinion ne les comprend plus. Et à force d'être utilisé à tort et à travers, le prétexte a fini par devenir comme une vieille rengaine que tout le monde ne croirait plus, même en cas d'un véritable coup de force.

Conséquemment à cette information, Nkurunziza fit arrêter, toujours en 2006, plusieurs personnalités du régime précédent, dont les deux plus célèbres prisonniers étaient Domitien Ndayizeye et Alphonse-Marie Kadege, respectivement président et vice-président de la deuxième tranche de transition, d'avril 2004 à août 2005 pour le premier et d'avril 2004 à novembre de la même année pour le second. L'on se rappelle que le vice-président Kadege avait été chassé sans manière par Domitien Ndayizeye pour divergences de vues lors de la confection de la constitution de 2005.

Sinon, des populations de toutes les couches socioprofessionnelles ont été ciblées par cette chasse à l'homme. L'on pourrait citer notamment les membres du corps de la défense, les membres de la société civile, les journalistes ainsi que des membres des partis politiques de l'opposition. L'on conclut donc que les putschistes étaient des personnes que le président n'aimait pas personnellement, à qui il voulait faire du mal car il en avait le pouvoir et la capacité.

Comme pour les régimes du passé, quelques-uns de ces présumés « putschistes » furent battus « comme il faut »au service national des renseignements, la police présidentielle. Au bout de six mois d'emprisonnement, ils furent acquittés. Certains d'entre eux, toujours comme aux temps des régimes militaires, ont dû quitter le pays presque définitivement.

- **Le dossier "cadavres" succède à celui du "putsch".**

Presqu'au même moment, il y eut une autre affaire où des cadavres furent trouvés en grand nombre dans la rivière Ruvubu, dans la province septentrionale de Muyinga. La plupart des réactions à l'époque ont pointé du doigt le commandant de la quatrième région militaire, le colonel Vital Bangirinama d'en être l'auteur. Des enquêtes furent menées mais il y eut arrestation de plusieurs personnes qui, aux yeux de l'opinion, n'étaient pas les plus concernées dans cette affaire.

A un certain moment, un mandat d'arrêt a été signé pour appréhender le colonel Vital Bangirinama mais les autorités politiques y ont opposé un refus net. Le chef de l'Etat expliquera plus tard - devant un journaliste français de RFI spécialiste de l'Afrique, Christophe Boisbouvier -, qu'il a voulu éviter une confrontation entre les policiers (qui allaient l'arrêter) et les militaires qui assuraient sa garde. Le colonel Vital Bangirinama quittera le Burundi peu de temps après, avant que le procès ne prenne fin.

En date du 9 avril 2009, le vice-président de l'observatoire de lutte contre la corruption et les malversations économiques (Olucome), Ernest Manirumva, fut assassiné et le cadavre jeté à son domicile. Dans un premier temps, ce fut la confusion totale et les questions qui revenaient toujours à l'esprit étaient de savoir pourquoi le vice-président de l'Olucome a été assassiné et par qui. Il y avait tellement de confusion si bien que certaines affirmations proches du pouvoir indiquaient que feu Manirumva a été abattu par le président de son association, Gabriel Rufyiri.

Plus tard, l'on se rendait compte que la justice burundaise n'était pas prête à collaborer pour tirer au clair la vérité sur le meurtre d'Ernest Manirumva. Le constat n'était pas par ailleurs difficile à dégager car il y a eu au moins trois commissions mises en place par les autorités judiciaires, mais les deux premières ne donnèrent même pas de rapport sur le travail accompli. La troisième a produit de sa part des pistes d'informations à exploiter, mais ce fut vain jusqu'à présent.

Finalement, toutes les parties concernées dans cette affaire entrèrent dans la danse, de hautes personnalités furent citées dans ce meurtre, surtout dans les corps de police et de défense, sans jamais être inquiétées par la justice. Malgré les pressions tant nationales qu'internationales, le pouvoir de Bujumbura a refusé de collaborer avec qui que ce soit sur ce dossier. A un certain moment, les pouvoirs publics ont même interdit toute manifestation allant dans le sens de demander que justice soit faite pour Ernest Manirumva.

Constatant la mauvaise foi des autorités de Bujumbura sur ce dossier, des associations de la communauté internationale se sont mises ensemble pour suivre de près ce dossier. C'est le cas de Me Alexis De Soif, un avocat suisse qui défend les intérêts de la partie civile dans le dossier Manirumva. C'est le cas aussi de Me Bernard Maingain, avocat d'un homme d'affaires du nom d'Hilaire Ndayizamba, lui aussi impliqué dans ce dossier. L'affaire reste toujours pendante devant les instances judiciaires, ce qui gênait la défense car ces avocats expatriés étaient obligés chaque fois de voyager vers Bujumbura pour ne pas plaider. C'est un comportement qui était adopté par les autorités qui veulent pratiquer la politique de l'usure.

Cependant, les organisations de la société civile burundaise ont tenté de tenir le coup et font tout pour que le dossier Manirumva soit entretenu dans la mémoire collective. De cette manière, elles sont sûres que tôt ou tard, la vérité finira par être connue. Pour le moment, le dossier a été complètement clôturé dans le sens souhaité par le pouvoir en place car, non seulement l'on ne parle plus du dossier, - le gros des membres de la société civile sont en exil et dispersés, ne s'expriment plus donc -, mais également les avocats qui l'avaient suivi de près sont actuellement indésirables à Bujumbura, comme notamment Me Bernard Maingain.

De leur côté, les Etats-Unis ont offert leurs services en dépêchant des membres de la FBI, la police fédérale américaine pour aider à mener des enquêtes. Dans leurs recommandations, il y avait notamment le prélèvement d'un test ADN pour une dizaine de hauts officiers de la police et de l'armée. Cela n'a jamais eu lieu. A la place, on arrêta une quinzaine de personnes que l'on accusait de participation directe au meurtre d'Ernest Manirumva. Certains parmi les détenus viennent de passer plus de six ans derrière les verrous. Pire encore, certains parmi eux ont jugé bon de ne pas interjeter appel et prendre acte des jugements prononcés.

Pourtant, la justice n'avait pas d'indices sérieux de culpabilité à charge de ces prévenus inculpés. Tantôt on les accuse d'avoir délivré un ordre de mission à une personne soupçonnée d'avoir tué directement Manirumva, tantôt d'avoir échangé avec lui au téléphone le jour de son assassinat, etc. L'on disait également que l'élément central dans cette affaire a pris le large et se trouve au Canada. Tout en connaissant sa localisation, la justice a mis très longtemps avant que cette personne ne soit rapatriée au pays. Même après son retour, l'affaire n'a connu aucune avancée significative, ce qui a prouvé que la justice ne cherchait qu'à traîner les pieds dans ce dossier.

Mais ce que l'on suppute déjà, c'est qu'Ernest Manirumva était en train d'enquêter sur des dossiers de malversations liés aux marchés publics. Il ne faut pas perdre de vue qu'il était également vice-président de l'autorité de régulation des marchés publics. Selon Gabriel Rufyiri[48], l'Olucome n'accuse donc pas comme tel, mais il a des indices qui montrent que les raisons de l'assassinat de son vice-président sont ailleurs. Si l'on parle d'une affaire de haricot d'un commerçant du nom d'Hilaire Ndayizamba, ce dernier avait livré une certaine quantité de haricot à la police nationale avec une surfacturation des prix au kilo, une pratique que l'Olucome avait dénoncée dans des termes forts. Son président avait même été emprisonné suite à cette action. Cette association a donc travaillé sur ce dossier et on estime qu'il n'est pas très consistant pour que du sang des innocents soit versé.

Par contre, il y a un autre dossier d'échanges des armes venues de Malaisie, d'Autriche, etc... contre les minerais et des hommes très hauts placés dans la hiérarchie militaire et policière à l'instar du lieutenant-général Adolphe Nshimirimana, alors patron du service national des renseignements, ont été cités dans un rapport concernant notre sous-région et confectionné par l'ONU. L'assassinat de Manirumva avait donc l'objectif de cacher cette réalité ou alors d'intimider toute personne qui serait au courant de cette information avec l'intention de la propager.

Mais à l'heure actuelle, le monde est devenu un village comme d'aucuns aiment le dire, il devient donc difficile de cacher un événement aujourd'hui suite à l'évolution plus que rapide des technologies d'information et de

[48] Entretien avec Gabriel Rufyiri, Président de l'Olucome, avril 2015.

communication. Quant à ceux qui sont soupçonnés, ils devraient savoir que tôt ou tard, ils devront répondre de leurs actes vis-à-vis du dossier de feu Ernest Manirumva.

Pour la petite histoire, l'on noterait que quelques jours après l'assassinat du Dr. Kassy Malan, ceux qui étaient soupçonnés se moquaient des gens et indiquaient qu'ils ne pouvaient pas être inquiétés par cette affaire. Par le hasard des choses, ils ont finalement été appréhendés et emprisonnés, une sanction à laquelle ils s'attendaient le moins. Les autres étant eux aussi des humains comme les premiers malgré les rangs sociaux qu'ils occupent aujourd'hui, ils devraient savoir que rien n'est à exclure dans la vie d'un homme vivant encore sur terre.

Certains commencent néanmoins à regretter les décès inopinés des personnes qui étaient pourtant intéressantes pour la justice. C'est notamment le cas du lieutenant-général Adolphe Nshimirimana, cité dans le dossier Manirumva, mais qui a été assassiné en date du 2 août 2015, avant que le dossier ne soit vidé.

- **Une justice désordonnée ?**

Au lendemain de la deuxième législature du Cndd-Fdd en août 2010, l'on a assisté à des arrestations massives des opposants de la veille. Il s'agit principalement des membres des Fnl d'Agathon Rwasa, du Msd d'Alexis Sinduhije, de l'Upd, aile pilotée clandestinement par Hussein Radjabu, en prison depuis avril 2007 et dans une moindre mesure, le Cndd de Léonard Nyangoma. Certains membres de ces partis ont été emprisonnés, accusés d'atteinte à la sécurité intérieure du pays, d'autres ont été tout simplement tués – le service national des renseignements est pointé du doigt – et d'autres comme les leaders de ces partis ont pris le chemin de l'exil, c'est-à-dire Agathon Rwasa, Alexis Sinduhije, Léonard Nyangoma et Pascaline Kampayano que le parti Upd avait mise en avant lors des élections de 2010.

Concernant les morts, il n'y a jamais eu de suite. La police disait que les enquêtes ont commencé ou alors qu'elles sont en cours mais sans du tout aboutir. La justice donne l'impression de ne pas exister pour juger même les flagrances. Cette situation n'empêche pas les autorités tant politiques que judiciaires de déclarer souvent que la sécurité est bonne sur toute l'étendue du territoire, mais surtout que la justice est indépendante.

La société civile était également ciblée, accusée souvent de collaborer avec des partis politiques de l'opposition. Celle-ci était représentée essentiellement par l'Olucome[49], (Observatoire de lutte contre la corruption et les malversations économiques); le Forsc (Forum pour le renforcement de la société civile), l'Aprodh (Association pour la promotion des droits de l'homme et des prisonniers), l'Acat (association chrétienne pour l'abolition de la torture); la Ligue Iteka, le Focode, forum pour la conscience et le développement, la Cosome, coalition de la société civile pour le monitoring des élections, etc. Comme déjà mentionné, les leaders de toutes ces associations sont en exil.

C'étaient pourtant des poids lourds de la société civile qui, par ailleurs, était très dynamique, selon tous les observateurs internationaux[50]. Même au niveau national, ces associations étaient bien connues du grand public du fait qu'elles étaient toujours aux côtés des populations en détresse. Depuis un certain temps, elles étaient devenues la cible des pouvoirs publics. Elles ne pouvaient plus organiser une manifestation par exemple pour demander ceci ou cela, et il y avait toujours des policiers qui venaient les en empêcher, même si les autorités étaient officiellement informées de cette activité.

L'explication était toujours la même : la sécurité pourrait être perturbée ou alors l'ordre d'interdire la manifestation est venu d'en haut. Un responsable de la mairie de Bujumbura était allé en 2010 jusqu'à donner l'ordre à différents hôtels privés de la place de ne plus accepter que des réunions de la société civile se tiennent sans son accord.

En revanche, quand le parti présidentiel ou ses partis satellites voulaient organiser des activités publiques, même les travaux communautaires[51] étaient suspendus pour la cause et la manifestation prenait toute une journée. Des véhicules de l'Etat étaient utilisés dans ces activités purement propagandistes, ce qui opposait l'Olucome au gouvernement. Aux yeux des associations de la société civile, voire des formations politiques de l'opposition, ce comportement de l'exécutif constituait une politique de deux poids deux mesures.

Mis à part Pacifique Nininahazwe du Focode, les autres activistes de la société civile ont connu des arrestations arbitraires à maintes reprises. De son

[49] Tous leurs présidents sont en exil suite à la crise politique et sécuritaire que connaît le pays depuis avril 2015.

[50] Déclaration de Ban Ki-Moon, Secrétaire Général des Nations-Unies, lors de son passage à Bujumbura, à l'aéroport international, en date du 09/06/2010.

[51] Ce sont des travaux qui étaient organisés tous les samedis, officiellement pour le développement du pays. Ils ont été établis le 22 juillet 2006, verbalement, par le président de la République et jusqu'à présent, ils ne sont régis par aucun texte. Selon des observateurs de la politique burundaise, c'est une occasion pour le parti présidentiel, le Cndd-Fdd, de mener une campagne officieuse auprès de ses militants car ces travaux sont toujours clôturés par une réunion des dirigeants du parti à tous les échelons.

côté, celui-ci a failli être physiquement éliminé et il a fallu une dénonciation en provenance d'une station locale pour que l'irréparable ne soit pas commis[52].

En guise de conclusion sur cette partie, l'on voit que dans l'histoire de la justice de notre pays, surtout postcoloniale, ce secteur très important dans la vie nationale a toujours été un instrument du pouvoir exécutif. D'André Muhirwa à Pierre Nkurunziza, la justice fonctionne exactement de la même façon. Faudrait-il remarquer que la justice traditionnelle, bien qu'imparfaite sur certains points, était plus objective par rapport à celle rendue par ceux qui ont fréquenté l'école ? Des spéculations, des suspicions, des manipulations de toutes sortes sont à l'origine de cette magouille politico-judiciaire et l'on ne voit pas jusqu'à présent le bout du tunnel. Un ancien dignitaire de ce pays disait à qui veut l'entendre que la justice burundaise bave[53], il avait raison sur toute la ligne.

Evidemment, le lecteur aura remarqué que je n'ai pas été exhaustif dans la présentation des procès qui ont eu lieu dans l'histoire récente de ce pays. J'ai seulement ciblé quelques dossiers qui ont éveillé la conscience des Burundais, qui ont donné une image plutôt sombre de notre justice, qui l'ont soumise à des critiques acerbes. L'on est en droit de se poser la question de savoir ce qui l'en est au juste pour un Burundais moyen quand on considère les injustices faites aux « évolués » pour reprendre le terme de la colonisation. Quoi qu'il arrive, ce secteur de la vie nationale a besoin de se réformer de fond en comble pour que le pays retrouve la stabilité et le développement dont il a tant besoin.

[52] C'est la radio RPA qui a informé pour la première fois sur cette intention du pouvoir en place. Révélation de Pacifique Nininahazwe lors du 10ème anniversaire de la Radio Publique Africaine, RPA, en date du 05/03/2011

[53] Sylvestre Ntibantunganya, ancien président de la République, aujourd'hui sénateur. Il a donné ce point de vue au milieu des années 90, alors qu'il était chef d'Etat. Il l'a déclaré en considérant l'évolution du procès Melchior Ndadaye et consorts.

CHAPITRE 2 : HISTORIQUE ET DESCRIPTION DE LA PRISON CENTRALE DE MPIMBA

- **Plan de la prison centrale de Mpimba**

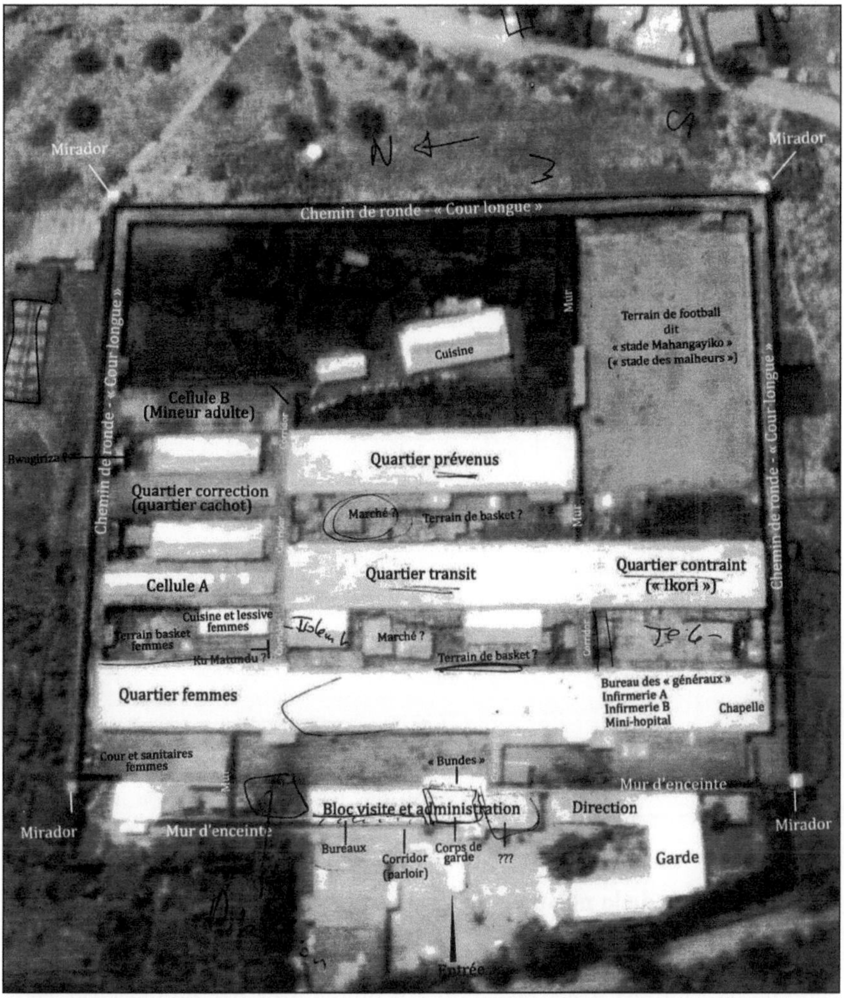

- **Plan de la prison centrale de Mpimba, croquis d'un détenu**

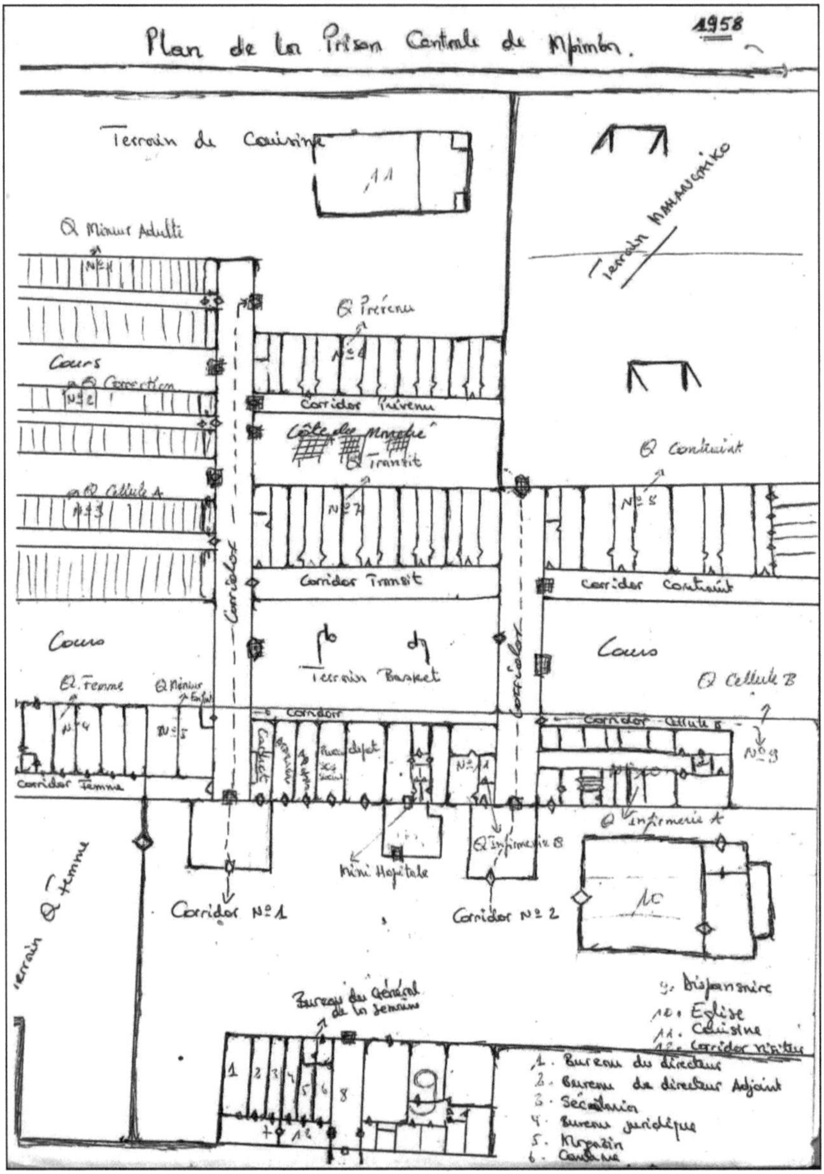

2.1. Historique de la prison.

Il n'y a pas beaucoup de documentations sur l'histoire de la prison centrale de Mpimba. Cela relève du fait que le gros des données sur cette maison pénitentiaire ont toujours été tenues secrètes par l'administration. Aux dires des anciens gardiens des archives[54], certaines informations d'une importance capitale ont été brûlées de peur que le public ne les découvre. Ceci devrait confirmer l'assertion de Michel Foucault qui avance que « Peut-être avons-nous honte aujourd'hui de nos prisons. Le XIXe siècle, lui, était fier de ses forteresses qu'il construisait aux limites et parfois au coeur des villes. Ces murs, ces verrous, ces cellules figuraient toute une entreprise d'orthopédie sociale»[55].

En outre, beaucoup d'informations sur la prison qui sont disponibles le sont davantage pour celle de Gitega qui a été pendant longtemps la capitale politique du Burundi sous la colonisation belge. Dans ce chapitre, l'on va analyser les réformes qui ont eu lieu dans cette prison au fil des années.

La prison centrale de Mpimba a vu le jour en 1958, quelques années avant l'indépendance du Burundi[56]. Selon des informations recueillies auprès des anciens prisonniers, les premiers pensionnaires de cet établissement pénitentiaire datent de 1959. Ces derniers portaient une chemise et une culotte noires et n'avaient pas le droit de porter des chaussures ou un pantalon, sauf pour des cas d'exception où des gens socialement « respectables » devaient comparaître. Ceux-ci pourraient être assimilés aujourd'hui à ces prisonniers que l'on qualifie de « politiques ». A cette époque, ils devaient également se faire raser toute la tête avec une rame de rasoir. Dans les cellules, ils étaient enfermés tout le temps, à moins qu'ils ne soient convoqués à la direction ou aux différentes institutions judiciaires.

La cellule qui avait 2 m sur 3 contenait des toilettes à l'intérieur où le détenu y faisait tous ses besoins biologiques. Quant à la douche, cela dépendait du bon vouloir des policiers qui montaient la garde. Les prisonniers, du fait qu'ils étaient encore très peu, ne pouvaient pas communiquer entre eux car chacun gardait sa cellule. A cette époque, même les policiers vivaient à l'intérieur des cellules pour mieux surveiller les détenus.

2.1.1. Des visites inexistantes

Concernant les visites, elles n'étaient pas permises. Les membres de la famille qui apportaient à manger aux leurs étaient obligés de confier les

[54] Entretien avec des gardiens des archives nationales le 18/11/2011.
[55] Foucault Michel, Surveiller et punir, Naissance de la prison, Ed Gallimard, 1975, sur la couverture de son ouvrage.
[56] Informations recueillies auprès de la prison centrale de Mpimba.

repas aux policiers. Ces derniers les fouillaient d'abord avant de les remettre aux destinataires. Evidemment, cette pratique comportait des risques car un policier, par complicité des hommes au pouvoir ou autres membres de la famille dont l'entente n'était pas au rendez-vous, pouvait mettre du poison dans la nourriture avant de la remettre au détenu. Les membres de la famille et ou les connaissances étaient alors consternés quand ils apprenaient plus tard que le leur est décédé, souvent suite à un « arrêt cardiaque ». Les membres de la famille n'avaient aucune information sur le médecin – à Bujumbura, tout le monde connaissait tout le monde à cette époque - qui avait découvert cette maladie, une « attaque subite » inconnue de la famille, ni sur l'autopsie qui pouvait tout dévoiler. Des fois, ils entendaient que le prisonnier est mort et enterré à l'intérieur même de la prison. C'était foudroyant comme information.

Cependant, il y avait également cette possibilité d'intéresser un ou plusieurs policiers pour que la nourriture apportée par les membres de la famille ne soit pas fouillée. Il faut mentionner ici qu'à l'époque, le policier n'était pas difficile à le mettre de son côté. Même avec un peu d'argent ou une bouteille de bière, il suffisait de lui montrer qu'il est le tout puissant dans cette prison, que l'on vit grâce à sa volonté pour qu'à son tour, quand il a déjà bien assimilé sa folie de grandeur, il tente de la mettre en pratique cette fois-ci, aussi bien à l'endroit de ses collègues qu'à celui des prisonniers. Et gare au détenu qui parle du mal de ce détenu « prodigue », monsieur l'ami du policier. Il mérite ce cadeau ou cette bouteille car « il est le plus sage des policiers de Mpimba ».

Pour communiquer entre eux, les prisonniers rédigeaient de petites lettres à la main qu'ils glissaient sous les portes des voisins de bagne et vice-versa, parfois à l'insu des policiers[57]. C'est de cette manière qu'ils s'informaient sur tout ce qui se passait dans le pays, qu'ils apprenaient les différentes condamnations des codétenus, etc. A titre d'exemple, celui qui parvenait à avoir une sortie s'informait sur tout ce qui a eu lieu pendant son absence et rapportait les nouvelles à la prison. Il ne faut pas perdre de vue qu'à cette époque, il était strictement interdit d'avoir un poste de radio à l'intérieur de la prison.

Pour ceux qui vivent à l'extérieur, c'était le même mécanisme mais cette fois-ci, ils emballaient soigneusement les petites correspondances dans des casseroles qu'ils remettaient aux policiers. Ces derniers les acheminaient aux conjoints des détenus, des fois sans le savoir ou alors avec leur complicité, moyennant de petits cadeaux.

[57] Ils étaient pour la plupart des illettrés.

2.1.2. L'occupation des prisonniers

A l'intérieur de la prison, il y avait certaines heures où les prisonniers étaient « libres » de mouvement et s'occupaient comme ils l'entendaient. Ce sont des cas où les prisonniers organisaient de différents jeux, le football, le basketball, le jeu des cartes, etc. J'y reviendrai plus loin. Il y en avait qui préféraient la lecture car, contrairement aux boissons alcoolisées, les ouvrages n'étaient pas interdits. Une bibliothèque était même aménagée pour les prisonniers intellectuels, mais l'administration pénitentiaire sélectionnait des livres à mettre à leur disposition. La plupart des livres que l'on pouvait voir dans cette bibliothèque étaient d'ordre scientifique – mathématique, chimie, physique, religion- et quelques autres romans, y compris des livres d'ordre juridique. Elle a été détruite en décembre 2009 suite à une grève des détenus.

Ils pouvaient également, avec la complicité des policiers, faire entrer la bière Primus –pour ceux qui en prenaient –à l'intérieur de la prison. Profitant de l'ignorance des policiers, les prisonniers faisaient entrer l'alcool au grand jour. Des membres de la famille amenaient du Whisky qu'ils remettaient aux policiers, faisant remarquer qu'il s'agit d'un médicament prescrit par un médecin pour soulager les douleurs de genou, de la cuisse ou du nerf sciatique. Les policiers prenaient la bouteille avec soin et la remettaient au destinataire qui savait quoi en faire le soir. D'autres détenus encore organisaient des prières les jours du culte, les vendredis pour les musulmans et les dimanches pour les catholiques et les protestants.

Ce n'est pas tout. Ils se donnaient rendez-vous pour se battre après avoir bu. Après avoir ingurgité une quantité certaine de bière, ils organisaient des bagarres qui pouvaient engager des quartiers entiers. Il faudrait noter qu'il y a eu toujours une boisson très alcoolisée fabriquée localement, appelée dans le jargon des geôliers, « Igisubi »[58], semblable à la bière de banane. Elle est fabriquée à base du thé, de la levure et du sucre. Cette bière est prohibée par la loi burundaise même si elle est fréquente dans cette prison. Ceux qui en prenaient avaient des yeux rouges car ils la mélangeaient à de la drogue qui entre malgré tout massivement dans cet établissement pénitentiaire. Il arrivait également que des prisonniers n'entretiennent pas de bons rapports et l'ivresse était un prétexte de s'agresser mutuellement et de se battre, entraînant chacun ses supporters. C'est dans ce contexte que des quartiers entiers pouvaient entrer dans la danse suite à un différend entre deux individus.

[58] C'est une bière dont le goût est bizarre. Il semble qu'il est recommandé de la prendre quand elle est encore chaude. C'est pour cette raison que vers 10 heures, il n'y en avait plus chez les fabricants ou chez les vendeurs.

Quand les prisonniers en venaient aux mains, des détenus chargés de la sécurité prenaient généralement le ou les meneur (s) et (les) l'emmenaient au cachot jusqu'au lendemain. Cette réaction de la sécurité avait deux objectifs. D'une part, c'était pour protéger l'agresseur contre des représailles éventuelles. D'autre part, c'était une façon de dissuader les prisonniers de s'enivrer et de s'agresser mutuellement. Ce deuxième but a toujours été un échec car les prisonniers n'ont jamais abandonné cette bière ni arrêté des bagarres. Mais souvent, l'agresseur demandait pourquoi il a passé la nuit au cachot ou pourquoi et comment il s'est blessé, sans qu'il se souvienne de quoi que ce soit de ce qui s'était passé la veille.

En cas de récidive, le prisonnier qui dérange un peu trop était frappé par une sanction qu'on appelle « Transfert », c'est-à-dire une mutation forcée de la prison Mpimba vers une autre institution pénitentiaire de l'intérieur du pays. C'est le type de sanctions que les détenus détestent et craignent le plus. En effet, cela ressemble à un nouvel emprisonnement car on est placé loin des siens et on prend un peu plus de temps pour s'habituer à la nouvelle prison. En outre, les détenus qui apprennent que l'on a été chassé pour cause d'indiscipline sont méfiants dans un premier temps. Et en cas de moindre erreur, les prisonniers le frappent sans état d'âme car, contrairement à ce que l'on pourrait croire, il n'y a pas d'impunité entre les prisonniers.

2.1.3. Les années 70, une période de léger mieux

Plus tard, vers les années 70, il y eut ce qu'on pourrait appeler « amélioration » dans le domaine des visites. Les détenus pouvaient se déplacer sur le grand portail qui donne accès à l'intérieur de la prison où, à travers un petit regard troué et aménagé sur ledit portail, pouvaient voir uniquement le visage du visiteur et ce, de 5 à 10 minutes. L'explication de ce phénomène n'est pas aisée du fait qu'il n'y a aucune documentation sur cette période. Cependant, à confronter les différents témoignages, il semblerait que certaines autorités judiciaires de l'époque donnaient de tels ordres pour que le détenu soit torturé moralement. Il arrivait cependant que par un pire hasard des choses, les mêmes autorités se retrouvaient derrière les verrous et regrettaient les mesures qu'elles avaient elles-mêmes prises antérieurement.

L'exemple le plus cité est celui d'un ancien ministre de la justice sous le régime de Michel Micombero (1966 – 1976), qui avait l'habitude de prendre des mesures draconiennes envers les détenus, notamment la confiscation des chaussures, le port obligatoire d'une culotte noire en lieu et place du pantalon, etc, ce qui était senti comme une humiliation dans la mentalité burundaise, surtout pour les adultes, anciens fonctionnaires et prêtres. Quand il a été incarcéré quelques années après le renversement de Michel Micombero, sous la 2ème République, il a réclamé des chaussures et à porter une chemise et un pantalon. Les détenus et policiers, à défaut de lui répondre, lui ont montré une ordonnance ministérielle qu'il avait lui-même signée sur un tableau d'affichage et qui était toujours en vigueur. Il dût s'adapter à ces conditions qu'il avait lui-même posées mais ciblant les autres prisonniers, souvent cadres comme lui, pour des raisons de rivalités plutôt banales.

Toutefois, rien n'a changé en ce qui concerne la distribution des repas. La nourriture devait obligatoirement passer entre les mains des policiers pour des raisons de fouille. La décennie suivante ne connut aucun changement significatif dans l'organisation de la prison centrale.

Cependant, pour des détenus qui étaient dans des cachots de la police présidentielle, les conditions étaient plutôt dures car ils étaient battus à mort pour la simple raison qu'ils étaient accusés de fauteurs de guerre, de perturbateurs. Ainsi, en 1984, des étudiants de l'université du Burundi ont été arrêtés par les services de sécurité, accusés de « détracteurs de l'harmonie nationale ». Ils furent torturés car ils ne « voulaient pas » dénoncer leurs « complices » dans cette action de déstabilisation du pays. Ils étaient pour la plupart des étudiants d'ethnie hutu et apparaissaient ni plus ni moins comme des prisonniers politiques.[59]

Par les temps qui courent, il semble que même actuellement, des bastonnades existent au service national des renseignements. Mais le plus dangereux est qu'aujourd'hui, les familles des détenus ne peuvent pas apporter à manger aux leurs, ce qui rappelle les années 1970 en prison. En outre, le droit à la visite dépend du bon vouloir de la direction qui peut parfois refuser, arguant que la personne est sous interrogatoire. C'est à ce moment qu'il faut faire attention car il peut être en train d'être torturé et l'on ne veut pas que les gens de l'extérieur le remarquent.

2.1.4. Les années 90, de grandes innovations à Mpimba

Dans les années 90, l'on assista à de grandes innovations à Mpimba. Tout d'abord, la couleur de la tenue des prisonniers a changé. Elle est passée de la noire à la verte, une couleur plus ou moins supportable, selon l'avis des détenus

---

[59] NDEGEYA, Vénérand, Répression au Burundi, journal d'un prisonnier vainqueur, Ed. Harmattan, Paris, 1993, 135 p, pp. 38 - 44, 85 - 86.

et de leurs familles[60]. Les prisonniers avaient en outre le droit de porter un pantalon, contrairement aux années antérieures. Une autre grande innovation est que les prisonniers pouvaient garder leurs chaussures et leurs porte-monnaie, avec ou sans argent. Il fallait tout simplement faire attention pour que, dans les différents corridors, l'on ne soit pas défauché par les pickpockets. Enfin, il faudrait noter que les prisonniers pouvaient accueillir des visiteurs à l'intérieur du corps de garde.

Comme toujours, les prisonniers se déplaçaient à bord d'un camion dont la carrosserie était en métal et fermé un peu partout, de couleur rouge, vers les parquets ou les hôpitaux. Il y avait des trous au-dessus pour qu'un peu d'air entre à l'intérieur quand l'engin se déplace. Le gros véhicule n'avait ni fauteuil, ni banc à l'intérieur, les détenus – même malades - étaient obligés de rester debout pendant tout le trajet. Des fois, il y avait à l'intérieur des bois de chauffage destinés au camp des policiers ou à la prison pour la cuisine. Mais comme la priorité était de transporter les prisonniers vers les institutions judiciaires ou l'hôpital, les détenus devaient voyager avec. C'est là où les prisonniers malades avaient un peu de répit car ils s'asseyaient dessus lors du déplacement au moment où les autres posaient leurs pieds dessus.

Pour monter à bord, il y avait une échelle fabriquée en bois par laquelle les détenus passaient. Il arrivait que par mégarde, les policiers oubliaient de l'apprêter et ils étaient obligés de soulever les prisonniers pour les faire monter à bord. Cette opération prenait beaucoup de temps si bien que les détenus se dirigeant vers les parquets arrivaient toujours en retard. Et quand le siège de la cour n'était plus là, le prisonnier n'avait d'autre choix que de retourner à la prison pour attendre une nouvelle remise.

Le camion emmenait les détenus vers les différents parquets ou alors vers l'hôpital et l'itinéraire était très long. Aussitôt l'embarquement terminé, le véhicule se dirigeait directement vers l'auditorat militaire qui était toujours le premier endroit de stationnement, puis poursuivait son chemin vers le tribunal de grande instance en mairie de Bujumbura où se trouvaient également les cours d'appel et suprême. Et à chaque débarquement, les policiers devaient redescendre du camion, comptaient les effectifs des prisonniers pour s'assurer que c'est le même nombre qu'ils ont fait sortir de la prison avant de continuer.

[60] Ce sont des avis des membres des familles des détenus. Leurs époux ou enfants, qui saluaient tout le monde – solidarité exige -, ont confirmé presqu'à l'unanimité que cette couleur était mieux, la noire symbolisant la mort dans notre tradition. Cette croyance populaire tenait du fait que dans le temps, les corbillards avaient une couleur noire.

Après les différentes juridictions, c'était le tour des malades. A midi, il était pratiquement impossible de s'appuyer sur les barres du camion car il faisait très chaud sous l'effet des rayons solaires. Ce qui fait qu'il n'était pas rare que des prisonniers tombent par terre dans le véhicule, surtout quand il venait de démarrer[61]. Cependant, il fallait s'y adapter et surtout patienter quand l'engin fait demi-tour. Il devait passer partout où il a déposé des prisonniers, avec toujours le même exercice des policiers de redescendre du camion et de compter de nouveau les effectifs des détenus qui montaient à bord, avant de rebrousser chemin. Les gens qui avaient comparu rentraient vers 14h30' et souvent, après la distribution de la nourriture et devaient attendre le repas du soir ou du lendemain.

Plus tard, l'itinéraire du camion de transport des détenus a changé du fait que le tribunal de grande instance, qui était initialement dans le centre-ville, a été déménagé vers le Nord de la capitale. D'où les détenus qui s'y rendaient arrivaient toujours les derniers et les procès commençaient vers 11 heures.

2.1.5. Que dire des prisonniers condamnés à mort ?

Il faut peut-être dire un mot sur la catégorie des prisonniers condamnés à mort de l'époque. Dès que la sentence était prononcée, le prisonnier n'avait plus le droit de vivre avec les autres. Il était automatiquement mis en quarantaine, dans un local tout noir appelé « Isolement »[62], en compagnie d'autres prisonniers qui avaient subi le même sort. Il ne recevait même plus de visites. Les heures de manger étaient fixées à 11h30 et à 15h30'. A ce moment, les autres prisonniers ne pouvaient pas emprunter le corridor où logeaient ces détenus jusqu'à ce que la distribution de la nourriture prenne fin. Il ne serait pas superflu d'ajouter que les prisonniers condamnés à mort étaient exécutés à Mpimba même. Aujourd'hui, l'on constate encore des restes des os des personnes tuées à cet endroit, notamment au terrain de mini football et au quartier de la cuisine[63].

Je n'ai rien à dire sur les femmes qui auraient été condamnées à mort à cette période car, à ma connaissance, il n'y a eu aucune peine de ce genre frappant les femmes qui soit enregistrée. Par ailleurs, la plupart des personnes

[61] L'auteur de ce livre a vu de ses propres yeux des prisonniers tomber dans le camion qui démarrait.

[62] Je ne suis pas en mesure de décrire le quartier « Isolement », J'ai demandé avec insistance à la direction de la prison l'autorisation d'y passer une nuit ou deux, ma requête s'est heurtée à un niet catégorique. Elle soupçonnait que c'était pour moi une façon de chercher de la matière à écrire, ce qui n'était pas faux en réalité.

[63] Au terrain de football, il n'est pas rare que des prisonniers se fassent mal aux pieds, surtout quand ils font du sport sans chaussures. Ils se heurtent généralement aux os qui se déterrent progressivement à la suite des activités sportives qui s'y déroulent.

condamnées à la peine capitale étaient des voleurs de renom qu'on appelait communément « Gatarina » ou Catherine en français. Ils se munissaient de grosses pierres pour détruire les portails et les portes des maisons avant d'accéder à l'intérieur et voler tout ce qu'ils y trouvaient. A la moindre résistance, ils n'hésitaient pas à tuer les membres de la famille « visitée » qui tentaient de les repousser. Parmi ces criminels, il n'y avait pas de femmes. Cette pratique fut sérieusement combattue et annihilée par le régime de Jean-Baptiste Bagaza (1976 - 1987).

Dans leur isolement, ils ne pouvaient pas sortir. Les autres prisonniers se promenaient dans la cour, se rendaient au terrain de football ou de basketball, se rencontraient pour discuter ou alors partager une bière, mais eux étaient obligés de rester enfermés dans leurs cellules. Il arrivait que les condamnés à mort veulent prendre de l'air dans cette prison tel que recommandé par l'hygiène. Leur moment était prévu une heure de temps par jour, de 13 heures à 14 heures, quand les autres détenus se trouvaient dans leurs cellules. Ils se rendaient alors dans la cour, à un endroit où les policiers les surveillaient « correctement » pour qu'ils ne commettent d'autres délits. En réalité, les condamnés à mort sont généralement violents car ils estiment qu'il n'y a pas d'autres sanctions plus sévères que la peine capitale.

Au moment de rentrer dans leurs cellules, les policiers devaient donc se rassurer que tout est rentré en ordre et cette vérification prenait 30 minutes avant de rouvrir d'autres voies pour que les prisonniers reprennent le chemin de la promenade. Cette mesure d'être enfermé dans l'isolement frappait également les détenus qui commettaient d'autres fautes au sein de la prison, comme le fait de blesser les autres ou semer les troubles à l'intérieur. Mais cette sanction durait deux semaines au maximum, soit 15 jours.

L'on pourrait se demander pourquoi les prisonniers entraient dans leurs cellules de 12h30' à 14 h30'. C'est dans cette période de deux heures que les policiers vont prendre le repas dans leur camp situé juste derrière la prison. Il ne restait que quelques policiers de garde qui assuraient le service minimum en attendant d'être remplacés par ceux qui venaient de la pause. Mais ce timing a par après changé et les heures d'entrée dans les cellules ont été fixées à 13 heures alors que celle de sortie est restée la même, 14h30' comme on va le voir par la suite. C'est parce que les heures de visite avaient été modifiées déjà à partir de la fin de la décennie 90.

Pour revenir aux condamnés à mort, à cette époque, certains prisonniers attendaient d'être pendus. Pour la plupart, ils venaient de passer plus de 20 ans en prison et par hasard, ils n'ont pas été exécutés. L'on se souviendra que la dernière exécution a eu lieu sous le régime de Pierre Buyoya, le 31 juillet 1997, où 6 personnes furent pendues à savoir 3 Hutu, 2 Tutsi et 1 Twa, tous accusés d'implication dans les massacres aux allures génocidaires des Tutsis, après l'assassinat du premier président élu Melchior Ndadaye. Ils répondaient aux noms de – par ordre alphabétique -, Damien Nsabimana, Edouard Sahokwasama, Ephraïm Banka, Firmat Niyonkenguruka, Pontien Bizumukama et Stanislas Mashini. A l'époque, l'opinion avait parlé de l'équilibrisme du président Pierre Buyoya, jusque dans la condamnation à mort et l'exécution des prisonniers.

Ce dernier avait rencontré une protestation énergique de la part d'Amnesty International[64] qui a vigoureusement dénoncé une grave violation des droits de l'homme au Burundi. Pour cette organisation, les présumés assassins avaient été torturés pour qu'on leur extorque des voeux, la défense, essentiellement tutsi, avait refusé de leur assister et, surtout, les juges et les procureurs étaient également tutsi. L'organisation demandait alors avec insistance de ne pas exécuter les autres – une centaine – qui attendaient de subir le même sort. Selon une certaine opinion de l'époque, c'est la raison essentielle qui a fait que les autres condamnés à mort n'aient pas été exécutés.

L'exécution est aujourd'hui impossible, pour la simple raison que la peine de mort a été abolie au Burundi depuis l'adoption du nouveau code pénal en avril 2009. Dans pareilles circonstances, les détenus sont automatiquement frappés d'une peine de servitude pénale à perpétuité. Ils sont surtout présents dans de grands établissements pénitentiaires comme Bujumbura, Gitega, Ngozi et Muyinga. Généralement, les condamnés à mort ou à perpétuité sont des délinquants des crimes de sang, y compris les crimes de génocide, les crimes de guerre et les crimes contre l'humanité. Un tel attroupement dans ces prisons pourrait s'expliquer aisément car c'est dans les grandes agglomérations, dans les grands centres de négoces ou dans les grandes villes que de tels crimes sont fréquents.

2.1.6 La grande réforme

La grande réforme à cette maison pénitentiaire fut enregistrée après le 12 juin 2000, consécutivement à la visite de l'ancien président sud-africain à cet endroit, Nelson Mandela ou Madiba pour les intimes, alors médiateur dans le conflit burundais. Il faudrait dire que la demande de visite en soi a surpris tout

[64] Amnesty International, Government carries out political executions after grossly unfair, AI INDEX: AFR 16/28/97, 1 August 1997.

le monde car aucune autorité ne s'attendait à une telle requête. D'ailleurs, elles ont tout tenté afin d'éviter une telle visite mais ce fut peine perdue.

En effet, Nelson Mandela, lui-même ancien prisonnier pendant plus d'un quart de siècle, a visité les coins et les recoins de toute la prison, accompagné du ministre burundais chargé des droits de l'homme à l'époque, Eugène Nindorera. Les services de la prison ont tenté de nettoyer et d'aménager certains lieux qu'ils voulaient lui réserver, tout en voulant cacher ceux qu'ils jugeaient honteux, mais furent surpris quand Nelson Mandela a demandé à voir tous les coins. Selon certains témoignages sur place, les prisonniers y ont pris une part active pour déjouer la stratégie des autorités pénitentiaires. Une autre raison qui aurait poussé le médiateur Mandela à visiter la prison est que les autorités politiques de cette époque niaient carrément l'existence des prisonniers politiques à Mpimba, un argument en somme de tous les régimes dictatoriaux.

Le médiateur Mandela, qui n'en croyait pas ses yeux, fut grandement étonné quand il se rendit compte des conditions de vie dans lesquelles les détenus étaient soumis. Il n'a pas hésité de déclarer, à juste titre, que Mpimba était la prison la plus sale de la planète avant de se poser la question de savoir si les Burundais croient en Dieu, au regard des conditions dans lesquelles ils enferment les leurs. Pour le gros, c'étaient des endroits qui n'étaient même pas balayés ou nettoyés, des endroits qui étaient effectivement sales, sans parler de stagnation des eaux usées ou des toilettes mal lavées ou non lavées suite à la pénurie d'eau.

Beaucoup de choses ont alors changé. C'est ainsi que l'on commença à introduire des postes de radio et de téléviseurs dans les prisons pour que les détenus suivent l'actualité, les personnes qui allaient voir les prisonniers avaient le droit d'entrer au corps de garde et de s'entretenir avec le prisonnier en tête à tête, cela pendant 15 minutes. Il semble qu'initialement, vers la fin de l'an 2000, les visites étaient prévues pour une durée de 30 minutes mais suite à la surpopulation de l'établissement pénitentiaire, l'on a été obligé de limiter le temps pour que le maximum de visiteurs puissent voir les leurs. Mais pour celui qui intéresse les policiers, le temps de la visite est illimité. Sinon, le temps peut être limité à cinq minutes, selon l'effectif des visiteurs, surtout en fin de semaines.

Suite à l'action des activistes des droits de l'homme, les heures des visites ont été elles aussi modifiées. Les visites se faisaient à cette époque tous les jours de 11 heures à 13 heures et de 15 heures à 17 heures, contrairement à la période précédente où à 17 heures, tous les prisonniers devaient être dans leurs cellules. Les weekends, les visites commençaient de 9 heures à 13 heures et de 15 heures à 17 heures. Suite à ces modifications, les prisonniers des quartiers « populaires » entraient dans leurs cellules à partir de 17H30' alors que ceux des quartiers dénommés « Infirmerie A et B », habités par des intellectuels et anciens cadres, rentraient vers 18 heures 30'.

Une autre chose a changé récemment et qui va dans le cadre de la limitation des libertés des prisonniers. Depuis peu, les visites dans les différentes prisons ont été ramenées à trois fois par semaine, uniquement les jours pairs. Officiellement, il n'y a pas d'explication mais l'on se dit que cela est lié à la nouvelle dictature qui commençait à pointer à l'horizon, surtout avec la troisième législature controversée du président en fonctions.

Malgré tout, les détenus boivent à leur guise, portent des téléphones portables pour communiquer avec l'extérieur sans beaucoup de difficultés. Pour la petite histoire, une fois en 2008, un prisonnier – un nouveau venu -, de nationalité rwandaise, a ingurgité trois bouteilles de la bière prohibée et commença à bavarder beaucoup. Il s'énervait du fait qu'il vient d'être arrêté alors qu'il a atterri sur Bujumbura la veille en provenance de chez lui au Canada. Il parla de ses biens qui sont au Rwanda et commença à s'endetter auprès des prisonniers, arguant que son épouse allait lui amener de l'argent de Kigali, où elle a été obligée de s'installer à cause de l'emprisonnement de son mari. Il disait à qui veut l'écouter qu'il était docteur en économie, un diplôme décroché à l'université de Toronto au Canada.

Un soir, il a fait semblant d'appeler au téléphone quelqu'un pour lui dire qu'il a besoin de ses costumes avec lesquels il se présenterait le lendemain au parquet après avoir accueilli son bailleur à l'aéroport international de Bujumbura. On lui fit signe qu'il n'y avait pas moyen d'obtenir ce qu'il veut pour deux raisons. D'une part, il est interdit de se présenter à l'aéroport quand on est prévenu. D'autre part, l'on se présente au parquet en costume de détenu et non en habits ordinaires. Il persista et signa. Mais l'on apprît plus tard qu'il n'avait pas de convocation du parquet. On lui posa des questions sur l'économie et s'énerva, rétorquant qu'il n'était pas au tribunal. On saura par après que c'est un prisonnier qui vit d'escroquerie, que c'est un habitué des prisons et que contrairement à ce qu'il avait affirmé, il n'a jamais été au Canada.

2.1.7. La visite à la prison, un casse-tête

La procédure de la visite prend énormément de temps. Le visiteur doit se présenter à la barrière, muni de ses pièces d'identité. Par pièces d'identité, il faut comprendre uniquement la carte nationale d'identité (CNI). Le passeport, même diplomatique, le permis de conduire tout comme une carte professionnelle ne sont pas autorisés, une mesure limitative en somme. C'est ainsi que des étrangers ont souvent des difficultés à s'y rendre pour aller voir des personnes incarcérées, à l'exception de ceux qui oeuvrent dans le domaine des droits de l'homme. Généralement, ils demandent des permissions aux autorités judiciaires, ou au ministère des relations extérieures si les besoins se font sentir. C'est ce qui arrive souvent quand des diplomates veulent rendre visite aux prisonniers. A ce moment, les entretiens sont organisés en dehors de la prison, tout près de la direction, qui se trouve elle-même à cet endroit. Des fois, les discussions se font en présence d'un responsable de la prison, un directeur ou son adjoint, pour suivre la teneur des discussions. Cela arrive souvent aux détenus d'opinion ou aux prisonniers politiques.

Il faut également préciser ici que les ambassadeurs en fonction ne sont pas autorisés à rendre visite à des prisonniers. Cela est interdit car le diplomate a droit à sa sécurité et l'on estime que le milieu carcéral est par excellence incertain. Quand il devient nécessaire qu'il s'y rende, l'on doit prévoir un dispositif sécuritaire nécessaire pour cette activité. Mais cela arrive très rarement car à une certaine époque, des diplomates américains ont exprimé le souhait d'y entrer. Dans l'entre-temps, les détenus envisageaient de les prendre en otage, une information vite connue de la direction, suite aux informateurs, et la visite a été suspendue.

Pour revenir sur les visites ordinaires, le visiteur est inscrit par les policiers qui précisent la personne souhaitée. Quand la liste des visiteurs contient 20 noms, elle est acheminée à la prison pour que l'on cherche d'avance les prisonniers qui reçoivent la visite. Entre-temps, un prisonnier responsable du service des visites revérifie que les noms des visiteurs sont bien enregistrés et à chaque individu, l'on donne un jeton qu'il doit présenter et remettre à un policier qui se trouve à l'intérieur de la prison.

Avant d'y accéder, le visiteur passe par un autre policier qui doit fouiller tout ce qu'il amène. Quand il a de l'argent dont le montant dépasse 50.000 Fbu (plus ou moins 28 euros à l'époque en 2011), il doit le déclarer et le confier au policier qui le mentionne par écrit pour le récupérer après la visite. Cette procédure vise deux objectifs. D'une part, c'est pour protéger le visiteur contre des vols éventuels à l'intérieur de la prison. D'autre part, il est interdit d'y amener plus de 50.000 Fbu. L'on suppose qu'un prisonnier qui a une somme supérieure ou égale à ce montant est en mesure de corrompre les policiers et organiser par conséquent son évasion. Pour accéder donc à son visiteur, la procédure ne dure jamais moins de 30 minutes.

C'est pour cette raison que les personnes qui veulent rendre visite à des prisonniers arrivent à ladite barrière vers 10 heures afin d'y entrer les premières à partir de 11 heures. Celles qui ne parviennent pas à entrer durant cette période de deux heures ne rentrent pas, surtout ceux qui vivent loin de cette prison. Elles attendent à l'entrée jusqu'aux premiers enregistrements vers 14h30'[65].Après la visite, l'on se dirige de nouveau vers le policier pour récupérer son argent et à la barrière pour récupérer sa pièce d'identité.

Il y a cependant des exceptions dans l'organisation des visites. Il arrive que le détenu ait ses parents à l'intérieur du pays. Quand ceux-ci prennent une décision de rendre visite aux leurs, des fois ils arrivent en retard car les moyens de transport ne facilitent pas le déplacement. Ces visiteurs se rendent à Bujumbura avec l'intention de rebrousser chemin le même jour après la visite. Pour ceux-là, quand bien même cela n'est pas automatique, la direction prend ses responsabilités et autorise cette visite de 15 minutes peu après 13 heures. Mais tout cela dépend de plusieurs facteurs. Si par exemple la visite arrive au lendemain de l'évasion de quelques prisonniers, l'oreille des dirigeants n'est pas disposée à écouter les doléances de la parenté et la visite n'a pas lieu tout simplement.

A l'intérieur de la prison, l'on exigeait du nouveau détenu le port d'une carte de visite où il était mentionné : « Le détenu tel (son nom et prénom) a le droit de recevoir des visites ». Au-dessus à gauche de la carte, il y avait l'identité complète du prisonnier, son nom, son prénom, la nature de l'infraction, la peine, la date d'arrestation ainsi que celle d'entrée en prison. Par date d'entrée en prison, il faut entendre celle de Mpimba, de Bujumbura. C'est pour cela d'ailleurs que l'on doit préciser les deux dates sur la carte de visite. Il y avait également sa photo passeport et la signature de la direction.

Il ne serait pas superflu d'ajouter que les cartes de visite n'avaient pas la même couleur. Je n'ai pas posé beaucoup de questions sur ce phénomène mais je pense que c'était une façon de distinguer facilement les catégories des prisonniers pour mieux les surveiller. Les détenus dont la peine était encore « prévenu (e) » avaient une carte de couleur blanche. Elle était verte pour ceux dont les dossiers étaient en appel alors qu'elle était jaune pour ceux qui ont été condamnés définitivement. Par ailleurs, rien qu'à voir les cartes qui se

[65] Propos recueillis auprès d'un responsable des prisonniers, communément appelé « Général » dont la charge est d'organiser les visites à la prison centrale, en collaboration avec des policiers.

trouvaient sur la table au moment de la visite, chaque policier pouvait donner automatiquement l'identité des prisonniers en visite, se basant uniquement sur la présence de ces cartes et la fréquence des visites de ce détenu.

Pour revenir aux visites, les détenus devaient déposer les cartes de visite sur une table qui était gardée par un policier et ils les récupéraient quand ils regagnaient l'intérieur de la prison. Celui qui n'en avait pas, tout comme celui qui n'avait pas d'uniforme, ne pouvait pas accéder au corps de garde. Leurs visiteurs devaient se mettre debout devant le grillage de l'intérieur, là où tout le monde attend que le policer ouvre pour accéder au corps de garde afin d'accueillir son visiteur, un endroit que l'on appelle communément « Bundes »[66].

Ils attendent de se rendre au corps de garde ou de quémander de l'argent aux visiteurs, voire voler d'autres prisonniers.

Cette pratique d'accueillir une visite sur le portail est très gênante car les deux causent au vu et au su de tout le monde. S'il s'agit d'un homme et de sa conjointe, les intimités familiales sont abandonnées lors de cette entrevue car, non seulement les détenus entendent ce qu'ils disent, mais aussi des policiers dont la mission est d'écouter tout ce qui se dit dans ce milieu afin de donner

[66] Le terme vient du verbe « kubunda » en kirundi, qui peut signifier observer une situation en cachette, généralement pour faire du mal. Si l'on adapte cette signification aux détenus, ce sont des gens démunis, qui tentent de se cacher derrière un concertina situé au grillage qui donne accès à l'intérieur de la prison pour quémander ou alors voler de l'argent à des détenus qui rentrent de la visite ou bien qui sont nouveaux et qui ne sont pas encore habitués au système de vol de ces prisonniers.

rapport à la direction. Les policiers sont dressés de cette manière et ils parlotent à tort et à travers, d'où la toute première attention en prison est d'éviter toute discussion sérieuse à engager avec un policier. L'on ne maîtrise jamais où il peut amener les propos entendus, des fois avec une certaine déformation de la nouvelle apprise.

Comme ce genre de visites est souvent réservé aux prisonniers aux moyens modestes qui ne peuvent pas s'acheter une tenue, il arrive qu'à cet endroit, il y ait deux ou trois couples qui s'entretiennent en même temps. Ceux-ci, une fois les six mois, payent Bif 500 à un codétenu qui leur prête sa tenue pour la visite. A ce moment, il accueille son intime visiteur et ils discutent de tout et de rien au corps de garde.

Les autres, pour contourner ce problème, ont développé une forme d'intéressement des policiers pour que l'on accède au corps de garde sans carte de visite, le paiement d'un montant de 500 francs burundais (0,28 euros) chaque fois que l'on a une visite. Comme il n'y a pas de secret en prison, la nouvelle de cette manie à odeur de corruption est vite parvenue à la direction. Cette dernière a purement et simplement supprimé l'existence de la carte de visite pour empêcher aux policiers de rançonner les détenus.

Pourtant, la carte de visite était un outil très efficace dans la surveillance des mouvements des prisonniers. En effet, il y a des détenus qui parvenaient à tromper la vigilance des policiers en faisant entrer au corps de garde des habits d'une couleur autre que verte. Ils pouvaient alors s'entendre avec les autres prisonniers, qui construisaient un mur autour de lui pour le cacher. Celui-ci, très rapidement, se changeait, mettait l'uniforme dans un sachet et après le timing de la visite, il sortait comme un visiteur simple. C'était d'autant plus facile que les policiers ne fouillaient jamais les visiteurs qui rentrent. Cela se faisait souvent quand un prisonnier était nouveau ou alors quand la direction a changé l'équipe des surveillants, les dimanches dans l'après-midi surtout. A ce moment, les policiers remarquaient tout de suite qu'il y a eu évasion car la carte de visite n'avait pas été récupérée. Il y avait à ce moment plusieurs chances d'appréhender le fugitif avant qu'il ne soit trop tard.

Pour éviter qu'il y ait toujours évasion des détenus, la direction a mis dans le corps de garde des bancs sur lesquels tous les prisonniers en visite doivent s'asseoir, en compagnie de leurs hôtes. Mais dans ces conditions, le nombre de places diminue sensiblement si bien qu'actuellement, il est plus compliqué d'accéder dans les enceintes de la prison à cause du nombre important de visiteurs. Avec ce système, les visites se réduisent de moitié car les bancs prennent énormément d'espace par rapport à la place réservée pour l'accueil des visites. Mais dans mon entendement, les autorités de cette prison pouvaient utiliser ces fonds pour autre chose car, même en l'absence de ces bancs, le nombre de prisonniers qui fuient en passant par le corps de garde est insignifiant.

2.1.8. Des cas d'évasion difficiles à comprendre

Vers le mois de février 2011, un militaire congolais du grade de colonel, répondant au nom de Richard Tawimbi, a été détenu dans la prison de Mpimba par le service national des renseignements, la police présidentielle, sur demande, semble-t-il, des autorités de Kigali. Après quelques jours d'arrestation, il a su s'évader et quand les mêmes services de renseignements l'ont cherché pour le transférer au Rwanda, le Congolais avait déjà pris le large. En ce moment, aucun prisonnier ne pouvait expliquer comment ce militaire a pu s'évader.

Quelques jours après, les informations parvenues à la prison indiquaient que le jour de sa fuite, il a profité de la présence des gens qui étaient venus prier dans Mpimba. Or, M. Tawimbi, d'après toujours des informations recueillies plus tard, avait l'habitude de rester en cachette toute la journée – dans son lit au quartier Mineur Adulte - et à téléphoner toute la nuit. Une deuxième information est que le colonel congolais a profité de la présence de plusieurs gens venus le voir pour changer d'habits, ce qui lui aurait permis de sortir sans aucune gêne.

Mais toutes les versions convergent sur le fait qu'il y a eu sortie de beaucoup de devises - des dollars américains -, destinées à l'endroit de certains responsables de la prison. L'on ne précise pas qui c'est, mais des soupçons se sont dirigés vers des prisonniers responsables des sorties et des entrées des prisonniers. Une autre personne soupçonnée dans cette affaire, elle aussi détenue à l'époque des faits, a pour le moment fui le pays et il serait basé en Zambie[67]. Mais d'autres informations indiquent qu'il serait caché quelque part dans le pays, n'ayant pas pu s'adapter aux conditions de vie en exil. Quant à Richard Tawimbi, il a pris l'avion le soir même à Goma, à l'Est de la Rdc, pour rentrer sur Kinshasa.

[67] Il s'appelait Franck Ngerageze, il était général principal adjoint en prison et se chargeait des sorties des prisonniers. Il aurait empoché cet argent de la part de ce Congolais, laissant croire que c'est le directeur et le chef de poste qui ont encaissé le montant d'argent, ce qui a occasionné leur emprisonnement pendant plus de 10 mois, au service national des renseignements, puis à la prison de Muramvya, au centre du pays.

Pour la police donc, ce militaire avait bénéficié d'une complicité interne, raison pour laquelle on a essayé de bloquer tout endroit qu'on peut s'imaginer, dont le corps de garde, et qui aurait servi de point de départ. Les premières victimes de cette mesure, on s'en doute, seront le directeur de la prison à l'époque, Carême Bizoza et son chef de poste, Alfred Ntakarutimana, qui ont été arrêtés et emprisonnés pendant une bonne période dans les cachots du service national des renseignements, avant d'être transférés à la prison de Muramvya, au centre du pays. Ces deux responsables de Mpimba, des hommes très honnêtes, ont été surpris d'être incarcérés dans des cellules différentes, au service national des renseignements, où ils voyaient les écrits de Richard Tawimbi sur les murs. Ils n'ont jamais su interpréter ce phénomène.

Il semble que ce Congolais avait effectué une mission en Ouganda pour le compte des Forces démocratiques de libération du Rwanda, Fdlr, et était passé par le Rwanda pour se rendre au Burundi. Dès la traversée de la frontière ougando-rwandaise, il a été vite repéré par ce pays et en surveillant ses mouvements, l'on s'est rendu compte qu'il venait de franchir la frontière du Burundi. C'est ainsi que du côté des autorités, l'on aurait organisé une rencontre amicale entre l'équipe nationale du Rwanda et celle du Burundi à Kigali. L'équipe de Bujumbura fut accompagnée par le patron du service national des renseignements au moment des faits, le général Adolphe Nshimirimana. Il semble que c'est à cette occasion qu'il lui a été demandé d'arrêter et de transférer le militaire congolais. Il a d'abord été emprisonné dans les cachots de la police présidentielle avant d'être transféré à la prison de Mpimba où il n'a séjourné que quelques jours.

2.1.9. Le traitement actuel des prisonniers

Pour revenir à la situation actuelle en ce qui concerne le traitement des pensionnaires de Mpimba, tous les prisonniers jouissent des mêmes droits, que ce soit les condamnés à mort d'il y a une vingtaine d'années, des condamnés tout court ou d'autres prévenus. Ils partagent les mêmes quartiers quelques soient les peines infligées, pratiquent le sport ensemble, etc. C'est également à cette période de grandes réformes qu'il est apparu un marché à l'intérieur de la prison où l'on peut acheter tout ce qu'on veut comme à l'extérieur. L'on y observe un trafic très important entre les prisonniers et de petits commerçants de l'extérieur - généralement des conjoints - qui amènent toutes sortes de denrées et qui emportent également des légumes produits localement pour les vendre dans les différents marchés de la capitale.

Les brochettes de boeuf ou de chèvre sont disponibles. Il est autorisé de faire entrer une bête pour vente, à condition qu'elle soit abattue avant que son corps ne passe à l'intérieur. L'on comprend ici alors que le système de fouille des aliments a sensiblement diminué car les prisonniers font le marché à l'intérieur même de la prison, engagent des domestiques qu'ils trouvent sur place chez les autres prisonniers, à qui ils donnent à manger comme rémunération. Toutefois, le « domestique » en profite même pour récupérer la ration de son « patron » qui est distribuée par l'Etat.

Même la bière y entre frauduleusement. En 2010, son prix variait entre Bif 2.500 et 3.000 (1.40 euros et 1.68), ce qui était le double du coût de cette boisson à l'extérieur de la prison. Une bouteille de bière - Amstel à titre d'exemple – coûtait initialement Bif 1.300 dans la zone actuelle de Musaga mais lors de l'entrée en prison, c'est-à-dire rendue au consommateur, elle coûtait le prix susmentionné. L'explication est que chaque policier qui achète une bouteille de bière et qui l'emmène à cet endroit perçoit Bif 200, celui qui laisse le porteur de la boisson accéder à l'intérieur perçoit autant, le prisonnier qui réceptionne la boisson (un grossiste en quelque sorte) fait la même chose, bref, toute une chaîne où chaque étape prélève quelque chose comme Bif 200. Le point de chute est le grillage qui sépare le quartier Mineur Adulte du quartier Cuisine. On l'appelle dans le jargon de la place Ku kivuko[68]. Et à la longue, c'est le consommateur qui va tout supporter car le prix de la bière est fixé d'avance, à prendre ou à laisser.

Il est des fois d'ailleurs, lors des fêtes comme à la Pâques ou à la Noël où, suite à des spéculations diverses, le prix d'une bouteille de bière (Primus ou Amstel), passait de Bif 5.000 à 7.000. Cette spéculation tenait du fait que lors de ces périodes, il y avait beaucoup de visites chez les prisonniers et généralement, les détenus reçoivent un « Bonne Année ! » de la part des visiteurs.

Une autre possibilité de revoir les prix à la hausse tient du fait que les prisonniers communément appelés « Men »[69] parviennent à voler quelques millions – le montant varie généralement de 6 à 60 millions de nos francs - à l'extérieur de la prison, étant à l'intérieur. Ils s'arrangent pour avoir un numéro de téléphone d'une personne qu'ils ont ciblée, l'appellent et lui donnent un

[68] Un terme kirundi qui signifie Douane.

[69] Ce sont des voleurs de renom, qui vivent pratiquement en prison, qui parviennent à opérer des hold up contre plusieurs citoyens à Bujumbura et à l'intérieur du pays et pensent que pour cela, ce sont des hommes, donc des « Men » en anglais.

message qu'ils ont bien choisi. Il y a quelques temps, c'était des coups de fil annonçant qu'ils sont des membres des Forces Nationales de Libération, F.n.l, - une rébellion devenue parti politique et qui venait de signer un cessez-le-feu avec le gouvernement, donc capable d'envoyer des membres dans des postes administratifs -, qu'il faut cotiser si l'on veut avoir un poste juteux dans l'administration.

Il y en a qui les croyaient sur parole et demandaient comment et quand ils vont acheminer cet argent convenu. L'on déléguait une personne qui se présentait à un endroit précis et à une heure bien fixe. Quand le montant était remis, c'était la fête en prison. Cette formule a été payante pendant longtemps, avant que les détenus que nous étions n'alertent l'opinion extérieure. Plus tard d'ailleurs, ces voleurs se sont rentrés dedans, permettant ainsi à la direction de les identifier sans beaucoup de difficultés.

Faut-il également préciser que pour des raisons pratiques, la bière Primus a été abandonnée au profit de l'Amstel. En effet, la vidange de la Primus est très gonflée et elle devient difficile à transporter à l'intérieur sans se faire remarquer par les responsables de la police. Par contre, s'agissant de l'Amstel, les policiers cachent la bière dans leurs pantalons, au niveau des testicules. C'est pour cette raison qu'il est recommandé de bien nettoyer la bouteille avant de prendre son contenu car il n'est pas rare de trouver, sur les bouchons des bouteilles, quelques poils des policiers tirés de cette partie du corps.

Mais l'hygiène n'étant pas une préoccupation des détenus, il y en a qui, dès qu'ils ont une bière, l'ouvrent directement au moyen de leurs dents, préférant cracher les poils après. Ceci se remarque souvent chez les prisonniers qui ne parviennent pas à s'acheter une bière, qui, quand ils l'obtiennent de quelqu'un d'autre, voient en elle une occasion d'or qu'il ne faut pas surtout négliger, advienne que pourra.

Ayant donc accédé à l'argent volé, les prisonniers boivent à leur soif et achètent toute la quantité de la bière qui se trouve dans cette prison. Les vendeurs de leur côté pratiquent le prix qu'ils veulent, ce que les prisonniers acceptent sans problème car ils ont de l'argent. Mais quel que soit le montant volé, cet argent ne peut pas être consommé pendant plus d'une semaine car il est gaspillé de plusieurs manières.

Ceux qui ont des copines en prison vont donner quelques jours de ration, achètent de la bière à leurs concubines, qui se chamaillent des fois quand elles voient que le « copain » a un penchant pour l'une d'entre elles. En consommant donc cet argent, les prisonniers disent qu'ils auront d'autres « sources de financements », ce qui veut dire opérer un autre coup dans les jours qui suivent. Au regard du prix d'une bouteille d'Amstel, cela fait jaser certains prisonniers qui disaient que l'Amstel de Mpimba s'achète à un prix V.I.P. du Restaurant « Chez André »[70].

La seule difficulté qu'il y a toujours à cette prison et qui frappe beaucoup plus les intellectuels est l'ignorance des policiers. S'ils permettent sans problème que les postes de radio ou de téléviseurs entrent à l'intérieur, ils ne tolèrent pas par contre l'entrée d'un journal papier. Du fait qu'ils ne savent ni lire ni écrire, - certains parmi eux du moins, mais ils sont plus nombreux -, ils considèrent un journal comme un tract. On a beau expliquer que le journal est une information écrite sur un papier, mais le message n'est jamais passé. S'ils sont obligés de remettre le papier aux détenus, ils amènent les journaux chez le directeur qui autorise ensuite leur entrée. Lui-même doit fouiller ce document pour se rassurer qu'il n'y a que des informations. Mais en cas de son absence comme les weekends par exemple, aucun journal n'accède à la prison.

A la question de savoir pourquoi les journaux entrent difficilement, les policiers ont répondu que comme ils ne savent pas lire le français, ils estiment qu'ils ne peuvent pas prendre de responsabilités alors qu'il y a une direction pour cela, ce qui n'est pas d'ailleurs bête. De cette manière, ils deviennent prudents et laissent la direction décider sur le sort de ces "papiers"[71]. Cela est arrivé une fois pour un prisonnier de nationalité étrangère. En effet, ses compatriotes ont amené des journaux pour qu'il puisse s'occuper à l'intérieur de la prison. Il avait un problème de communiquer avec les policiers, ne parlant pas le kirundi et les surveillants ne comprenant pas sa langue. J'ai essayé d'intervenir mais en vain et il a dû abandonner ses journaux qui ne contenaient rien d'autre que l'information.

2.1.10. Cependant, les conditions de vie restent précaires

Les mauvaises conditions de vie font que les prisonniers ont tout le temps tenté de s'évader. En effet, si j'ai essayé de tracer l'historique de la prison, je

[70] « Chez André » est un Bar Restaurant V.I.P. de la capitale où une bouteille de bière coûte à peu près Bif 5.000.

[71] Entretien avec des policiers au mois de mars 2011, après qu'ils eurent confisqué des journaux d'un prisonnier français amenés par l'un de ses compatriotes en poste à Bujumbura.

devrais également préciser que je me suis concentré sur les cas des détenus d'un rang social important dans la société burundaise, ceux qu'on pourrait traiter de prisonniers politiques, ceux que je côtoyais au quotidien. Sinon, la vie devient insupportable pour ceux qui n'ont pratiquement personne pour les assister. A côté de ces mauvaises conditions de vie en prison, il y a également la justice qui ne traite pas les dossiers rapidement pour que l'on soit condamné ou acquitté à temps. Enfin, les droits de l'homme apprennent que l'évasion fait partie des droits d'un détenu, à condition de ne pas être attrapé. Ce sont donc tous ces facteurs qui poussent les détenus à tenter de prendre le large, avec tous les risques qui s'ensuivent.

Pour être plus complet en matière de fuite, le rapport annuel, exercice 1990 du mois d'août, se plaint déjà que « certains surveillants acceptaient des dons de la part des détenus ou des membres de leurs familles pour faciliter l'évasion ». Ce rapport confirmait en réalité que certains surveillants étaient déjà corrompus autour des années 1990. Par voie de conséquence, 36 policiers furent renvoyés la même année, 20 autres ont été mis à pieds pendant 15 jours tandis que 34 autres encore ont eu des mutations pour faute disciplinaire. La seule différence avec des policiers d'aujourd'hui, c'est que ces derniers exigent un montant bien déterminé, pratiquent directement une politique de rançon à l'endroit des détenus.

Sinon, parmi les difficultés rencontrées dans la gestion de Mpimba, selon toujours le rapport, il y avait la vétusté des bâtiments ainsi que l'insuffisance des moyens budgétaires. Et si la prison était déjà sursaturée en 1990, qu'en est-il aujourd'hui ? Cela est l'objet du 4^{ème}chapitre.

B. Bref aperçu de la situation carcérale au Burundi.

Au mois de septembre 2009, les Nations-Unies ont procédé à l'évaluation des prisons du Burundi en tant que pays post-conflit. Cet exercice a été effectué par le Bureau Intégré des Nations Unies au Burundi, « Binub ». Cette évaluation était destinée à fournir une base de données sur tous les aspects opérationnels, managériaux, et administratifs de la prison, conformément aux règles minima des Nations Unies pour le traitement des détenus. L'information contenue dans cette évaluation avait donc pour objectif de fournir une indication du système pénitentiaire dans le pays et était basée, non pas seulement sur des entrevues avec le personnel et les prisonniers, mais aussi sur des observations de la situation carcérale. De cette évaluation, notre intérêt a porté sur la situation carcérale dans tout le pays ainsi que sur la capacité d'accueil des différentes prisons visitées.

A cette époque, la situation carcérale dans le pays était donc la suivante :

Prison	Adultes		Mineurs		Total		Capacité d'accueil
Ngozi Femmes	H	F	H	F	H	F	100
Condamnés		0		0		0	
Prévenus		39		1		40	
Peine capitale		2		0		2	
M.M.		21		5		26	
Total		62		6		68	
Ngozi Hommes	H	F	H	F	H	F	400
Condamnés	703		27		730		
Prévenus	1186		36		1222		
Peine capitale	56		0		56		
M.M.	0		0		0		
Total	1945		63		2008		
Ruyigi	H	F	H	F	H	F	300
Condamnés	209	6	8		217	6	
Prévenus	611	1	24		635	1	
Peine capitale	0	0	0	0	0	0	
M.M.	0	0	1	0	1	0	
Total	820	7	33	0	853	7	
Bubanza	H	F	H	F	H	F	100
Condamnés	42	0	0	0	42	0	
Prévenus	376	10	15	0	391	10	
Peine capitale	0	0	0	0	0	0	
M.M.	1	0	0	0	1	0	
Total	419	10	15	0	434	10	
Gitega	H	F	H	F	H	F	
Condamnés	838	33	16	3	854	36	400
Prévenus	542	18	37	5	579	23	
Peine capitale	35	0	0	0	35	0	
M.M.	17	0	0	1	17	1	
Total	1432	51	53	9	1485	60	
Mpimba	H	F	H	F	H	F	800

Condamnés	642	22	42	2	68	24	
Prévenus	2256	60	108	14	2364	74	
Peine capitale	20	2	0	0	20	2	
M.M.	7	0	0	0	7	0	
Total	2925	84	150	16	3075	100	
Muramvya	H	F	H	F	H	F	100
Condamnés	71	4	2	0	73	4	
Prévenus	336	14	10	0	346	14	
Peine capitale	0	0	0	0	0	0	
M.M.	5	0	0	0	5	0	
Total	412	18	12	0	424	18	
Muyinga	H	F	H	F	H	F	300
Condamnés	308	9	17	0	325	9	
Prévenus	341	5	11	0	352	5	
Peine capitale	10	2	0	0	10	2	
M.M.	0	0	0	0	0	0	
Total	659	16	28	0	687	16	

M.M. : Malade mental. Source : Bureau intégré des Nations Unies au Burundi, septembre 2009.

Dans cette étude, il y a trois prisons dont les données font défaut. Il s'agit des établissements pénitentiaires de Bururi et de Rumonge,au Sud du pays ainsi que celui de Rutana, au Sud-Est. Cependant, toutes les prisons du Burundi présentent une similarité à savoir qu'un peu partout, du moins en ce qui concerne notre échantillon, le nombre de prévenus est largement supérieur à celui des détenus condamnés.

L'exception vient cependant de la province de Gitega, où du côté des détenus, l'effectif est de 890 condamnés, hommes, femmes et mineurs confondus, contre 620 prévenus à la même période. C'est une situation qui mérite une attention particulière car elle est d'abord unique dans notre échantillon. En effet, dans les autres cas, il y a une différence énorme entre les effectifs des détenus condamnés et ceux des prévenus. Ces derniers sont de loin les plus nombreux par rapport aux condamnés. La province de Muyinga présente elle aussi une situation où le nombre de prévenus (âges et sexes confondus) est légèrement supérieur par rapport aux condamnés, soit 334 condamnés contre 357 prévenus.

Au regard des effectifs, Gitega est le seul cas relevé par les enquêtes du Binub où les prévenus sont moins nombreux par rapport aux condamnés. Dans différentes déclarations verbales des responsables des prisons, - qu'ils soient de la maison de détention ou de la direction générale de l'administration pénitentiaire, voire du ministère de la justice -, il y a cette conviction que les procès de Cibitoke (Nord-ouest), dont la plupart des détenus se trouvent à Bujumbura, à Mpimba donc, se clôturent généralement plus vite que les autres, sans données chiffrées toutefois. J'ai pu me rendre compte que la plupart des détenus originaires de cette province sont des condamnés et très peu d'entre eux étaient encore des prévenus à l'époque.

Les mêmes responsables n'évoquent jamais la province de Gitega qui, par ailleurs, comme la prison de Mpimba et celle de Ngozi pour les hommes, regorge de pas mal de détenus. La plupart des dossiers que les tribunaux de cette province traitent viennent du centre du pays et de l'Est. C'est dans cette entité administrative que l'on trouve la cour d'appel pour toutes ces zones, en plus du tribunal de grande instance pour les populations de cette province, l'une des plus peuplées du Burundi. Ceci est un autre indicateur que les prévenus ne peuvent pas être moins nombreux que les condamnés au regard du volume des dossiers qui y sont traités.

Après consultation des sources de la direction générale de l'administration pénitentiaire, l'on se rend compte que ces effectifs du Binub n'y figurent pas, ce qui complique la vérification de ce phénomène qui, de toutes les manières, ne doit pas être différent des autres cas. Dans pareilles circonstances, une hypothèse peut expliquer cet écart de données. Si l'on considère que les responsables des prisons sont informés de l'évolution du traitement des dossiers de Gitega, cela veut dire que les délégués du Binub pourraient avoir mal saisi des données lors de leurs visites, en inter changeant par exemple les titres ou alors en mentionnant des chiffres d'une autre prison qui n'était pas celle voulue lors des enquêtes. Cependant, l'écart dans notre échantillon est très faible si bien que cela, en termes de démographie, ne peut pas modifier la tendance des conclusions à tirer de cette étude.

Par contre, dans la commune de Rumonge de la nouvelle province du même nom où se trouve une prison connue sous le nom de Murembwe[72], l'on peut affirmer, même sans données là non plus, que cette situation observée à Gitega y est vérifiée. En effet, tous les procès ont lieu en province de Bururi où se trouvent toutes les institutions judiciaires compétentes, notamment le

[72] Nom d'une rivière qui longe cette prison et qui se déverse dans le lac Tanganyika. Même la prison en soi n'est pas loin de ce lac.

tribunal de grande instance et la cour d'appel, raison pour laquelle il y a, à Bururi, plus de prévenus que de condamnés. Après le prononcé du jugement définitif, les détenus sont alors acheminés vers Rumonge dont la mission est justement d'enfermer les prisonniers déjà condamnés. Certes, il y a des prévenus, mais ils y vont à compte-goutte, surtout avec la crise actuelle, mais leur représentativité est voisine de zéro.

Concernant les malades mentaux, ce sont des détenus qui sont profondément affectés par la prison – ceux qui se croient incarcérés injustement par exemple – et qui perdent l'espoir d'être libérés un jour. Il y en a qui se font emprisonner par les membres de leurs familles – surtout les orphelins – pour que les biens laissés par leurs parents soient distribués en l'absence des ayant-droit. Il y a également d'autres cas où des enfants attrapent des maladies mentales à l'extérieur et les parents, pour se débarrasser d'eux, les font emprisonner. Il n'y a pas donc de formules qui pourraient expliquer cet état de choses. Non plus, ce n'est pas lié à l'emplacement géographique des maisons de détention car, en ce qui concerne mon échantillon, seules les provinces de Ruyigi (Est) et de Muyinga (Nord-est) n'avaient pas de malades mentaux à cette époque.

Cette situation de fait où il y a plus d'incarcérations que de libérations est à l'origine du surpeuplement des différentes prisons, avec là aussi une seule exception, la prison pour les femmes de Ngozi. Le tableau suivant montre le rapport entre le nombre de détenus et la capacité d'accueil des différentes prisons au mois de septembre 2009.

Prison	Effectif des détenus	Capacité d'accueil
Ngozi femmes	68	100
Ngozi hommes	2008	400
Ruyigi	860	300
Bubanza	443	100
Gitega	1545	400
Mpimba (Bujumbura)	3175	800
Muramvya	437	100
Muyinga	703	300
Total	8803	2500

Source : Evaluation des prisons par le Binub.

Ce tableau peut être extrapolé par ce graphique qui montre bien la surpopulation des prisons à cette époque.

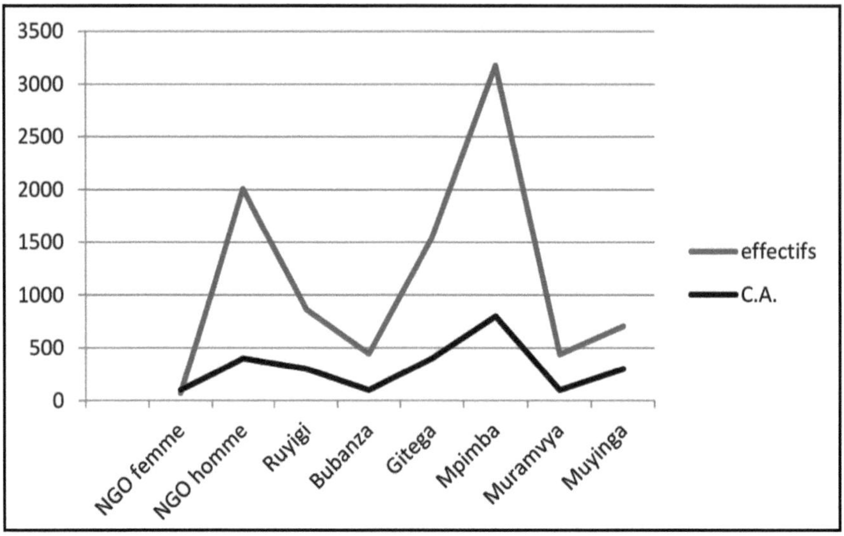

NGO femme : Prison de Ngozi pour les femmes.
NGO homme : Prison de Ngozi pour les hommes.
C.A. Capacité d'accueil.

Comme on le voit, outre la prison de Ngozi pour les femmes où l'effectif des prisonnières n'atteint pas la capacité d'accueil de cette maison d'arrêt, les autres cas dépassent largement le nombre prévu pour chaque prison, avec un sommet de 3.175 détenus à la prison centrale de Mpimba (Bujumbura) alors que sa capacité actuelle d'accueil est de 800 personnes. L'on notera également la surpopulation dans la prison de Ngozi pour les hommes. Les prisons de Bujumbura, de Gitega et de Ngozi pour les hommes ont des effectifs variant entre 3 et 5 fois la capacité d'accueil desdites prisons. Les autres, plus étroites, contiennent des détenus dont la proportion varie de 1,5 à 3 fois le nombre de places prévues pour l'accueil.

L'explication de ce phénomène est à chercher dans des emprisonnements arbitraires. En effet, l'on assiste souvent à des mouvements massifs d'emprisonnement dans les différents cachots les vendredis. Ce sont généralement des policiers qui cherchent de l'argent et arrêtent des gens pour des raisons de manque de carte nationale d'identité, CNI, ou alors des domestiques qui se font emprisonner par leurs patrons pour avoir abîmé ceci ou cela, pour avoir prélevé un peu d'argent sur la ration ou carrément, des patrons qui font emprisonner leurs domestiques afin de ne pas leur verser des arriérés de salaires. Ceux qui parviennent à octroyer de l'argent aux policiers sont relâchés sans autre forme de procès. Le malheur s'abat sur des pauvres qui n'en ont pas et sont obligés de regagner les différentes prisons.

Or, la procédure judiciaire étant ce qu'elle est, il n'est pas rare de passer plusieurs semaines, voire des mois ou des années sous les verrous avant de sortir de la prison, acquitté. D'autres cas sont ceux qui sont tout simplement oubliés en geôle, faute d'avoir une assistance quelconque. C'est dans ce cadre que l'on peut trouver des cas des prisonniers qui viennent de passer plus de cinq ans sans dossier. Ceci dit, il y a aussi des dossiers judiciaires qui suivent le cours normal des choses mais avec la lenteur administrative et judiciaire, des procès prennent des années et des années avant le jugement. J'y reviendrais en détails.

Pour revenir sur les cas des prisons dans mon pays, les geôles regorgeaient plus de 8.803 détenus au mois de septembre 2009. Si l'on inclut celles de Bururi, de Rumonge et de Rutana qui n'ont pas été visitées par l'équipe onusienne, on estime que cet effectif avoisinait 9.000 prisonniers à cette époque dans le pays sur une capacité d'accueil ne dépassant pas 3000 places au maximum. En d'autres termes, les prisons du Burundi étaient remplies à plus ou moins 300% à cette époque. Les emprisonnements dans les différents cachots ou dans d'autres maisons inconnues de la justice ne sont pas à comptabiliser dans ce pourcentage susmentionné.

3. Le type d'infractions[73].

Il y a plusieurs types d'infractions qui sont prévues dans le code de procédure pénal burundais. Mais d'autres infractions, reconnues elles aussi par le code de procédure pénal, peuvent être créées un peu n'importe comment, surtout quand les autorités judiciaires en veulent à des gens pour des raisons autres que judiciaires. C'est le cas d'atteinte à la sécurité intérieure de l'Etat, de l'outrage à Chef de l'Etat, de la trahison, du terrorisme, etc.

Ils sont d'autant plus faciles à exploiter que les justiciables, pour la plupart, méconnaissent ces infractions, le gros d'entre eux étant des illettrés, ou des gens qui ne comprennent pas le français ou alors des non-juristes qui ne savent pas interpréter les dispositions du code de procédure pénal. Mais force est de reconnaître que toutes ces infractions, aussi objectives qu'elles puissent être, sont discutables car elles sont appliquées dans notre pays à des opposants réels ou supposés.

---

[73] Je dois toutes ces informations à l'APRODH, Association pour la Promotion des Droits de l'Homme et des Prisonniers.

C'est pour cette raison d'ailleurs que l'assistance d'un avocat-conseil s'avère très nécessaire même si pour la plupart des cas, l'on se heurte à un problème de pouvoir d'achat si bien que nombre des justiciables préfèrent se présenter eux-mêmes à la barre, advienne que pourra ! Mais dans le temps, il y avait des associations de la société civile qui assistaient les détenus. C'était le cas de l'Aprodh, de l'Acat, de la ligue des droits de l'homme Iteka, etc, elles ne sont plus dans le pays. Ce n'est plus le cas depuis 2015.

L'on se rend compte donc que dans pareilles circonstances, les conditions de vie du prisonnier sont dures. Si l'on prend des aspects comme l'hygiène, l'alimentation, la santé des prisonniers, l'on constate que les détenus vivent en deçà des normes acceptables par les êtres humains. Même les femmes détenues à Ngozi, dont l'effectif n'atteint pas le chiffre 100, ne sont pas épargnées par le manque d'hygiène. Il y a certainement d'autres facteurs qui entrent en jeu. J'y reviendrais dans les chapitres à venir.

a. Description de Mpimba.

La prison de Mpimba avait initialement 9 quartiers. Plus tard, avec une augmentation exponentielle de la population carcérale, quelques autres quartiers ont été aménagés. C'est le cas de celui qu'on appelle « Infirmerie » divisé en deux cellules, A et B, qui était jadis des bureaux d'administration des soins aux prisonniers. Le quartier Mineur Adulte était conçu comme le quartier Infirmerie C de la prison, qui pouvait donc accueillir des prisonniers politiques ou des cadres au cas où les cellules A et B de l'infirmerie sont saturées. Pour le moment, ces dernières sont devenues le quartier où l'on garde surtout les prisonniers politiques au moment où le quartier Mineur Adulte est peuplé de délinquants de droits communs, assassinats, banditisme, émissions de chèques sans provisions, bref, des cambrioleurs.

Les choses ont changé dans l'entre-temps car le quartier "Infirmerie" est devenu un quartier contenant des Imbonerakure, - une milice du parti au pouvoir Cndd-Fdd - et d'autres membres et sympathisants du régime en place. Les prisonniers préfèrent actuellement le quartier Mineur Adulte moins politisé. Après ces transformations dans le temps, cet établissement pénitentiaire possède en tout et pour tout 11 quartiers. J'y reviendrais.

4. L'entrée de la prison.

A l'entrée de la prison, c'est là que l'on commence à trouiller, se demandant comment on va passer la vie dedans, surtout pour la première fois. C'est une très mauvaise expérience qu'une personne peut avoir dans sa vie. La prison marque une trace indélébile dans la mémoire personnelle d'un individu.

Les policiers descendent le nouveau détenu du véhicule et le conduisent à l'intérieur de la prison, au corps de garde, où un autre policier les attend et qui, apparemment, est informé de la venue du détenu. Celui-ci vérifie que le mandat d'arrêt est conforme et enregistre le détenu. Des fois, il est dépouillé de tout ce qu'il avait comme argent avant son emprisonnement. Et les « voleurs » peuvent être des détenus ou des policiers. Un homme qui est arrêté pour la première fois n'a aucune idée de l'organisation de cette prison, pense plutôt qu'il s'agit d'un enfer, il panique et il ne peut pas donc se préoccuper à retenir le visage d'un policier « voleur » qu'il voit pour la première et probablement pour la dernière fois.

Après l'enregistrement au corps de garde, on ouvre le fameux grillage et on laisse le nouveau prisonnier se débrouiller tout seul à l'intérieur. S'il parvient à avoir des connaissances tout de suite, il est sauvé. Dans le cas contraire, les prisonniers s'occupent de lui, le Kibamba[74], lui demandent de l'argent pour lui chercher ceci ou cela, il est pillé jusqu'au dernier des sous qui était dans sa poche. Là aussi, les prisonniers s'informent sur les nouveaux venus. Quand il s'agit d'une personne connue, ce pourrait être un ancien dignitaire[75] qui était tout le temps cité dans des radios, des hommes d'affaires, même des joueurs de football, elle est généralement bien accueillie. C'est donc par intérêts que les prisonniers agissent, sinon, dans le cas contraire, ils peuvent aller jusqu'à organiser des attaques violentes contre le nouveau venu car, en dehors de la solidarité, il est difficile de trouver de la gentillesse en prison.

Vue extérieure de l'entrée de la prison Mpimba.

C'est l'endroit où l'on doit obligatoirement passer pour accéder à l'intérieur de la prison. C'est la seule entrée où détenus, autorités, le personnel tout comme les visiteurs doivent passer pour quelque raison que ce soit. A droite sur la photo, il y a des constructions qui sont cachées par des arbres, elles constituent les bureaux administratifs de cette institution pénitentiaire. L'endroit où se trouve le drapeau national est en face du portail qui donne accès à l'intérieur de la prison, précisément au corps de garde.

L'on doit également préciser qu'à part les autorités et le personnel de la prison, le reste des visiteurs doivent avoir une autorisation signée par la direction pour y entrer, sauf pour les visites qui sont réglementées par voie légale et autorisée. Même là, le fait de les enregistrer à l'entrée de la prison est une autre forme d'autorisation signée par la direction. Pour le cas des détenus, il faudrait préciser que toute personne arrêtée, sans mandat d'arrêt, ne peut pas entrer à l'intérieur de la prison. Il faut qu'elle soit accompagnée de ce papier, avec toutes les infractions qui sont retenues contre lui ainsi que la disposition du code pénal qui correspond à ces infractions. Mais cette réalité n'est pas toujours de rigueur car il y a des catégories de détenus qui ne sont inscrits nulle part dans les registres de la prison. J'y reviendrais dans le troisième chapitre de ce livre. Tout comme il y a également des détenus qui sont acheminés vers la prison et qui précèdent leurs mandats d'arrêt. Ceux-ci sont généralement retenus au corps de garde en attendant que lesdits mandats arrivent à la direction.

- Le corps de garde

Le corps de garde est un endroit sombre et l'on sent que l'on entre dans un milieu assez dangereux pour la vie d'un homme. Quand on y accède pour la première fois, on voit devant soi des grillages, des policiers tout autour et des prisonniers mal habillés et qui, en toute sincérité, ressemblent à de bêtes fauves prêtes[76]à dévorer une proie qu'ils découvrent par hasard.

Mais quand on a la sympathie des prisonniers, les autorités confient le tout nouveau pensionnaire à un responsable d'un quartier qui protège ce détenu contre toutes sortes d'agressions de la part des compagnons

[74] Jargon de la prison qui désigne un nouveau venu.

[75] Il y a une petite nuance au sujet des dignitaires. S'il s'agit d'une personne qui était impopulaire, la réaction des détenus est de lui voler tout ce qu'il a car, dans leur entendement, il a beaucoup d'argent qu'il amène en prison. Il peut y avoir même une tentative de l'éliminer physiquement mais la direction prend toujours ses dispositions car elle est d'avance prévenue par le biais de ses informateurs.

[76] Les prisonniers ou anciens bagnards devront m'excuser de cette image, mais je suis certain qu'ils ont ressenti la même chose lors de leur entrée pour la première fois en prison.

d'infortune. De cette manière, il y a même des chances d'avoir de bons endroits où dormir, avoir du respect des autres prisonniers car il y a un « piston » quelque part.

Vue de l'intérieur de la prison, au corps de garde.

Comme on peut le constater ici, le portail de la prison est grandement ouvert alors que normalement, il doit être fermé au moyen des clés et des cadenas. Ceci signifie qu'il y a des mouvements des prisonniers qui sortent, vers des institutions judiciaires ou vers les hôpitaux pour leurs soins et d'autres qui entrent pour des raisons diverses, soit qu'ils viennent de la direction ou alors que ce sont de nouveaux prisonniers qui arrivent des différents cachots, ou encore des détenus qui rentrent des champs ou d'autres travaux qui sont prévus en dehors de la maison de détention. A l'exception de nouveaux pensionnaires qui arrivent à tout moment, surtout les après-midi ou ceux qui rentrent des sorties à l'extérieur, les autres déplacements s'observent généralement le matin, avant 10 heures.

Quand il y a des mouvements de va-et-vient des prisonniers, il est d'usage que les détenus qui sortent doivent attendre ceux qui entrent pour que l'ordre ne soit pas « perturbé ». Ceux-ci sont généralement des détenus qui sont au service de la prison comme mentionné ci-haut. Ils apportent des bois de chauffe, ou bien ils rentrent des champs de la prison qu'ils sarclaient au moment où d'autres encore viennent d'entretenir les bêtes. Les animaux qui y sont élevés sont surtout les porcs. Pour toutes ces activités, il y a une direction qui est chargée de la production.

Les prisonniers adorent ces activités car ils en profitent pour « prendre de l'air » comme ils le disent eux-mêmes. En effet, lorsque la direction ne le cherche pas, un détenu peut s'arranger avec des surveillants (policiers) pour qu'il s'achète un « petit » quelque chose dans la zone urbaine de Musaga où se trouve ladite prison. Quand il a un peu d'argent, il peut en profiter pour prendre un verre de bière, nettement moins cher, à l'extérieur vers 8 heures[77] car les travaux champêtres prennent fin autour de 9h30'. C'est pour cette raison que la plupart des prisonniers aiment raconter des mensonges à la direction dans le but de faire rentrer celui qui avait ce « privilège ». Si le coup est réussi, il fait tout pour obtenir cet « avantage ». Quand il s'avère que l'autre a été « puni » à cause des mensonges de son codétenu, une haine viscérale devient une réalité entre eux, ce qui peut causer des bagarres à tout moment.

5. Quartier Cuisine : plus que sensible

On se trouve donc à l'intérieur de la prison, dans le quartier « Cuisine », l'un des onze quartiers de la place. C'est l'un des endroits les plus sensibles. D'une part, c'est de là que proviennent les aliments, mais également un lieu qui provoque même des grèves en cas de mauvaise gestion de la ration des détenus.

L'intérieur de la cuisine de Mpimba.

C'est ici que les repas des prisonniers sont préparés. Le chef de ce quartier est chargé également de la distribution des aliments, tantôt cuits, tantôt frais et Dieu seul sait combien ce travail est difficile. Les prisonniers ont tendance à subtiliser la ration d'autrui qu'ils revendent au marché où à l'extérieur. L'attention est alors de rigueur d'autant plus que même les prisonniers qui mangent les repas préparés à partir de la maison, reçoivent leurs quantités de prisonniers lors de la distribution. Généralement, ces vivres sont récupérés par les « domestiques » de ces détenus qui se débrouillent autrement pour manger. Ils constituent des stocks qu'ils gèrent de façon hebdomadaire, en attendant que leurs familles leur apportent de l'argent. C'est une pratique qui est la plus préférée des prisonniers pour faciliter la tâche à ceux qui doivent amener les provisions à partir de la maison.

Comme le démontre la photo de la cuisine, l'on y voit des futs qui sont alignés dans cet établissement. Ce sont eux qui servent de marmites pour préparer la nourriture des détenus. L'on constate également la fumée qui s'y dégage, c'est par le fait que l'on utilise le bois de chauffe pour cuir les aliments. Celui-ci est parfois mouillé par les eaux de pluie et il devient très difficile de s'en servir dans ces conditions car ils dégagent beaucoup de fumée avant de prendre feu.

Les politiciens procèdent autrement. Ils sont approvisionnés tous les jours par les membres de leurs familles respectives. Je fais allusion ici à Hussein Radjabu et à Alexis Sinduhije qui étaient ravitaillés tous les jours. Celui ou celle qui lui apporte à manger entre jusque dans sa chambre, - du moins pour le cas d'Hussein Radjabu -, ce qui est un « avantage » de la part du régime, dit-on, d'autant plus que l'autorisation lui est venue des plus hautes autorités de la République. Il faudrait également préciser qu'une dame désignée par le détenu Radjabu amène toujours son repas et en cas d'absence, elle se fait remplacer par une autre dame elle aussi désignée d'avance. Les politiciens estiment qu'en procédant ainsi, ils ont plus de sécurité car ils écartent tout danger d'être empoisonnés.

C'est leur vision mais les détenus faisant un commentaire là-dessus, trouvent que cette dame est aussi emprisonnée qu'Hussein Radjabu de par les navettes qu'elle fait tous les jours à 15 heures, entre Mpimba et sa maison, en plus de la cuisson des aliments à ravitailler. Il ne faut pas perdre de vue que c'est le même Hussein Radjabu qui ravitaillait tous ses codétenus, une dizaine au total. En d'autres termes, cette dame était obligée de faire préparer à manger pour 10 personnes au quotidien, en plus du transport.

[77] Les Burundais ont l'habitude de prendre leur bière après les heures de service, c'est-à-dire au-delà de 17 heures. Mais une fois en prison, les détenus ne considèrent plus les heures de consommation de leur boisson. Ils estiment d'une part que tous les jours sont des weekends et d'autre part, l'accès à la bière en prison est tellement difficile si bien que les détenus ne ratent pas une seule occasion de boire quand ils la saisissent.

6. Accès strictement interdit

L’intérieur de la cuisine n’est pas accessible à tout le monde. Certains détenus sont désignés par le chef du quartier pour s’occuper de la cuisson des aliments. C’est pour prévenir tout risque de vol des aliments car une pénurie de ces derniers entraîne automatiquement une crise entre les détenus. Si la pénurie émane de la direction générale de l’administration pénitentiaire, elle constitue une source sûre d’une grève. En prison donc, on ne sait jamais gérer une subversion car elle change de forme à tout moment, suivant l’évolution du problème posé. Quand il y a à manger, il faut donc bien surveiller la gestion des repas pour que cela ne cause pas d’ennuis.

Signalons que les prisonniers qui reçoivent des aliments non cuits ou alors ceux qui s’approvisionnent sur le marché de la prison sont obligés, surtout le soir, quand toutes les cellules sont fermées, de faire de la cuisine dans leurs propres cellules, dans des corridors. Cela fait que généralement, les soirées sont très chaudes à cause de la cuisson et les fumées dégagées noircissent également les plafonds de ces corridors. C’est également pour cette raison que les détenus boivent beaucoup d’eau le soir, à défaut de la bière qui n’est pas accessible à tout le monde. Ce n’est que vers 22 heures que la cuisson prend fin et les prisonniers commencent alors à respirer l’air de l’extérieur puisque les feux sont éteints. Sinon, même en cas de pluie pendant la soirée, la chaleur est maintenue pendant toute la durée de la cuisine.

Lors de la distribution de la nourriture, la pâte de manioc.

Malgré que l'accès à la cuisine ne soit pas donné à tout le monde, l'on y voit des prisonniers qui tournent autour d'elle pour pouvoir en tirer quelque chose. C'est pour cette raison qu'il y a beaucoup de détenus chargés de la sécurité qui y sont affectés.

Le quartier Cuisine est mitoyen avec le mur intérieur de la prison. C'est pour cela qu'il est strictement interdit aux détenus d'y passer la nuit. A partir de 17h30, les policiers font entrer tous les prisonniers dans leurs cellules et montent la garde à cet endroit qui est par ailleurs très éclairé suite à la lumière des projecteurs dispersés çà et là. Les policiers sont obligés de faire beaucoup plus d'attention vers 0 heure car à partir de ce moment, il n'y a plus généralement d'électricité comme dans la plupart des quartiers de la capitale suite au délestage du courant. C'est surtout en ce moment qu'il y a beaucoup de tentatives d'évasions, jusque vers 4 heures. C'est également à cette période que l'on entend beaucoup de crépitements d'armes des policiers qui empêchent les prisonniers de s'évader. Au-delà de cette heure-là, le mouvement s'estompe.

- D'autres quartiers faits de salles communes

Si je me suis focalisé sur la cuisine, c'est parce qu'elle présente des spécificités, dont notamment les spéculations de toutes natures de la part des détenus, jusqu'à créer des conflits voire des grèves. Sinon, les autres quartiers, à l'exception de l'infirmerie A, sont des salles communes qui dominent largement les quelques chambres qui y sont bâties. L'on y voit donc des lits alignés tout le long des corridors de ces quartiers si bien que se frayer un chemin devient une gymnastique à faire, surtout la nuit quand on se dirige vers les toilettes. Les douches sont tantôt à l'intérieur, tantôt à l'extérieur des cellules et chaque quartier s'arrange pour fixer une sorte de règlement d'ordre intérieur qui le régit. Les toilettes sont d'origine turque à l'exception d'une seule[78] située dans le quartier le plus « chic » de Mpimba, l'Infirmerie A.

Je signale enfin que le poste de chef de cuisine est très convoité. En effet, il y a possibilité de grignoter sur la ration des prisonniers et les détenteurs de ce poste deviennent des commerçants très prospères car ils sont en contact avec les autres commerçants libres[79]. Les prisonniers paient de l'argent à la direction

[78] Elle aurait été construite par des prisonniers eux-mêmes qui n'étaient pas en mesure de s'accroupir pour leurs grands besoins.

[79] J'affirme ici que quand j'étais en prison, le chef de cuisine logeait à l'extérieur, se présentait tous les matins, passait la journée dans la prison centrale pour rentrer le soir.

pour pouvoir obtenir ce poste et il revient généralement au plus offrant. Selon les informations recueillies, le montant à verser aux responsables de la prison variait à cette époque entre Bif 200.000 et Bif 300.000, l'équivalent à l'époque de 112,35 euros et de 168,53 euros.

Une vue partielle du terrain de football.

Quelques photos illustrent bien certains endroits de Mpimba. C'est le cas de celle-ci où l'on voit une partie du terrain de football, un mini foot en réalité. L'on saura que cette maison de détention, qui est de 4 hectares, est clôturée par deux murs, l'un à l'intérieur et l'autre à l'extérieur. Le premier a 4 mètres de hauteur et le second, celui de l'extérieur, en compte 6. Entre les deux murs, il y a une distance de 6 mètres, un endroit que l'on appelle dans le jargon pénitentiaire « cour longue »[80]. C'est à cet endroit que les policiers sillonnent toute la nuit et le jour - pourquoi pas - pour dissuader les prisonniers de s'enfuir. Ce plan a été conçu sous la colonisation belge pour éviter qu'il y ait des évasions même si elles sont régulièrement enregistrées. Selon des informations recueillies[81] auprès des autorités de la prison, il y a beaucoup d'endroits où l'on trouve de métaux qui peuvent servir de support aux prisonniers qui veulent s'évader en franchissant le mur et les policiers ont l'obligation de les arracher régulièrement, tellement les tentatives d'évasion sont fréquentes dans cette prison.

Au-delà de ce terrain de football et de la cour longue, l'on aperçoit encore une fois le quartier Cuisine avec de la fumée et une verdure à ses côtés. Ce sont des légumes que les détenus produisent. Il y a aussi d'autres bâtiments que l'on aperçoit de loin. Ce sont des quartiers où les détenus logent.

[80] La cour longue est un espace de 6 mètres séparant le mur intérieur de celui de l'extérieur. Il longe toute la clôture de Mpimba, du quartier Femmes à celui dit Infirmerie A, en passant par la cellule A, le quartier mineur enfant, le quartier mineur adulte, la cuisine, le terrain de football, la cellule B et le quartier « Contraint ».

[81] Informations recueillies auprès du chef de poste, le Major Alfred Ntakarutimana, au mois de décembre 2010.

Des légumes produits à l'intérieur.

L'on voit sur cette photo des champs de légumes – à gauche du mur intérieur – avec des prisonniers – exploitants qui sont tout autour. La cour longue se fait voir également et à sa droite, ce sont des plantations qui sont en dehors de la prison et qui appartiennent à la direction des productions. Le travail de culture des légumes est assez fatiguant car, d'après des témoignages, il faut surveiller le champ tous les jours, il faut l'arroser chaque matin et chaque soir. Cependant, les propriétaires de ces champs ne se lamentent pas de ce dur labeur car dans une période de deux semaines à un mois, ils procèdent à la récolte. Les plants poussent très vite car lors de l'arrosage, les prisonniers s'arrangent pour trouver de l'eau mélangée à de la matière fécale, d'après des explications reçues sur place.

7. Contrat d'exploitation

Mais alors, comment obtenir un champ ? En prison, rien n'est gratuit. Des détenus qui viennent de passer plusieurs années sous les verrous disent qu'ils ont des champs à louer ou à vendre même si la location est la pratique la plus courante. Dans ce cas, deux parties s'entendent car aussitôt la récolte terminée, aussitôt le contrat est résilié. Dans ces circonstances, les « partenaires », c'est-à-dire le « propriétaire » et celui qui veut exploiter sur une longue période signent un contrat verbal où l'exploitant indique qu'il veut deux ou trois houes (isuka en kirundi), le nombre de houes négociées symbolisant celui de récoltes. Quant au coût du champ, cela dépend de sa dimension et il varie de 40.000 (22,47 euros) à 80.000 francs burundais (44,94 euros).

Mais initialement, ces plantations sont distribuées par la direction à quelques prisonniers qui ont des tâches, ceux qu'on appelle « Généraux de sécurité » pour les motiver car ils travaillent presque gratuitement. Ces derniers font alors louer leurs champs, ce qui leur permet de gagner de l'argent de façon mensuelle. En effet, ils ne veulent pas perdre du temps en exploitant ces champs car ils ont d'autres canaux pour gagner de l'argent facile. C'est le cas d'argent perçu sur la bière qui entre en prison, des amendes qu'ils appliquent aux prisonniers coupables de ceci ou de cela ou alors des gestes de remerciements pour avoir rendu un service. Par service, il faut comprendre le fait que le détenu se déplace en ville pour aller récupérer l'argent de celui qui n'a pas le droit de sortir comme il veut, ou alors échanger des devises pour le compte d'un détenu qui a eu une visite d'un parent résidant à l'étranger et qui lui laisse de l'argent en dollars américains ou en euros, etc.

Sinon, ce genre de contrats ne pose pas de problème quand bien même ils sont verbaux. En effet, il y a des témoins lors des pourparlers et en cas d'entente, il y a même une réception pour « officialiser » le contrat. La bière distribuée est généralement celle fabriquée localement. La direction est au courant de cette pratique mais n'entre jamais dedans, c'est une affaire interne aux détenus.

Comme il s'agit donc de la description de quelques quartiers, il faudrait également souligner qu'il y a ceux que les prisonniers construisent eux-mêmes suite à des circonstances particulières qui se présentent à une période donnée. C'est le cas de ce quartier fait de bois et de tôles fabriqué par les prisonniers qui n'avaient pas trouvé où dormir suite aux travaux de réfection de tous les quartiers de la prison par le Binub.

Vue d'un des quartiers « créés » de Mpimba.

Comme déjà mentionné, cette image n'est pas celle d'un quartier conçu en même temps que la prison. Il s'agit des constructions que des prisonniers se font parce qu'ils n'ont pas pu avoir des places dans les cellules connues. En effet, lors de la réfection des quartiers en 2009, les prisonniers devaient se chercher où loger en attendant la fin des travaux. Les femmes ont été toutes transférées à la prison de Rumonge au Sud-ouest du pays afin d'attendre la fin des travaux. En déménageant donc, les détenus ne pouvaient pas tous avoir où vivre comme auparavant mais les plus malins trouvaient tout de même où dormir de façon « décente ». C'est dans ce contexte que les autres s'arrangeaient pour trouver du bois et des tôles et de cette manière, ils se construisaient des habitations qu'ils faisaient naturellement louer.

Dans le cas présent sur cette photo ci-haut, il s'agit d'un « aménagement » des prisonniers, tout près du quartier « Cellule B » et il fut baptisé « Bwagiriza », du nom de ce site des déplacés congolais que le gouvernement du Burundi a aménagé dans la province de Ruyigi, à l'Est du pays. Ce quartier avait quelque chose d'intéressant car il y avait un peu de tout ce dont l'homme a besoin dans la vie, que ce soit à manger ou à boire, des articles de bureaux comme les papiers A4, des stylos, des rames de rasoir, etc. En outre, le quartier était animé si bien que toute personne qui n'avait pas d'occupation précise, s'y rendait juste pour rigoler et tuer le temps.

- Le Bureau des généraux.

Les responsables des prisonniers, qu'on qualifie dans le jargon du milieu carcéral de « Généraux »[82], possèdent un bureau où ils doivent se réunir chaque jour pour une mise au point de la situation carcérale. C'est à cet endroit qu'ils produisent des rapports après des réunions qui se tiennent chaque jour et chaque fois que de besoin car, dans la maison d'arrêt, il y a toujours des rebondissements imprévus et imprévisibles. La salle qui abrite ce bureau est un aménagement fait à l'endroit qui était jadis occupé par une morgue pour les prisonniers qui y trouvaient la mort. C'est un office très étroit du fait qu'il y a une partie, celle jadis conçue pour une chambre froide, qui n'est pas utilisée et le reste contient deux tables, un frigo et des boissons bien fraîches, quelques bancs où les Généraux tiennent des réunions en cas de règlements des litiges entre prisonniers.

Ils sont nombreux et ils ne peuvent pas se réunir en même temps pour une rencontre de « service ». C'est pour cela que le général principal s'entretient avec ses deux adjoints, qui se chargent à leur tour de transmettre le message aux autres responsables, jusqu'aux échelons inférieurs. L'inverse est également faisable, des réunions se tiennent au plus bas niveau, des propositions sont

[82] Il faut entendre ici les différents responsables de la prison, des prisonniers eux aussi, qui n'ont rien à avoir avec le grade militaire de général. Certains d'entre eux s'opposent d'ailleurs à cette appellation.

données jusqu'au général principal qui se charge de les communiquer à la direction. Celui-ci attend la réponse qui vient cette fois-ci sous forme de loi applicable par tout le monde.

Dans leur organisation, il est prévu un général qui supervise toutes les activités de la semaine – on l'appelle général de semaine - et c'est à cet endroit qu'il doit d'abord s'entretenir avec ses collègues avant de transmettre le rapport à la direction. Il a un bureau à lui en face de celui des généraux et il a des tâches assez compliquées. C'est lui qui doit trancher tous les différends des 11 quartiers de la prison qui surgissent pendant cette semaine. Il n'a pas le temps de se reposer car chaque fois qu'il y a litige, c'est lui qui est interpellé le premier, que ce soit le jour ou la nuit. Il doit rédiger des rapports de la situation tous les jours, raison pour laquelle ce rôle est détesté par les détenus. Mais il est obligé de le faire car cette responsabilité est assurée à tour de rôle. Evidemment, quand il ne parvient pas à vider les litiges, il a recours à ses collègues pour qu'ensemble, ils trouvent une solution au problème posé. Il ne serait pas superflu d'ajouter que cette « tâche » n'incombe pas aux trois généraux principaux.

Il faut cependant souligner que, malgré tout, les généraux ont des pouvoirs limités quelque part. Après tout, ne sont-ils pas des prisonniers comme les autres ? Dans leur bureau, toutes sortes de formations s'y exercent, en plus de la salle polyvalente qui sert également de lieu de culte pour les catholiques et les protestants. S'il faut donc dispenser des cours à cet endroit, les responsables de la prison sont obligés de dégager la place et de travailler soit dans leurs cellules, soit au terrain de football, qui est également une place assez vaste pour réunir les prisonniers, ou alors dans l'une des salles tout près de la direction. Ils ont cet avantage qu'ils peuvent solliciter une salle en dehors de la prison et la direction ne refuse jamais car, au regard de l'organisation, elle est consciente que ce sont les détenus qui font tout le travail de l'administration.

Juste à l'extérieur du bureau des généraux, donc non loin du quartier Bundes déjà décrit, il y a des gamins qui errent ci et là, sans trop savoir comment tuer le temps, d'autres qui s'adonnent à vendre des cigarettes ou des cartes de recharge pour les téléphones portables. Il y en a d'autres qui attendent le moment venu pour venir quémander auprès d'autres détenus car plus les heures avancent, plus il y a du monde. En effet, les visites commencent vers la fin de la matinée (à 11 heures précisément) et tous ceux qui espèrent en avoir une approchent le grillage en uniforme. C'est à ce moment que l'on profite pour connaître les dossiers de tel ou de tel autre détenu car ils n'entendent rien cacher, mais là aussi, il faut avoir un esprit critique car les prisonniers sont les premiers menteurs que l'on puisse avoir sur cette planète terre.

- Le mini-hôpital de Mpimba

A côté de ce bureau, il y a un mini hôpital, qui se trouve entre le bureau des généraux et le quartier Infirmerie B, qui est d'ailleurs très bien entretenu. Beaucoup d'Ongs financent ce mini-hôpital et il est équipé en matelas, en moustiquaires et en outils de travail pour la consultation. Il a été réfectionné en 2010 et il est aujourd'hui capable d'accueillir une dizaine de malades même si les lits ne sont pas toujours occupés à 100%. A l'époque, le service sanitaire de Mpimba comptait un dispensaire, un mini hôpital, deux médecins généralistes à temps partiel, 4 ou 5 infirmières ainsi que des infirmiers prisonniers.

Même s'il n'y a pas de loi comme tel, le personnel soignant a des fois des injonctions de limiter au maximum les prisonniers qui fréquentent les hôpitaux de l'extérieur de la prison. Or, les cas les plus fréquents sont ceux des séropositifs qui attrapent le paludisme, des cas de tuberculose, bref des maladies dont le traitement ne nécessite pas l'intervention des médecins spécialistes. On y prescrit des médicaments comme des comprimés, des injections de toutes sortes. Même pour des cas plus compliqués, ce mini-hôpital peut servir de lieu de transit en attendant le transfert vers l'hôpital du gouvernement.

L'on notera qu'à l'époque de l'an 2010, il y avait un ancien responsable d'un centre de santé qui était en prison. Ne voulant pas rester les bras croisés, il s'est mis bénévolement au service de la prison et assistait beaucoup aux malades. C'est le cas par exemple des gens qui se blessaient la nuit, on venait le chercher et il se réveillait spontanément pour traiter les plaies. Il y avait également des cas où une prisonnière voulait mettre au monde pendant la nuit alors que dans l'immédiat, il n'y avait ni moyen de déplacement ni infirmière de l'Etat. Le détenu-infirmier se levait et se mettait au travail et il s'est toujours tiré d'affaires sans beaucoup de difficultés.

Une vue du mini-hôpital de Mpimba.

L'on constate donc que la prison centrale de Mpimba a aujourd'hui 11 quartiers qui sont surpeuplés. Les prisonniers, dont l'effectif dépasse largement la capacité d'accueil de cette institution pénitentiaire, sont obligés de dormir dans des corridors souvent sombres suite à la fumée – la cuisine se fait dans les mêmes corridors - ou à la belle étoile comme on va le voir dans les chapitres à venir. En 2009, le Binub a entrepris de retaper tous les quartiers de la prison et de repeindre avec la chaux blanche les murs qui étaient devenus tout simplement noirs à cause de la fumée. Cette couleur avait donné une image positive de la prison mais cela a pris le temps de la rosée car la cuisine s'est toujours faite au même endroit, ce qui devait vite affecter encore une fois les murs.

Au départ, les quartiers étaient aménagés suivant les infractions retenues à charge des prisonniers, mais aujourd'hui, cette réalité est un lointain souvenir. Les détenus logent un peu n'importe comment, ce qui fait que l'on trouve des fois des mineurs qui sont dans des cellules des adultes. Cela a des conséquences fâcheuses car j'ai un cas d'un mineur qui a attrapé le Vih/Sida en prison, suite aux rapports sexuels, homo et hétérosexuels faits avec des hommes et des femmes adultes, moyennant quelques sommes d'argent.

Sinon, l'historique de la prison est difficile à reconstituer du fait que la plupart des documents d'archives ont été détruits pour les cacher au public. Les données sur cette période sont incomplètes si bien que l'on est obligé de se fier beaucoup plus aux témoignages. Pourtant, l'on devrait savoir que ces derniers ont des limites au regard des défaillances de la mémoire humaine.

Mais à l'intérieur de la prison, l'on sent qu'il s'agit d'une organisation comme une autre au regard de l'acquisition des terrains d'exploitation, des activités des généraux ainsi que des règlements de différends entre les détenus sans oublier le service de santé à cet endroit qui, tout en n'étant pas parfait, sait tout de même alléger la souffrance des détenus dans tout ce qu'ils cherchent comme assistance.

CHAPITRE 3 : ASPECTS DEMOGRAPHQUES DE LA POPULATION CARCERALE A MPIMBA

Pour mener une étude démographique sur un sujet donné, il y a des critères que l'on doit prendre en considération. C'est le cas notamment de la croissance d'une population, ses mouvements dans le temps et dans l'espace, l'évolution de son pouvoir d'achat, les maladies, les naissances et les décès, etc. Il y a d'autres structures de la population comme la religion, la nationalité étrangère, l'éducation, les activités économiques, le rapport de masculinité, etc… qui entrent également en jeu. Toutes ces données sont existantes dans la prison de Mpimba mais avec quelques variations car, comme déjà mentionné dans les pages antérieures, les archives sur la prison ne sont pas très fiables. C'est pour cette raison que l'on se contentera des données qui existent et qui marquent des tendances dans un sens ou dans un autre. Mais en ce qui concerne les mouvements de la population dans le temps et dans l'espace, je vais considérer uniquement l'évolution des effectifs dans le temps car l'espace ne varie pas.

3.1. Evolution des effectifs ces 20 dernières années.

Année	Effectif
1998	2527
1999	2744
2000	2586
2001	2511
2002	2511
2003	2509
2004	2064
2005	2528
2006	2796
2007	2396
2008	2723

2009	2537
2010	2686
2011	3495
2012	2464
2013	2277
2014	2650
2015	3200
2016	3578

Sources : Différents rapports annuels de la DGAP.

Ces données portent sur 19 ans et cela tient du fait que les tout premiers effectifs des prisonniers disponibles dans les différents rapports annuels datent de l'année 1998. De toutes les manières, même à défaut de ces données, l'on peut déjà constater que le phénomène de surpopulation carcérale est antérieur à l'année 1998 car au cours de cette année, l'on enregistre 2527 détenus dans une prison dont la capacité d'accueil est de 800 places comme déjà vu. D'ailleurs, le graphique suivant démontre très bien la tendance de la population carcérale à augmenter.

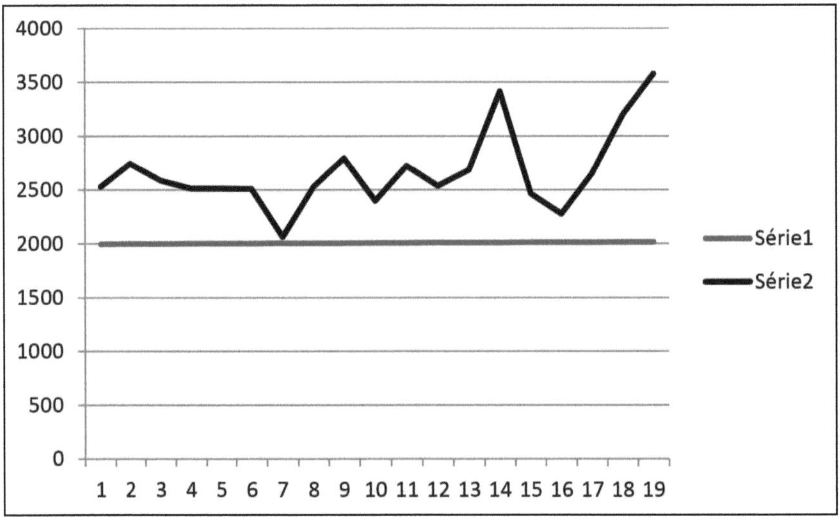

Cette courbe montre une évolution en dents de scie des effectifs qui dépassent le nombre de 2000 depuis cette période, avec un pic en 2006 qui avoisine 3.000 détenus. Il s'ensuit une chute brutale en 2007, dont les effectifs passent de 2796 prisonniers à 2396 l'année suivante. Les autres années - de 2008 à 2010 - affichent des tendances montantes si bien que dans cette période, plus de trois cents autres personnes étaient incarcérées. Les effectifs de 2015/2016 quant à eux, de loin supérieurs à 3.000, traduisent une crise politico-sécuritaire dans laquelle était plongé le Burundi à cette période, depuis avril 2015.

Cette variation peut trouver une explication dans des décisions à caractère politique du moment. En effet, à la fin de l'année 2006, le chef de l'Etat a accordé une grâce présidentielle à une catégorie de prisonniers. La mesure visait les prisonniers politiques, les patients dont les maladies sont incurables, ceux dont la peine n'excède pas une année ainsi que ceux qui n'avaient pas encore comparu à cette période, après une année d'emprisonnement. Après cette décision, plus de 400 détenus furent touchés par cette mesure et libérés par la suite. Pourtant, selon des informations recueillies sur place à Mpimba, la mesure aurait concerné beaucoup plus de détenus mais pour des raisons de tricheries de la part des prisonniers eux-mêmes ou de malhonnêteté de la part de la section juridique de la prison, il y a des cas qui sont restés en geôle alors qu'ils devaient retrouver leur liberté.

L'on apprendra plus tard qu'il y a eu des prisonniers coupables de meurtres qui ont tenté de se faire inscrire sur les listes comme prisonniers politiques, des cas qui ont été découverts par la direction et le ministère de la justice avant qu'ils ne sortent. Il y a également la section juridique qui exigeait de l'argent pour libérer ceux qui n'étaient pas concernés par la mesure. Suite à ces irrégularités qui ont émaillé ces procédures, tout le monde (ministère de la justice et la direction de la prison, Ndlr) a été plus regardant et il y a eu des victimes de ces pratiques. Les listes confectionnées une fois arrivées au ministère de la justice, - les effectifs étaient au-delà de 1000 détenus - ce dernier a également trié quelques cas qu'il jugeait douteux et il n'est resté que les 400 prisonniers qui ont finalement bénéficié de cette grâce du chef de l'Etat.

Une autre référence intéressante est celle des années 2001, 2002 et 2004. C'est une autre période qui est très marquée par une multitude de décisions politiques et qui ont laissé des traces indélébiles dans le fonctionnement de la justice en général, et sur la situation carcérale en particulier. En effet, les gestionnaires du pays à l'époque – juste après les accords d'Arusha en août 2000 - ont mis en avant des solutions politiques pour résoudre la question de la guerre dans le pays.

Les rebelles encore au maquis étaient cependant difficiles à atteindre d'autant plus qu'ils craignaient pour leur sécurité personnelle d'une part, pour des poursuites éventuelles de la justice tant bien nationale qu'internationale d'autre part. L'on en veut pour preuve le fait que le président Pierre Nkurunziza, avait été infligé d'une peine de mort quand il était encore au maquis.

Un autre exemple souvent cité est celui du Palipehutu-Fnl, devenu plus tard Fnl, dirigé par Agathon Rwasa, qui craignait la poursuite judiciaire de La Haye pour trois dossiers accablants : assassinat de la Britannique Charlotte Wilson, le dossier du meurtre du Nonce apostolique accrédité à Bujumbura, Michael Courtney, ainsi que les massacres des Banyamulenge à Gatumba où ce mouvement a lui-même revendiqué le forfait[83].

En effet, le gouvernement hollandais, via sa ministre chargée de la coopération au développement, Agnes van Ardenne, a qualifié en 2004 le Fnl de « terroriste » et le même gouvernement, qui n'avait plus de contacts avec ce mouvement, avait souhaité que la cour pénale internationale le poursuive sur le dossier Gatumba.[84] Sur la couverture intérieure de l'ouvrage « Titanic Express » de Richard Wilson, frère cadet de Charlotte Wilson assassinée au Burundi, il est mentionné que l'écrivain britannique poursuit la campagne pour la justice à travers les dossiers de Titanic Express et de Gatumba, ce qui naturellement ne pouvait pas tranquilliser le Fnl et ses dirigeants.

C'est dans ce contexte que les dirigeants ont privilégié les négociations entre différents protagonistes. A cette époque donc, les mêmes politiciens ont créé ce qu'on a appelé « Immunité Provisoire »[85] pour que des rebelles puissent participer aux différents pourparlers qui se tenaient à Arusha en Tanzanie. L'un des préalables de ces discussions était la libération des prisonniers politiques, mais aussi ceux de la guerre, qui avaient été capturés vivants. Cette situation a abouti à des libérations massives des détenus accusés d'implication dans les différents massacres qui ont eu lieu après l'assassinat du président Melchior Ndadaye. Seuls les militaires du gouvernement d'alors, qui avaient été emprisonnés pour des raisons de bavures sur terrain, ont vu, impuissants, leurs adversaires de la veille rentrer dans cette logique des négociations.

---

[83] Ces crimes ont eu lieu respectivement à Mageyo dans Bujumbura – rural, sur la route Bujumbura – Bugarama – Kigali, le 28/12/2000 ; dans la Zone de Minago de la province actuelle de Rumonge, le 29/12/2003 et à Gatumba, en commune Mutimbuzi de Bujumbura – rural, dans la nuit du 13/08/2004.

[84] Wilson Richard, Titanic Express, Continuum, London, 2006, 249 p, p. 209.

[85] La mesure consistait à ne pas poursuivre par voie judiciaire toutes les personnes impliquées dans le génocide de 1993 et les jours suivants jusqu'à la signature des accords de paix de la dernière rébellion. Ce fut le cas en 2009 avec les Fnl, mais l'immunité provisoire est restée en vigueur longtemps après 2009.

Ces mesures étaient donc prises pour que les leaders politiques ayant évolué dans la rébellion puissent rentrer. Mais à côté de cela, ces libérations étaient également entourées de beaucoup d'irrégularités comme déjà mentionné si bien qu'il y a eu des détenus, pour avoir versé de l'argent à tel ou tel autre responsable de la prison, ont dû quitter la geôle sans du tout remplir les conditions. Le même phénomène a été observé chez les anciens rebelles, qui mettaient sur la liste l'une des parentés ou un ami quelconque qui était en prison pour tout à fait autre chose, comme des prisonniers de droit commun qui en ont profité pour devenir subitement des prisonniers politiques et sortir de la prison par ce biais. Il y en a qui n'ont pas eu la chance et qui sont retournés en prison après quelques deux ou trois mois de libération, le ministère de la justice ayant constaté qu'il s'est trompé sur la relaxation de tel ou tel autre détenu.

Cependant, les prisonniers sont restés nombreux par rapport à la capacité d'accueil de la prison. A partir de 2008, l'on voit de nouveau une tendance à augmenter, ce qui signifie que l'effectif des prisonniers dits politiques est toujours insignifiant par rapport au reste des détenus. En 2009, une nouvelle grâce présidentielle a été décrétée mais n'a eu aucun effet. C'était à la veille de l'année 2010, une période très cruciale pour les politiciens qui devaient se faire élire. Sans toutefois savoir s'il y a eu manque ou pas de suivi lié aux échéances électorales, l'on constate que sur plus de 350 prisonniers qui étaient visés par cette mesure, seuls 12 détenus sont rentrés en 2010. De son côté, le nombre de détenus était passé de 2537 en 2009 à 2686 l'année suivante. Ceci est dû au fait qu'il y a beaucoup plus d'emprisonnements que de libérations dans les différentes prisons comme on va le voir dans le chapitre suivant.

Une autre explication beaucoup moins consistante de la variation de ces effectifs est cette fin de peine des prisonniers qui rentrent au compte-goutte, ceux qui s'évadent ou tout simplement qui trouvent la mort avant qu'ils ne soient relaxés. L'année 2010 est caractérisée elle aussi par des élections qui ont engendré des troubles dans le pays, des lancements de grenades ici et là, d'où une multitude d'arrestations à travers tout le pays.

L'on ne peut pas mettre de côté la politique dite "Safisha"[86] qui a vu l'effectif des détenus gonfler de façon exagérée, passant de 2682 en 2010 à 3415 en 2011. Ceux qui n'ont pas eu la "chance" d'être arrêtés ont tout simplement été tués lors de ces opérations faites essentiellement par des Imbonerakure.

---

[86] Nettoyer en Kiswahili, c'est-à-dire éliminer les opposants hutus du Fnl fidèles à Agathon Rwasa.

En 2012, le nombre de détenus chute encore une fois de façon considérable. Cela s'explique par une nouvelle grâce présidentielle décrétée en 2012 et dont les effets se poursuivront d'ailleurs jusqu'en 2013. L'année suivante, c'est encore une fois des élections qui s'annoncent avec tout le cortège d'insécurité qui les accompagne, d'après les expériences vécues dans ce pays.

Les effectifs atteindront un point culminant à partir de 2015 suite à une crise politico-sécuritaire que traversait le pays, liée du fait que le président sortant, Pierre Nkurunziza, a brigué un troisième mandat que lui interdisaient la constitution et les accords d'Arusha pour la paix et la réconciliation. C'est dans ce contexte que les effectifs sont passés de 3200 en 2015 à 3578 en 2016. Ce phénomène s'est poursuivi même après cette année, en plus de l'augmentation du nombre des personnes tuées et de celles qui ont fui le pays au cours de cette période.

- Le rôle de la section juridique

Il est intéressant ici de porter un regard sur les rôles de la section juridique de la prison dans le maintien des prisonniers ayant déjà purgé leurs peines ainsi que celui des policiers dans leurs évasions. Ce sont d'autres phénomènes qui contribuent à la variation des effectifs des détenus, tout comme les transferts des détenus de prison en prison d'une part, des différents cachots de la capitale vers Mpimba d'autre part. Cette deuxième pratique s'observe chaque début de semaine comme on va le voir plus loin.

Pour revenir à la section, il faudrait mentionner que certains responsables cachent les mandats d'élargissement des prisonniers qui ont déjà purgé leurs peines. A ce niveau, ils approchent les mêmes détenus pour leur demander de l'argent afin de les « arranger » pour sortir de la prison. C'est dans ce contexte que des prisonniers demandaient des contributions ici et là pour réunir le montant exigé par ce service de la prison. Quelques semaines après, les mêmes détenus venaient remercier leurs compagnons de bagne en leur informant que finalement, tout était rentré dans l'ordre.

Cependant, il y a d'autres prisonniers qui cherchent un peu partout la somme exigée par la section juridique et qui ne parviennent pas à en avoir la totalité. Ils sont obligés de rester en prison et ceux-là sont généralement sauvés soit par des visites au hasard des associations des droits de l'homme, soit par des magistrats qui apprennent qu'il y a des anomalies en prison ou alors soit par la presse qui se penche sur certains cas et qui réveille la conscience des autorités judiciaires.

De la même manière, les policiers de leur côté proposent l'évasion de la prison aux détenus. Il y en a qui leur croient sur parole et vont chercher de l'argent pour les intéresser. Mais ceci est le fait de ne pas connaître le comportement des policiers burundais oeuvrant dans les différentes prisons. D'abord, ils montent des coups bas entre eux pour bénéficier, ne fut-ce que d'un petit avantage de la direction. En outre, ils n'ont pas l'habitude de garder le secret et c'est la raison pour laquelle tout geste qui se passe dans ce milieu est directement dévoilé aux prisonniers. D'ailleurs, pour ceux qui y vont pour la première fois, il leur est conseillé de rester discrets ou distants par rapport aux policiers.

A ce niveau donc, il faut faire attention car des fois, les policiers perçoivent de l'argent et changent la garde tout en signalant une tentative d'évasion de la part d'un tel prisonnier, généralement qui a déjà versé la totalité du montant convenu. Si celui-ci tente de s'évader, il est directement intercepté par les autres policiers qui, non seulement le ramènent en prison, mais le frappent également à tabac alors qu'ils sont à l'origine du complot. Après cette opération, les policiers partagent la somme versée et cela devient un « secret » à eux. De toutes les manières, ces policiers sont connus du public, voire de la direction, mais ne sont jamais inquiétés. Ce qui pourrait amener à la conclusion qu'il y aurait une complicité intéressée des policiers et de la direction dans cette pratique de rançonner les prisonniers.

Cela dépend également des relations qui existent entre un détenu et un policier. Des fois, les mêmes policiers peuvent préparer une évasion et l'opération réussit très bien. Mais le problème souvent constaté est que les évadés se rendent à l'intérieur du pays, hors de vue des autorités carcérales, pour seulement quelques mois. Ils reviennent dans la capitale où ils se promènent dans des lieux publics, croyant naïvement que tout est fini et qu'ils ne sont plus poursuivis et ils sont appréhendés par des policiers en circulation et qui n'ont pas fait partie de l'équipe qui a « mangé » lors de l'évasion.

Pour la petite histoire, des policiers m'ont proposé de fuir la prison et de quitter le pays à condition de les amener eux aussi dans mon exil. Quand ils se sont heurtés à un niet catégorique de ma part, ils étaient les premiers à me faciliter la vie au quotidien dans ce milieu carcéral et ils disaient à ceux qui voulaient les entendre que M. Kavumbagu ne peut pas fuir à cause d'un document qu'il a produit et qu'il assume entièrement. Cependant, j'avais appris qu'il y a des policiers qui proposent une telle offre pour avoir des informations cherchées par leurs supérieurs. En cas d'intention d'évasion, non seulement l'on renforce la garde, mais également on l'évoque au parquet lors de l'audience publique comme argument de maintien de la détention préventive.

3.2. Age moyen des détenus.

C'est un facteur déterminant dans l'analyse de certaines catégories des personnes qui sont détenues. En effet, j'ai considéré un échantillon de 1000 cas sur un effectif de 3495 au 30 mai 2011, soit plus ou moins 28.6% des détenus. L'échantillon a été choisi en fonction de l'année de détention, qui s'étend sur une période de 20 ans, de 1990 à 2010. Cependant, cet échantillon comporte quelques lacunes même si son effectif semble être représentatif. En effet, les registres de la direction de la prison montrent l'âge de naissance du détenu et l'année de détention, ce qui est jusque-là correct. Mais ils ne précisent jamais qu'il s'agit d'un premier emprisonnement ou d'un énième. L'on peut donc tomber sur un deuxième ou un troisième emprisonnement sans jamais retrouver le premier, ce qui fausserait quelque part l'étude sur l'âge moyen des détenus.

En outre, il y a des fiches qui comportent seulement l'année de la détention sans du tout préciser celle de la naissance. Il est donc difficile de savoir l'âge exact du détenu à sa détention, ce qui peut également fausser des calculs au moment de la recherche de la moyenne d'âge des détenus. Cependant, il y a des tendances qui se dégagent et qui indiquent la catégorie des détenus qui sont souvent la cible des institutions judiciaires.

En d'autres termes, l'on se rend compte que les tranches d'âge de 15 à 35 ans sont les plus frappées par l'emprisonnement comme le démontre le tableau suivant.

Tranches d'âge	Effectifs	Pourcentage %
10 - 14	14	1.4
15 - 19	112	11.2
20 - 24	228	22.8
25 - 29	226	22.6
30 - 34	176	17.6
35 - 39	80	8
40 - 44	64	6.4
45 - 49	40	4
50 - 54	22	2.2
55 - 59	22	2.2

60 – 64	8	0.8
65 – 69	4	0.4
70 – 74	2	0.2
75 – 79	2	0.2
Total	1000	100

L'on constate, à travers ce tableau, que l'incarcération frappe beaucoup plus les jeunes, qui constituent par ailleurs une population active de loin la plus nombreuse. En effet, 75,6% des prisonniers ont moins de 40 ans dans notre échantillon, ce qui veut dire que la population carcérale est jeune, donc une population apte à travailler aussi bien dans le sens positif que négatif. Le graphique suivant illustre bien cette constatation.

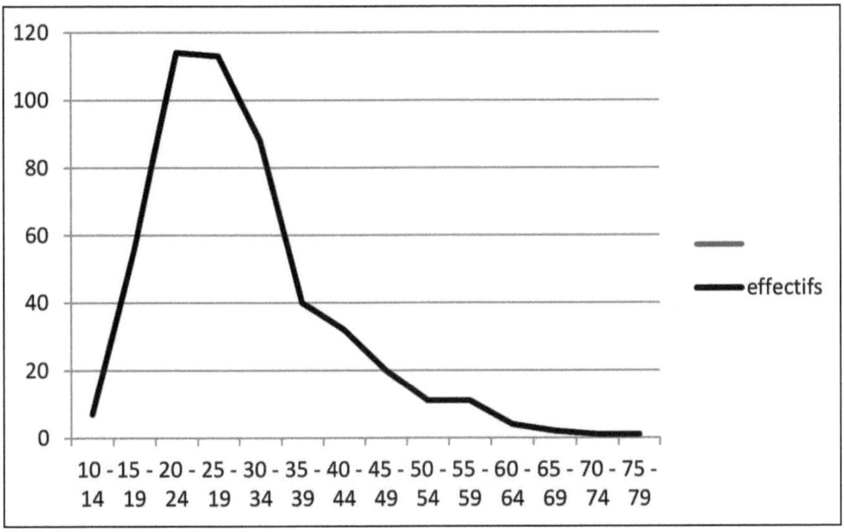

Comme on peut le constater sur ce croquis, la plupart des prisonniers détenus ont un âge variant entre 14 et 39, avec une moyenne de 35.7 ans, ce qui est un âge relativement élevé. Ceci pourrait résulter du choix de l'échantillon moins objectif suite au désordre dans lequel se trouvent les fiches des détenus. A titre d'exemple, les populations carcérales dont l'âge varie entre 40 et 80 sont au nombre de 82 sur un échantillon de 500 cas, ce qui représente un pourcentage non négligeable de 16.4% des détenus. Toutefois, cette tendance, quand bien même elle semble fausser les analyses, se présente comme une évolution normale de la croissance démographique de notre pays au regard du recensement démographique de l'année 2008. A titre illustratif, l'on pourrait se baser sur les données qui mettent en évidence la population du Burundi par groupes d'âges quinquennaux selon le sexe[87].

Groupes d'âges	Masculin	Féminin	Total	% du total	Rapport de masculinité en %
0 - 4	701 119	722 897	1 424 016	17.7	97.0
5 - 9	554 819	578 192	1 133 011	14.1	96.0
10 - 14	479 874	512 251	992 125	12.3	93.7
15 - 19	462 251	505 384	967 635	12.0	91.5
20 - 24	364 574	407 112	771 686	9.6	89.6
25 - 29	304 842	302 699	607 541	7.5	100.7
30 - 34	209 982	204 471	414 453	5.1	102.7
35 - 39	186 018	185 913	371 931	4.6	100.1
40 - 44	153 694	150 026	303 720	3.8	102.4
45 - 49	146 870	134 020	280 890	3.5	109.6
50 - 54	116 798	111 448	228 246	2.8	104.8
55 - 59	76 723	65 035	141 758	1.8	118.0
60 - 64	52 602	54 801	107 403	1.3	96.0
65 - 69	34 477	32 957	67 434	0.8	104.5
70 - 74	28 759	34 699	63 458	0.8	82.9
75 - 79	18 344	16 796	35 140	0.4	109.2
80 et plus	26 662	29 231	55 893	0.7	91.2
ND	46 498	40 736	87 234	1.1	114.1

L'évolution démographique de notre pays, à travers ce tableau, s'observe également si l'on considère le graphique y relatif. Il est caractérisé par une forte natalité, ce qui entraîne la jeunesse de la population et par conséquent, celle des détenus et une forte densité démographique.

[87] Bureau central du recensement, Recensement général de la population et de l'habitat du Burundi 2008, Synthèse des résultats définitifs, Bujumbura, avril 2011, 29 p, p. 6

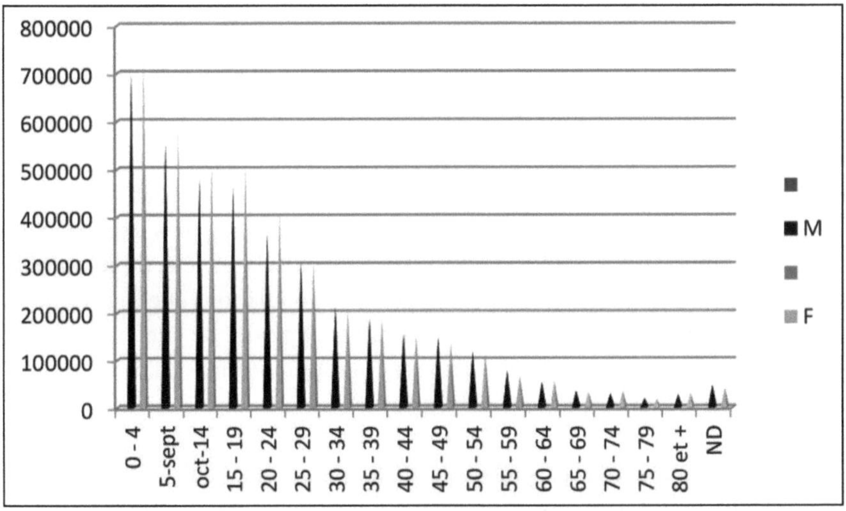

A l'instar de la population carcérale, l'on constate ici aussi, à travers ce tableau, que plus de 70% de la population burundaise ont moins de 40 ans. La seule différence entre les deux milieux est qu'à l'extérieur, il y a des naissances qui sont planifiées, reconnues et qui, de nos jours, sont régulièrement enregistrées. En prison par contre, une naissance est comme un accident de parcours même si quelques fois, l'on observe des unions sexuelles avec intention de mettre au monde des enfants et par conséquent, de les faire enregistrer dans la zone urbaine de Musaga. Cela est surtout fréquent chez des gens qui s'aiment et qui ont déjà eu un ou plusieurs enfants ensemble. Le cas le plus éloquent est celui d'un ancien rebelle du nom d'Eugène Sinzumusi alias Bitaryumunyu[88] qui a déjà trois enfants avec une même prisonnière, une fille ainée suivie de jumeaux. Quand j'ai évoqué la notion d'état-civil, il ne savait même pas de quoi il s'agit.

Ce qui pourrait amener à conclure que, compte tenu des catégories des prisonniers qui mettent au monde – des non-instruits pour la plupart – l'essentiel des enfants nés en prison ne sont pas reconnus par les services d'état-civil. Par contre, les plus civilisés ou les intellectuels ou encore les cadres, selon le jargon de la place, ne cherchent pas de femmes beaucoup plus par peur des qu'en dira-t-on et préfèrent attendre une petite occasion de sortie de quelques heures pour rentrer chez eux. J'ai appris plus tard, en 2011, que depuis cette date, l'on enregistre systématiquement les naissances dans la commune urbaine de Musaga, une exigence des humanitaires qui suivent de près les enfants nés en prison.

[88] Entretien avec Eugène Sinzumunsi alias Bitaryumunyu (qui ne mange pas de sel, traduction littérale de l'auteur) en novembre 2010 au sein de la prison centrale de Mpimba.

Evidemment, le tableau du recensement général de 2008 est beaucoup plus complet par rapport à celui de la prison car il sait présenter la population burundaise par tranches d'âges et par sexe mais aussi par le rapport de masculinité à chaque groupe d'âge.

Pour revenir sur l'âge moyen des prisonniers, l'on constate que cette catégorie de la population de 15 à 39 ans est beaucoup plus exposée aux poursuites judiciaires car elle est très imposante dans la société, du moins sur le plan de l'effectif et c'est dans cette catégorie de populations que l'on retrouve le plus grand effectif de délinquants, sans du tout perdre de vue qu'il y a des innocents qui sont incarcérés injustement. En d'autres termes, la prison est un reflet démographique de la société burundaise.

Selon toujours le recensement de 2008, l'on constate qu'il naît beaucoup plus de filles que de garçons et cette situation se maintient jusqu'à l'âge de 25 ans où la tendance commence à s'inverser au regard du rapport de masculinité du recensement de 2008. Une autre ressemblance avec la prison de Mpimba, même si l'échantillon n'est pas représentatif, est que l'on peut tout de même relever que sur les six enfants nés en prison au cours de cette période, quatre étaient des enfants-filles.

Si l'Etat emprisonne ces jeunes massivement, il a cependant une grande difficulté pour les gérer car il est obligé d'assister des forces vives qui ne produisent pas alors qu'ils sont encore capables de prester pour n'importe quel service. En effet, selon des recommandations des services de nutrition, chaque prisonnier doit consommer au quotidien une quantité minimale de calories pour qu'il puisse exister. Dans le cas des prisonniers du Burundi, l'Etat fournit 350 grammes de riz ou de farine de manioc (350 g), mélangés à 350 grammes de haricot par jour. Ce qui revient au total à 700 grammes par jour et par prisonnier.

Et si initialement la ration au quotidien est de 700 grammes par détenu lors du dépôt des vivres dans le stock de la prison, il faut considérer qu'elle diminue une fois arrivée à l'intérieur de la prison. En effet, il y a des détenus qui ont des fonctions spéciales comme le nettoyage des toilettes dans les quartiers, d'autres qui font la cuisine, d'autres encore qui vont puiser de l'eau quand il y a pénurie, etc. A ce moment, une quantité de 100 grammes est prélevée sur la ration des prisonniers pour la redistribuer à ces détenus. Comme ils n'ont pas de « salaire » prévu à la fin de chaque mois, ils se contentent de la nourriture et les détenus semblent s'adapter à cette donne.

Pour revenir sur l'alimentation des détenus, si on se réfère au total de 3.495 détenus au 30 mai 2011, la ration quotidienne était de 3.495 x 700 g = 2.446.500 grammes de riz, de farine de manioc ou de haricot, soit 2.446, 500 kg d'aliments de chacun de ces produits une fois servis. Or, 1 kilo de farine de manioc coûtait à cette époque 700 Fbu, celui du riz revenait à 1.000 Fbu et celui du haricot était à 850 Fbu.

Produit	Quantité (en g)	Effectifs	P.U. (en Bif)/kg	P.T. (en Bif)
Farine	350	3.495	700	1.712.550
Riz	350	3.495	1000	2.446.500
Haricot	350	3.495	850	2.079.525

L'on doit mentionner que les aliments variables en prison sont la farine de manioc (ou de maïs) et le riz. Le haricot est toujours présent dans la fourniture des denrées alimentaires. Il faudrait également signaler que ces denrées fournies n'étaient pas de première qualité, auquel cas il faudrait ajouter plus ou moins Bif 300 sur chaque aliment destiné à la prison.

La valeur de la ration de tous les détenus à cette date période varie donc, selon que l'on sert le riz ou la farine mélangés à du haricot. On constate donc que le gouvernement doit dépenser entre Bif 3.792.075 et Bif 4.526.025 par jour et ce, pour une seule prison. Si l'on calcule cette dépense sur toutes les prisons du pays, - les détenus dans le pays étaient au nombre de plus ou moins 10.000 à cette période -, cela revient au bas mot à Bif 40.000.000 par jour, uniquement des dépenses pour nourrir des gens qui ne comparaissent même pas, en d'autres termes, qui sont toujours présumés innocents, ce qui est énorme. En estimant cette somme, je n'ai pas inclus les autres ingrédients comme l'huile qui est également fourni par l'Etat.

Cette catégorie de prisonniers peut passer beaucoup de temps en prison avant de voir le juge comme je viens de le mentionner. A ce niveau, l'on peut déjà parler de la mauvaise gestion de la part des magistrats – ils doivent également interroger leur conscience - qui jettent des gens en prison sans qu'il y ait le moindre suivi des dossiers. Il n'est pas superflu de signaler qu'en 2010, il y avait des prisonniers qui demandaient aux magistrats le droit d'être jugés et cela, moyennant quelques intéressements.

Pour des dossiers moins connus, les magistrats perçoivent des montants, via des prisonniers qui servent de commissionnaires comme on dit dans le langage courant, pour qu'ils soient tout simplement relaxés. Il est des fois où des contacts sont menés entre le magistrat et un prisonnier condamné à une peine jugée longue (perpétuité, 20 ans, ...) pour qu'il la réduise à une période de 5 ans. Ce qui arrange un prisonnier qui vient de passer plus de trois ans derrière les verrous car dans ces conditions, il ne lui reste que quelques années si pas quelques mois de détention. Et si le marché est conclu entre le magistrat et le prisonnier, c'est toute la famille de ce dernier qui fait toutes sortes de démarches pour intéresser le magistrat en question. Et dans pareilles circonstances, les délais de livraison de l'argent à destination ne sont jamais longs car ce processus prend au maximum deux semaines.

Il arrive enfin que même certains prisonniers, déjà condamnés, soient obligés de verser de l'argent à des magistrats pour se faire libérer en bonne et due forme. C'est une procédure qui prend un peu plus de temps car le magistrat doit d'abord tout vérifier et se rassurer que l'opération n'aura pas de conséquences néfastes sur son poste d'attache ou sur sa carrière. Toutes ces pratiques constituent une preuve supplémentaire que certains éléments de la magistrature sont corrompus bien que les autorités de tutelle ont toujours refusé de l'assumer publiquement, à l'exception de l'ancienne ministre de la justice et garde des sceaux, Aimée Laurentine Kanyana.

3.3. Que dire de la cour anti-corruption ?

En date du 18 avril 2006, une brigade spéciale anti-corruption a été mise en place afin de lutter efficacement contre ce fléau qui gangrène la société burundaise. Plus tard, il y aura la cour anti-corruption, un parquet général ainsi qu'une inspection générale de l'Etat. Toutes ces institutions sont basées à Bujumbura. Une personne qui est accusée d'avoir été corrompue, quel que soit son emplacement géographique sur le territoire du Burundi, est acheminée à Bujumbura. C'est une autre façon de gonfler la prison centrale Mpimba.

La cour anti-corruption avait comme mission de lutter contre la corruption qui gangrenait de plus en plus tous les secteurs de la vie nationale. C'est une institution judiciaire spécialisée qui s'attaque plus précisément aux corrupteurs et aux corrompus. Elle a cependant des lacunes car elle ne peut pas poursuivre des hauts cadres de l'Etat, surtout ceux qui ont été nommés par décret présidentiel. Elle est donc conçue pour le petit peuple et cela transparaît dans plusieurs dossiers de détournements et de malversations économiques ou de gros poissons sont soupçonnés en être les auteurs.

Cette cour a cependant quelque chose de louable qu'il faut signaler ici. Contrairement aux autres cours, les procès dans cette instance sont rapides et elle est connue pour être expéditive. Les remises des audiences varient entre deux semaines et un mois et les sessions commencent très tôt le matin, contrairement aux autres qui débutent leurs travaux entre 10 heures (cour d'appel) et 11 heures (tribunal de grande instance de Bujumbura), que ce soit pour des infractions pénales ou civiles. Il semble qu'elle a entretemps changé pour fonctionner avec nonchalance à l'instar des autres cours.

Or, en s'attaquant à de petites personnes, cette cour donne l'impression de faillir à sa mission première. L'exemple souvent évoqué est celui de la catégorie des personnes poursuivies pour des infractions de corruption. Il faudrait rappeler ici qu'il y a une seule cour anticorruption qui est basée à Bujumbura, la capitale. Dans la plupart des cas qui parviennent à Mpimba, ce sont des enseignants de l'école secondaire de l'intérieur du pays qui sont poursuivis pour avoir reçu Bif 20.000[89] de la part des parents pour une éventuelle obtention d'une classe de leur enfant ou d'un quelconque avantage accordé par ledit enseignant. Pour l'un des cas qui est très bien connu, il s'agit d'un enseignant qui a obtenu bif 20.000 en guise de remerciement pour avoir cherché une place à une école secondaire de l'intérieur du pays jugée très performante. L'enfant avait avancé de classe mais les parents avaient l'intention de changer d'école.

Or, celui qui est attrapé dans une province située à 200 kilomètres de Bujumbura doit nécessairement être transféré à Mpimba. Il faut alors comptabiliser le carburant pour descendre dans la capitale ainsi que les frais de mission des policiers (entre deux et trois) et du chauffeur. En 2010, au mois de septembre, le prix du carburant à la pompe était de Bif 1.700[90]. Si l'on considère que pour descendre à Bujumbura en provenance de Muyinga (Nord-est du pays) à bord d'une camionnette Pickup, l'on devait s'approvisionner en carburant à concurrence de 50 litres au minimum, l'on trouve que le coût était de Bif 85.000, soit quatre fois plus que le montant « indûment » perçu par l'enseignant en question. Je n'ai pas pu trouver les frais de mission des policiers et du chauffeur, mais les sources contactées ont indiqué que le gouvernement ne dépasse jamais Bif 25.000 par nuitée, ce qui revient à Bif 100.000 pour les quatre personnes et pour une seule nuitée. Au total donc, l'Etat dépense plus ou moins Bif 185.000 uniquement pour le jour de transférer une seule personne coupable d'avoir pris une somme aussi dérisoire.

Arrivé en prison dans la capitale, il passe quelque temps avant de comparaître au parquet anticorruption. Il est alors logé, nourri et il a de l'eau

[89] J'ai relevé au moins cinq cas d'enseignants arrêtés pour avoir empoché cette modique somme.
[90] Tarif de l'époque fixé par le ministère ayant le commerce dans ses attributions.

et de l''électricité qu'il utilise gratuitement. Au bout d'un certain temps, le procès est fixé devant le parquet. Après les différentes audiences qui durent généralement de trois à six mois, la sentence est prononcée. Si le prisonnier est condamné au niveau de la cour anticorruption, il n'interjette pas appel car cette instance n'existe pas. Il est obligé de se pourvoir en cassation à la cour suprême. Le processus prend alors beaucoup plus de temps car cette cour, tout comme celle de l'anticorruption d'ailleurs, est la seule qui doit gérer tous les dossiers judiciaires du pays. C'est ici alors que la procédure devient interminable.

Si par hasard il gagne le procès après deux ans ou plus d'incarcération, il est réintégré dans son service et on lui verse toutes les arriérées de salaires. De cette manière, il empoche de l'argent à titre de dédommagement par l'Etat après quelques années de prison, donc de non-prestation de services alors que comme je l'avais mentionné plus haut, l'Etat doit lui garantir toute l'assistance jusqu'au jour où il rentre chez lui.

Même en cas de confirmation de la condamnation par la cour suprême, la peine varie entre 5 et 10 ans et l'Etat continue à le prendre en charge pour les 20.000 Fbu qu'il a perçus. Or, estiment les observateurs, dans de pareilles circonstances, une simple sanction administrative (mutation, ouverture de l'action disciplinaire) ou un simple remboursement de ce montant pourrait suffire en lieu et place d'emprisonnement car, même un mois d'arrestation dans pareilles circonstances est déjà trop pour le trésor public.

Pour être tout à fait complet sur cette analyse, ma position n'est pas celle de ne pas punir car même l'impunité est une autre source du mal voire d'insécurité dans toute société où elle est implantée. Mais comme on le verra dans d'autres chapitres, il y a nettement plus de prévenus que de condamnés. Pour contourner ce problème, le ministère de la justice ou alors l'Etat burundais devrait changer sa manière de travailler et de faire un suivi régulier des dossiers pour que soient uniquement – ou presque – emprisonnés ceux qui sont déjà condamnés. Cela pourrait minimiser l'impact des dépenses sur le trésor public. L'on pourrait prendre un exemple d'un des pays voisins, la Tanzanie, où la remise d'un procès ne dépasse jamais deux semaines.

Par ailleurs, plusieurs autorités qui s'expriment sur le fonctionnement de la justice évoquent souvent le problème de moyens. Cela peut s'entendre dans la mesure où chacun sait que le Burundi est un pays à économie fragile qui ne se permet pas n'importe quoi et à n'importe quel moment. Mais il y a des efforts que l'on pourrait consentir et qui ne demandent pas de moyens. Il y a quelques années, un responsable d'une des cours de Bujumbura a demandé aux magistrats de siéger de 7h30 à 15h, période de travail continu à l'époque dans ce pays. Il a rencontré une grande résistance de la part de ces derniers qui n'entendaient pas du tout modifier leur horaire de travail, soit de 10h à 13heures. Même lors de la programmation des audiences, l'on ne pense jamais - sauf sur requête expresse de l'exécutif - à aller au-delà de 10 audiences par jour, dont généralement 7 remises et trois études dans le fond.

3.4. D'autres structures démographiques.

Pour revenir sur l'aspect démographique des détenus de Mpimba, il y a d'autres structures de la population qu'on ne peut pas calculer, faute de données. C'est notamment le taux d'accroissement annuel, la population urbaine et celle de l'intérieur du pays, les populations chefs de ménages masculins et féminins, urbains et ruraux, etc.

Malgré cela, l'on peut constater que dans cette prison, il y a bien entendu des populations burundaises et étrangères. Les Burundais étant les plus nombreux, les étrangers qui y séjournent souvent proviennent des pays limitrophes comme le Rwanda, la République démocratique du Congo ainsi que la Tanzanie. Il y a pourtant d'autres nationalités comme des Camerounais, généralement poursuivis pour escroquerie, des Ougandais, des Indiens et de temps en temps des Européens comme ce fut le cas en 2009 quand un Allemand, Manfred, a été emprisonné pour quelques deux mois et une autre fois, un Français du nom de Patrice Faye qui a dû se déplacer vers la France son pays pour des soins de santé. Les deux hommes ont quitté la prison sur intervention de leurs ambassades respectives accréditées à Bujumbura.

Des religions existent aussi dans cette prison. Celle qui domine est la religion catholique, suivie de l'église protestante avec toute une multitude de sectes dont l'effectif est difficile à avancer. Les plus représentatifs parmi cette deuxième religion sont les Pentecôtes, les Anglicans et les Adventistes du 7ème jour. Il y a également des Musulmans, qui sont moins nombreux et qui ont aménagé un espace où ils prient cinq fois par jour comme l'exige cette religion. Comme ce lieu de culte se trouve sur le corridor menant au terrain de football, ce passage est bloqué jusqu'à la fin de la prière. Il y a aussi une autre catégorie de prisonniers qui ne prient nulle part et qui préfèrent s'occuper autrement quand les autres pratiquent leur culte. Ils préfèrent des jeux, la boisson ou carrément le lit pour se reposer tranquillement.

Un autre aspect qu'on pourrait évoquer est l'éducation. La plupart des prisonniers ne sont pas instruits et c'est la raison pour laquelle on procède à des formations diverses comme l'alphabétisation pour des prisonniers qui le désirent. Pour les autres qui sont des semi-instruits, des cours d'anglais et de français sont dispensés par des prisonniers et cela, bénévolement. D'autres ont voulu approfondir leurs notions d'informatique mais le projet a vite été abandonné. D'une part, il n'y avait qu'un seul ordinateur sur au moins 80 détenus qui désiraient suivre cette formation. D'autre part, des prisonniers sont tellement bricoleurs si bien qu'ils ont introduit l'internet à l'intérieur de la prison. L'information n'a pas tardé à parvenir à la direction suite à l'action de ceux qu'on appelle des informateurs[91] et l'activité a été tout de suite suspendue du fait que l'accès à ce réseau est interdit en prison, du moins au Burundi.

Il y en a encore, plus réalistes, qui s'intéressent aux métiers. Ils apprennent la menuiserie, s'intéressent à l'électricité par exemple, des « formations » juste pour pouvoir dépanner la prison en cas de coupure de courant, etc. Ils estiment que lorsqu'ils seront un jour libres, ils auront un petit bagage qui leur permettra de se débrouiller dans la vie active, et non prendre d'autres risques de voler et de revenir à cet endroit. Ce sont des formations qui ne sont sanctionnées d'aucun certificat. Par contre, les formateurs en informatique – j'étais de l'équipe – ont eu droit aux certificats de formateurs de la part de l'association « Centre Shekinah ».

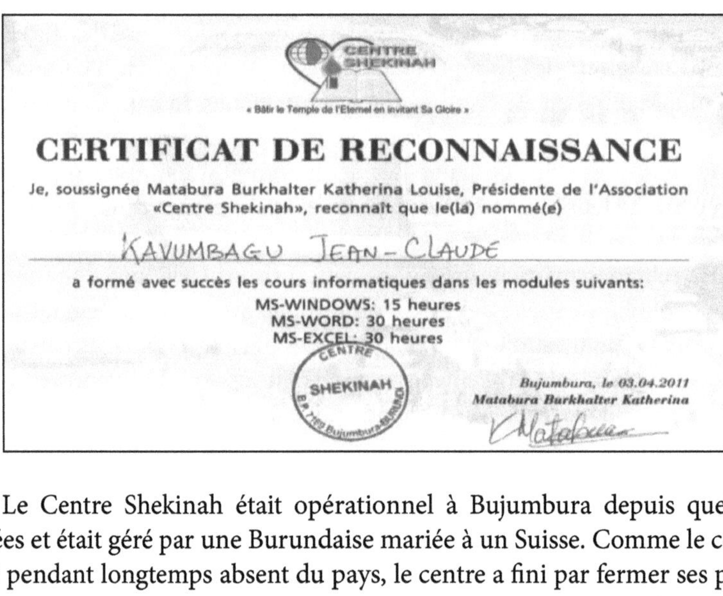

CENTRE SHEKINAH

« Bâtir le Temple de l'Éternel en invitant Sa Gloire »

CERTIFICAT DE RECONNAISSANCE

Je, soussignée Matabura Burkhalter Katherina Louise, Présidente de l'Association «Centre Shekinah», reconnaît que le(la) nommé(e)

KAVUMBAGU JEAN-CLAUDE

a formé avec succès les cours informatiques dans les modules suivants:

MS-WINDOWS: 15 heures
MS-WORD: 30 heures
MS-EXCEL: 30 heures

CENTRE SHEKINAH

Bujumbura, le 03.04.2011
Matabura Burkhalter Katherina

Le Centre Shekinah était opérationnel à Bujumbura depuis quelques années et était géré par une Burundaise mariée à un Suisse. Comme le couple a été pendant longtemps absent du pays, le centre a fini par fermer ses portes

[91] L'on verra qui sont-ils dans les chapitres à venir.

et ceux qui s'étaient désignés comme des gérants ont connu des divisions internes si bien que ce conflit a échoué au tribunal. Pour le moment, l'on ne connaît pas encore le sort de ce centre, le dossier étant toujours pendant devant les instances judiciaires au moment où j'ai bouclé ce projet de livre en 2016.

Il n'est pas superflu de mentionner qu'il y a une autre catégorie de détenus qui s'habituent tellement à la prison et qui se sentent tellement chez eux car ils y trouvent des "avantages" qu'ils ne rencontrent pas à l'extérieur. J'ai mentionné la ration, l'eau et l'électricité qui sont fournies gratuitement et des prisonniers préfèrent rester là où cela est accessible sans devoir engager des frais. En outre, ils prennent de la drogue sans aucune gêne car ce produit y entre facilement. Chaque fois qu'un prisonnier de cette catégorie sort de la prison, il s'arrange pour commettre d'autres forfaits afin d'y retourner. Il y a d'ailleurs ses amis qui le conseillent de voler en pleine route vers son domicile pour revenir le plus rapidement possible. Et des cas pareils ne dépassent jamais deux mois sans retrouver leurs amis de bagne.

3.5. Les maladies fréquentes.

Il y a plusieurs maladies dans cette prison qui sont devenues presque endémiques et dont le traitement devient de plus en plus difficile à cause surtout du problème d'alimentation. En effet, depuis les années 1980, il y avait déjà une exigüité dans ce milieu due à une surpopulation carcérale. En outre, il y avait une mauvaise alimentation car l'Etat n'était pas en mesure de supporter tous les détenus. Enfin, il y avait la vétusté des infrastructures. Ces trois facteurs font que certaines maladies manifestent une présence de façon permanente dans un endroit où l'accès aux soins de santé est très difficile.

Les détenus ne se rendant pas facilement aux hôpitaux extérieurs, la plupart de ces cas qui se présentent à l'hôpital y meurent souvent. C'est notamment les malades de diabète qui, s'ils ont la chance de survivre, les patients voient cependant leurs membres inférieurs amputés. Le diabète est dû en grande partie à une consommation exagérée d'une boisson fabriquée localement à base du sucre, très alcoolisée.

Sinon, les maladies les plus fréquentes sont notamment le paludisme, la tuberculose, les infections sexuellement transmissibles sans oublier bien entendu le Vih/Sida. Selon certains témoignages, il y a des moustiques qui stagnent dans certains coins dont l'hygiène laisse à désirer et qui sont des vecteurs du paludisme[92].

[92] Témoignages d'Ange Gabriel Butoyi, prisonnier et ancien infirmier au centre de santé de la province de Rutana, au Sud-est du pays. Il oeuvre gratuitement comme infirmier à la prison centrale de Mpimba.

Et au regard des conduits d'eau ou des caniveaux qui sont souvent bouchés, l'on pourrait s'imaginer que les maladies dites des mains sales pourraient également frapper ce milieu. Mais force est de constater que durant mon séjour en prison, je n'ai assisté à aucun cas de dysenterie bacillaire ou de choléra. Je n'ai pas eu d'explication de ce phénomène et les détenus aiment dire que le Tout-Puissant est de leur côté, une sorte de morale qu'ils se font mais en réalité qui ne donne pas de lumière sur ce phénomène. Ce qui paraît étonnant, c'est que les détenus ont l'habitude de manger des fruits qu'ils trouvent sur place au marché de Mpimba, sans nécessairement les nettoyer ou se laver les mains, avec toutes les mouches qui sont tout autour, mais, comme un mystère, ces maladies n'apparaissaient jamais. Cependant, au cas où cette épidémie de choléra ou de dysenterie bacillaire attaquerait la prison, l'on s'imagine mal ce qui pourrait arriver.

Un conduit d'eau bouché, 2009.

A titre d'exemple, ce conduit bouché se trouve derrière les cellules où les prisonniers dorment. Il dégage une odeur tellement nauséabonde si bien que les détenus se trouvent dans l'obligation de tout faire pour le réparer eux-mêmes. Ils utilisent tantôt de l'eau mélangée à des produits comme des détergents pour « calmer » le jeu mais cela apparait comme une solution de courte durée. En d'autres termes, ils doivent attendre une solution durable du côté de l'administration, ce qui prend un temps énorme. Selon des explications de la direction[93], cette dernière donne rapport de l'état des lieux à la D.G.A.P.

[93] Explications de l'ancien directeur de la prison, Carême Bizoza, qui a été plus tard incarcéré dans l'une des prisons de l'intérieur du pays, en compagnie de son ancien chef de poste à la même prison, Alfred Ntakarutimana.

Il se fait donc qu'il y ait plusieurs demandes de la part de toutes les prisons du pays et le directeur général de l'administration pénitentiaire adresse une note au ministère des finances pour débloquer de l'argent, ce qui prend une autre procédure non moins lente à ce niveau. Des fois, l'on procède par élimination de certains besoins en fonction de la rareté des fonds disponibles, ce qui pousse cette direction générale à attendre, n'ayant pas d'autres marges de manoeuvre.

Dans ces circonstances, les mêmes autorités de la prison tentent aussi de contacter des organisations humanitaires pour sauver la situation. Dans ce contexte, le CICR peut intervenir pour ceci ou pour cela, tout comme le bureau des Nations-Unies au Burundi, mais ceux-ci agissent à volonté, au cas où l'activité présentée par les prisons rentrent dans leurs missions de travail telles que définies par le siège. C'est la raison d'ailleurs pour laquelle la direction de Mpimba n'a jamais trouvé un bailleur pour l'aider à réfectionner les bureaux de la direction et du secrétariat détruits par les prisonniers en grève. Les autorités travaillaient donc en plein air mais plus tard, d'autres bureaux ont été construits.

Concernant les maladies dans la prison de Mpimba, la malaria est de loin la plus fréquente dans ce milieu. Cela est le fait des moustiques qui sont légion dans cette prison comme déjà mentionné. Or, un nombre non négligeable des détenus dorment à la belle étoile comme on va le voir dans le chapitre suivant et n'ont pas accès aux moustiquaires pour se protéger. C'est l'une des raisons qui fait que la plupart des malades sont enregistrés dans ces milieux, les détenus résidant dans des cellules pouvant s'acheter des moustiquaires. Ceux qui sont distribués par les organisations humanitaires sont généralement affectés chez les femmes - mères des enfants, au mini-hôpital et aux populations vulnérables qui sont identifiées comme les porteurs de la maladie du Sida. Et dans ces conditions, l'effectif est toujours insignifiant par rapport aux nécessiteux.

La Malaria.

Pour le cas de la malaria, je n'ai pas trouvé beaucoup de données dans les archives de la prison centrale de Mpimba. Selon des infirmiers sur place, celles des années antérieures ont été des fois brûlées pour dégager un espace où conserver les plus récentes. Cependant, les statistiques de deux années, 2010 et début 2011, prouvent à suffisance la présence de cette maladie comme on peut le constater à travers ce tableau[94].

[94] Données recueillies au dispensaire de Mpimba au mois de mai 2011. J'ai uniquement des données sur une année et les quatre mois de l'année suivante qui étaient disponibles au mois de mai 2011.

Mois	Année 2010	Année 2011
Janvier	440	179
Février	181	146
Mars	269	208
Avril	134	108
Mai	130	-
Juin	136	-
Juillet	140	-
Août	148	-
Septembre	144	-
Octobre	325	-
Novembre	209	-
Décembre	145	-

Ces valeurs peuvent se présenter de la manière suivante sur un graphique.

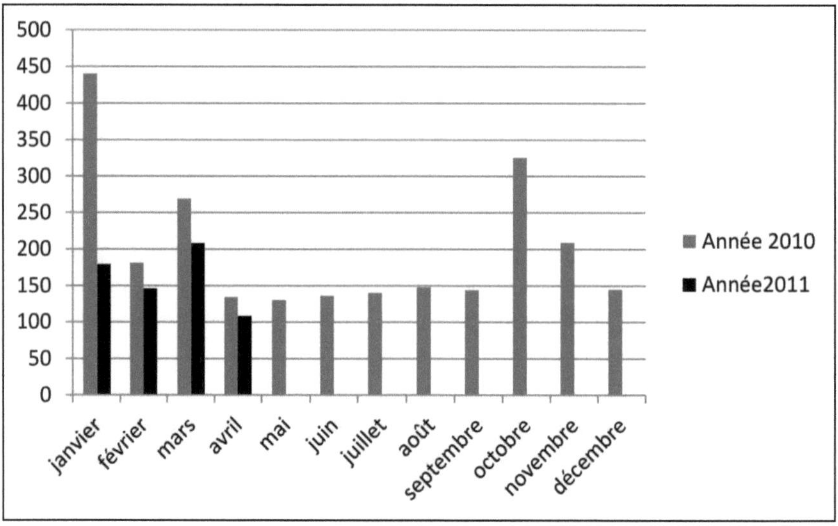

L'on voit bien que le paludisme est fréquent vers le début de l'année 2010 tout comme au début de l'année suivante, dans une moindre proportion, où au moins 1 détenu sur 10 souffre de la malaria. Au milieu de l'année, surtout pendant la saison sèche, son intensité diminue, ce qui peut s'expliquer par le fait qu'au cours de cette période de l'année, il y a moins d'eau stagnante dans la prison de Mpimba, notamment dans les différents conduits d'eaux usées. Vers les mois de novembre et de décembre, il y a beaucoup de mouches et de moustiques à l'intérieur, suite à la pluviométrie, ce qui intensifie de nouveau cette maladie.

Une autre comparaison intéressante est celle des deux années présentées sur ce graphique. L'on constate que, malgré l'absence de données pour l'année 2011, ce fléau est beaucoup plus accentué en 2010. Pour l'année 2011, cette maladie s'est intensifiée au mois de mars, tout comme l'année d'avant, pour diminuer à partir d'avril de la même année. J'ai appris qu'il y a eu beaucoup d'intervenants extérieurs vers la fin de l'année 2010 en matière d'assistance médicale si bien que la maladie commençait à être maîtrisée vers le mois de décembre de la même année. Parmi les actions menées par les humanitaires, il y a justement la distribution des moustiquaires pour éviter des piqûres de moustiques la nuit. Néanmoins, certains détenus qui bénéficient des moustiquaires préfèrent les vendre afin d'avoir un peu d'argent, destiné beaucoup plus à s'acheter de la bière ou de la drogue.

Un autre phénomène bizarre est que certains détenus atteints de cette maladie, pour la plupart âgés, préfèrent prendre des comprimés au moyen de la bière et non de l'eau. Une bonne quantité d'entre eux sont obligés d'être hospitalisés pour se voir perfusés, une habitude qu'ils n'avaient pas cependant avant leur arrestation.

La Tuberculose.

Une autre maladie très fréquente dans le milieu carcéral est la tuberculose. Les données sont plus ou moins disponibles sur une période de 4 ans comme le démontre le tableau suivant[95].

Année	Mois	Dépistage	Positif
2008	Janvier	7	2
	Février	-	-
	Mars	-	-
	Avril	6	1
	Mai	6	2
	Juin	6	0

[95] Données recueillies auprès du dispensaire de Mpimba.

	Juillet	-	-
	Août	3	0
	Septembre	-	-
	Octobre	3	1
	Novembre	5	0
	Décembre	7	0
2009	Janvier	15	5
	Février	9	2
	Mars	8	1
	Avril	12	2
	Mai	10	3
	Juin	18	2
	Juillet	12	1
	Août	13	1
	Septembre	20	3
	Octobre	-	-
	Novembre	-	-
	Décembre	-	-
2010	Janvier	8	1
	Février	19	2
	Mars	14	2
	Avril	6	0
	Mai	17	0
	Juin	9	0
	Juillet	7	0
	Août	11	2
	Septembre	7	0
	Octobre	6	3
	Novembre	7	0
	Décembre	8	0
2011	Janvier	23	1
	Février	13	2
	Mars	21	2
	Avril	16	1

D'emblée, le dépistage révèle une forte présence de cette maladie en prison surtout en 2008 et 2009 où au moins 1 détenu sur 5 dépistages souffrait de cette maladie. Elle était devenue comme chronique du fait que la plupart des détenus ne mangeaient pas comme il faut, le fait qu'ils se transmettent le virus suite à l'exigüité de la place et aux effets d'autres maladies comme le Vih/sida. Une autre voie de transmission est surtout le partage des ustensiles de cuisine comme les assiettes et les gobelets, le fait de partager la bière fabriquée localement qu'ils consomment sans devoir utiliser les verres, le premier consommant au moyen de la bouteille et la passant à son voisin. Cette pratique vaut également pour la bière Brarudi dès que les détenus parviennent à en avoir. Les verres sont pratiquement inexistants dans ce milieu.

Enfin, il ne faudrait pas perdre de vue que les détenus ne se faisaient pas dépister au cours de cette période, la plupart d'entre eux procédant à l'automédication. Cette pratique était dangereuse car le prisonnier devinait la maladie dont il souffrait, se cherchait des médicaments sans avoir consulté un médecin. Il ne se présentait au cabinet médical que quand il sentait qu'il devenait de plus en plus fragile.

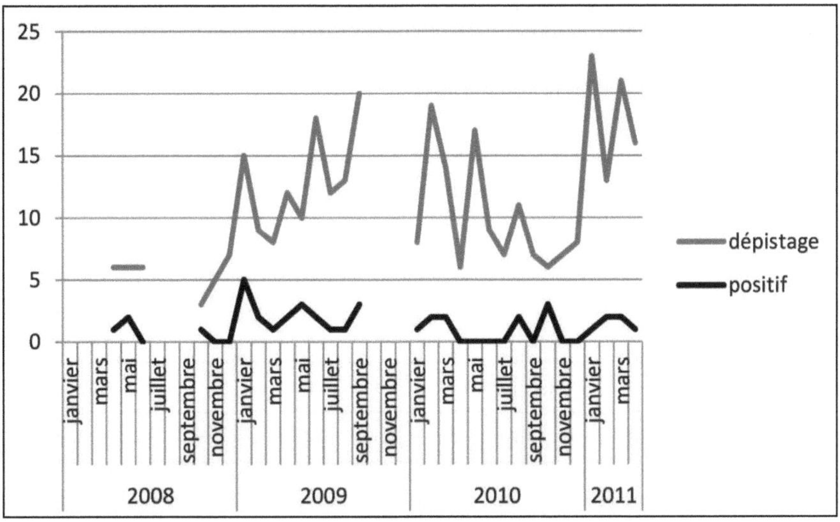

Cependant, à partir de l'année 2010, l'effectif de dépistage est allé croissant et est passé de moins de 10 dépistages à plus de 20 en 2011. Comme pour le paludisme, il y a une sensibilisation importante dans cette maison d'arrêt si bien que depuis 2010, cette maladie a semblé se stabiliser à moins de 5 malades par dépistage. Il y avait cette conviction de la part des détenus que la tuberculose est souvent une maladie corollaire du Vih/Sida et la sensibilisation de la part des humanitaires est allée dans le sens contraire. C'est ainsi que certains détenus se sont fait dépister massivement pour voir s'ils ne souffraient pas de cette pandémie. Pour ceux qui n'avaient pas le Sida, il était plus facile de les traiter au moyen des médicaments qui sont par ailleurs distribués gratuitement dans un centre[96] spécialisé de lutte contre cette maladie.

Pour assister ces malades, les humanitaires préparent des aliments riches en vitamines de toutes sortes car, selon les propos des mêmes malades, les médicaments sont forts si bien qu'ils risquent de créer des effets secondaires comme les maux d'estomac. En outre, ce sont des apéritifs et le malade doit prendre une grande quantité, supérieure de loin à la quantité qui est distribuée dans la prison.

Les infections sexuellement transmissibles.

Les autres cas présents sont les infections sexuellement transmissibles. Contrairement aux autres maladies, ces dernières frappent toutes les tranches d'âge des prisonniers, de 18 à 70 ans.

Année	Mois	Homme	Femme
2005	Janvier	-	-
	Février	-	-
	Mars	-	-
	Avril	-	-
	Mai	5	5
	Juin	10	1
	Juillet	10	0
	Août	14	1
	Septembre	3	1
	Octobre	8	0
	Novembre	4	0
	Décembre	7	0

[96] Il s'agit d'un programme national de lutte contre la tuberculose, PNLT, situé dans la zone urbaine de Buyenzi.

2006	Janvier	8	3
	Février	5	2
	Mars	6	1
	Avril	8	0
	Mai	5	2
	Juin	6	0
	Juillet	5	0
	Août	2	1
	Septembre	4	-
	Octobre	-	-
	Novembre	-	-
	Décembre	-	-
2010	Janvier	-	-
	Février	-	-
	Mars	-	-
	Avril	-	-
	Mai	5	1
	Juin	8	1
	Juillet	11	4
	Août	10	1
	Septembre	5	1
	Octobre	10	0
	Novembre	2	3
	Décembre	12	6
2011	Janvier	15	5
	Février	8	2
	Mars	12	1
	Avril	14	0

Une observation est que les hommes sont beaucoup plus affectés que les femmes. On le voit à travers le tableau y relatif et même le graphique qui découle de ces quelques données dégage très bien les tendances de cette maladie dans ce milieu.

Le graphique suivant est beaucoup plus explicite

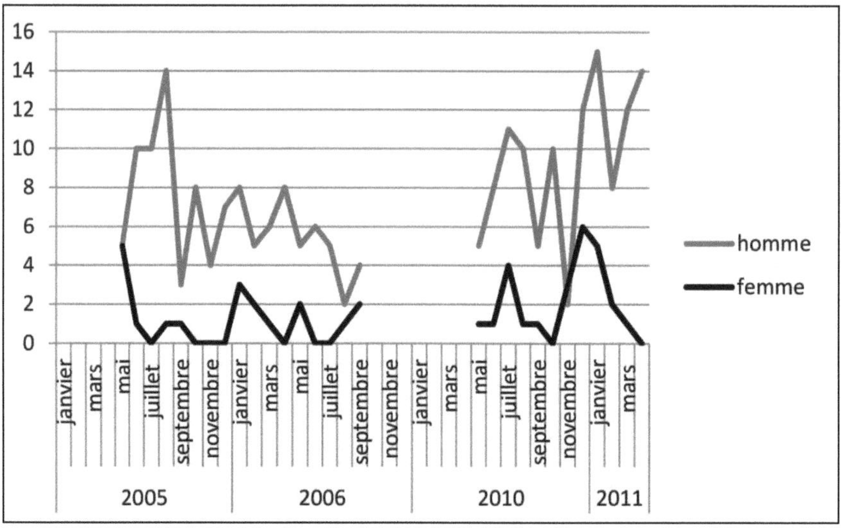

L'on constate, à travers ce tableau, que les prisonniers sont affectés parce qu'ils n'utilisent presque pas le préservatif. En réalité, le couple n'a pas le temps de prendre toutes ces précautions du fait que les rapports sexuels se font très tôt le matin et dans la précipitation pour échapper au contrôle des policiers ou alors à celui des autres prisonniers qui ont des responsabilités. Quand les prisonniers ne procèdent pas de cette manière, ils demandent une autorisation de sortir, le garçon de son côté et la fille de même, et se rencontrent quelque part en dehors de la prison. A ce moment, ils prennent tout leur temps car la sortie s'étend de 9 heures à 17 heures. De cette manière, ceux qui veulent mettre au monde un enfant le font sans problème et ce comportement vient annihiler la thèse de ceux qui estiment que la séparation des prisons pour femmes et pour hommes pourrait contribuer à la limitation des naissances en prison.

Certes, une telle séparation pourrait contribuer à diminuer les naissances dans les différentes prisons. Mais, comme je l'ai déjà mentionné, la plupart des détenus sont jeunes, ne peuvent donc pas se priver du plaisir sexuel comme on le verra plus loin. A défaut des partenaires féminins d'ailleurs, il y en a qui recourent à l'homosexualité et ils ne sont pas peu nombreux même si l'on ne dispose pas de statistiques.

En cas de séparation des prisons donc, ils peuvent procéder par des demandes de sortie pour se rencontrer quelque part. Ce fut le cas par exemple en 2008, quand les femmes détenues ont été transférées dans la commune de Rumonge[97] dans la province de Bururi à l'époque, au Sud-ouest du pays pour qu'on puisse réfectionner leur cellule. Il y avait toujours des correspondances entre copains et copines et des rencontres étaient rares mais pratiquées, notamment par des demandes d'hospitalisation d'une concubine à Bujumbura.

Or, la logique restant la même dans la prison, la femme hospitalisée peut toujours soudoyer un policier qui la laisse sortir, souvent à l'insu des autorités de l'hôpital. Le policier sort avec elle, la "malade" entre dans une maison quelque part, soit dans la zone urbaine de Bwiza proche de l'hôpital, soit dans celle de Buyenzi où se trouve cette institution hospitalière. Elle reste dehors avec un peu d'argent pour prendre de la bière jusqu'à ce que la même femme lui dise de rentrer, après l'acte.

La troisième possibilité est de soudoyer les policiers qui font sortir le couple au moment de faire entrer les autres dans leurs cellules respectives. En effet, quand un couple procède de cette troisième possibilité, il a le temps d'utiliser le préservatif ou pas car la pause s'étend de 13 heures à 14 heures 30 minutes. Mais ce sont surtout les deux premières pratiques qui sont à l'origine des grossesses, - non désirées ou pas -, de la plupart des femmes enfermées et par conséquent, des infections sexuellement transmissibles.

Le Vih/Sida.

La sexualité est la cause principale de la propagation du Vih/Sida dans le milieu carcéral comme on l'a déjà vu. Mais cela ne veut pas dire que l'infection de cette pandémie se fait uniquement dans la prison, il y en a qui sont emprisonnés alors qu'ils sont déjà porteurs de cette maladie. Dans ces conditions, ils ne font que la propager davantage dans cette maison de détention comme c'est le cas pour certains prisonniers qui entretiennent toujours des relations sexuelles avec des fillettes de moins de 16 ans, moyennant quelques intéressements en monnaie ou en nature.

En outre, il est des détenues qui sortent et qui s'accouplent avec des hommes malades et qui attrapent la maladie de cette manière. Des visiteurs – hommes ou

[97] Rumonge est devenu plus tard une province à part, la 18ème du pays.

femmes - également viennent en prison et font des rapports avec leurs partenaires détenus. Comme lors des relations matinales, de tels couples ne songent pas à utiliser des préservatifs car la visite s'étend généralement sur 15 minutes.

Année	Mois	Total dépistage	Positif
2008	Janvier	-	-
	Février	12	2
	Mars	-	-
	Avril	-	-
	Mai	37	1
	Juin	63	0
	Juillet	27	8
	Août	58	4
	Septembre	59	6
	Octobre	56	4
2009	Janvier	-	-
	Février	-	-
	Mars	54	2
	Avril	33	3
	Mai	40	0
	Juin	50	0
	Juillet	-	-
	Août	18	2
	Septembre	-	-
	Octobre	65	0
	Novembre	25	0
	Décembre	-	-
2010	Janvier	112	5
	Février	114	43
	Mars	62	4
	Avril	120	7
	Mai	27	2
	Juin	120	7
	Juillet	106	2

	Août	117	5
	Septembre	64	4
	Octobre	97	2
	Novembre	44	0
	Décembre	40	2
2011	Janvier	112	5
	Février	114	3
	Mars	62	2
	Avril	136	3

L'on n'a pas pu avoir des données qui puissent indiquer l'infection des prisonniers par sexe de la pandémie du Sida. Mais le constat est qu'elle est présente et, selon des témoignages des infirmiers qui prestent à la prison de Mpimba, voire des prisonniers – infirmiers, le gros des malades qui fréquentent l'hôpital sont des malades du Sida, tout comme la plupart des détenus qui souffrent de la tuberculose, ce qui est une preuve supplémentaire qu'il y a une relation de cause à effet entre le Vih/Sida et la tuberculose.

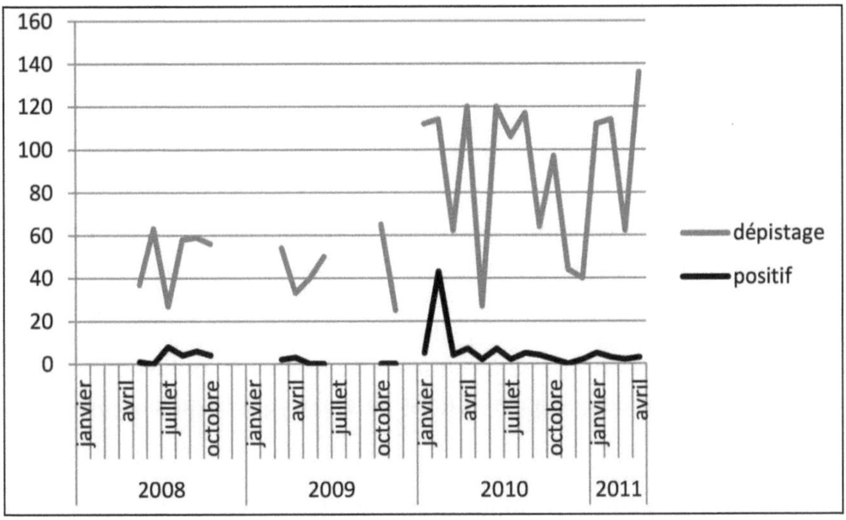

L'on constate que comme pour les autres maladies, le dépistage du Vih/ Sida prend de plus en plus de l'ampleur à partir de 2010. Dans les années 2008 et 2009, il y avait très peu de prisonniers qui faisaient des tests et la maladie semblait avoir beaucoup plus d'assise en prison avec en moyenne 1 prisonnier sur plus ou moins 15 qui souffrait de cette pandémie.

Mais à partir de 2010, une sensibilisation[98] accrue avec assistance extérieure des prisonniers a abouti à des dépistages systématiques et l'on voit que cette maladie semble se stabiliser à plus ou moins 4 malades, sauf au mois de février 2010 où nous avons un pic de 43 cas de malades sur un effectif de 114 dépistages. Cela peut être une erreur de la saisie car cette mesure s'écarte trop des autres données enregistrées.

Pour revenir sur l'assistance, une équipe médicale de Swaa Burundi a identifié les malades les plus nécessiteux, leur fournit des aliments appropriés pour ce type de maladie et leur apporte également des médicaments qu'elle trouve dans des centres comme l'ANSS (Association Nationale des Séropositifs et des Sidéens) pour les distribuer aux prisonniers malades et qui ne peuvent pas avoir l'autorisation de sortir chaque fois qu'ils le désirent, comme les prévenus[99] à titre d'exemple. Mais ceci ne signifie pas que tous les malades sont identifiés car, il y en a qui cachent leur maladie et qui ne deviennent visibles qu'à l'état très avancé. Dans ces conditions, ils sont transférés à l'hôpital prince régent Charles où ils meurent souvent.

3.6 Les naissances et les décès en prison.

3.6.1. Les naissances.

Les naissances en prison sont faciles à évaluer car chaque fois qu'il est né un enfant, toute la prison est au courant et on connaît généralement la femme qui a mis au monde, surtout qu'il y a un mini-hôpital qui est chargé d'assister les filles ou les femmes enceintes. A l'hôpital prince régent Charles, qui accueille les malades pour le compte de l'Etat, il n'y va que des cas qui se trouvent compliqués et dont l'intervention des spécialistes est requise. En outre, quand la mère est enceinte, elle est visible et les prisonniers, curieux qu'ils sont, parviennent même à connaître l'auteur de la grossesse, s'il s'agit d'un prisonnier ou de quelqu'un qui est libre mais qui fréquente souvent la femme en question.

Par ailleurs, même les femmes ne le cachent pas car elles sont fières d'être engrossées. L'on peut conclure qu'il y en a qui le font sciemment, surtout celles dont la peine est lourde. Ce comportement est souvent visible chez les femmes

[98] Intervention énergique de Swaa Burundi par l'intermédiaire de Dr. Janvière Nzorijana de la médecine générale à cette organisation.

[99] Il est très difficile d'avoir une sortie quand on est encore prévenu car elle est donnée par le magistrat-instructeur du dossier, ce qui n'est pas évident pour les prisonniers dits politiques par exemple.

condamnées pour infanticide. C'est là où les prisonniers s'étonnent de voir une femme qui se contente de mettre au monde alors qu'elle avait tué son premier enfant, raison de son emprisonnement.

Il est difficile de dégager la tendance de la natalité faute d'échantillon. En effet, sur une période de 8 mois, il y a eu 6 naissances, soit 0,75 enfant par mois. Or, quand il y a moins d'un enfant par mois, l'on ne peut pas dire qu'il y a une forte natalité dans ce milieu. C'est ce que démontre le tableau suivant.

Année	Mois	Effectif
2010	Août	1
	Octobre	1
2011	Janvier	1
	Mars	1
	Avril	2

Source : Registres des naissances à Mpimba.

Par ailleurs, à la date du 30 mai 2011, il y avait 125 femmes détenues et l'effectif de six femmes qui ont mis au monde ne dégage aucune tendance en matière de natalité, du moins en termes de statistiques.

Cependant, il est intéressant de constater qu'à cette époque, il y avait 26 nourrissons, ce qui peut renseigner sur une éventuelle forte natalité dans la prison de Mpimba car la plupart des prisonnières, à l'exception d'une seule qui a trois enfants, ont chacune un nourrisson. En outre, d'après des données d'un prisonnier représentant des autres auprès de la direction, l'effectif des nourrissons, pour la seule année 2010, de janvier à mars, variait entre 32 et 34[100]. Ceci peut s'expliquer par le fait que sur le plan officiel, il y avait quelques 6 à 8 nourrissons qui n'étaient pas encore enregistrés. L'on peut donc conclure que quand bien même les paramètres d'analyse de la natalité ne sont pas évidents, le constat est que la natalité est forte dans ce milieu.

Fortes de cette faculté de mettre au monde des enfants, les détenues en profitent parfois pour causer du désordre. Il n'est pas rare de voir une femme réveiller tous les responsables de la prison, arguant que son enfant est gravement malade et qu'elle doit se rendre d'urgence à l'hôpital prince régent Charles, service de la pédiatrie. Ces derniers, de peur de prendre des responsabilités énormes devant cette impasse, se voient obligés d'appeler les

[100] Diaire d'un détenu responsable de la prison.

responsables administratifs qui, à leur tour, mobilisent tout un camion pour dépêcher la mère qui a des « difficultés ». Mais le lendemain, la même femme est aperçue en train de se promener dans les différents quartiers de Bujumbura, avant d'être rentrée de force par les services de sécurité de la prison.

Il y en a d'autres dont les enfants sont effectivement malades et quand elles demandent l'autorisation de faire soigner leurs enfants, les autorités deviennent de plus en plus réticentes à octroyer des permissions de peur de subir la même sale tour que le cas précédent.

3.6.2. Les décès.

S'il est facile de contrôler les naissances, il est par contre difficile de porter une étude objective sur les cas de décès à cet endroit. En effet, le seul cas de décès qui est survenu lors de mon dernier séjour a eu lieu au mois de septembre 2010. Il s'agit d'un cas déplorable de non-assistance à personne en danger. Le malade en question souffrait du paludisme qui s'est compliqué plus tard et au cours d'un weekend, il fallait le dépêcher à l'hôpital. Or, les autorités de la prison n'étaient pas au travail et les prisonniers ont dû cotiser pour le déplacer en taxi.

Ce qui arriva par la suite est très dommage de la part des médecins ou des aide-soignant qui ont refusé de l'administrer à l'hôpital, arguant qu'il n'y avait pas de place pour lui. En réalité, il n'y avait pas cette place car les prisonniers n'avaient pas prévu un billet de Bif 5.000 pour soudoyer les infirmières. Les détenus ne sachant pas quoi faire, ils ont été obligés de revenir avec le malade qui agonisait. Dans la même soirée, il succomba à sa maladie. Une histoire qui a failli être à l'origine de deux sortes de tensions, entre les membres de la famille du disparu et la direction de Mpimba d'une part, et entre cette dernière et les prisonniers d'autre part.

En effet, juste après sa mort, le détenu a été placé dans un mini-hôpital encore en réfection et un lundi matin, à 6 heures, le service social de la prison venait de parachever son enterrement. Le lendemain, les membres de sa famille sont venus récupérer la dépouille mortelle et la direction a été obligée de le déterrer pour qu'il soit de nouveau enterré par les siens. De leur côté, les détenus ont piqué une colère si bien qu'une grève a failli se déclencher et Dieu seul sait combien sa gestion est difficile.

Les commentateurs à l'intérieur de la prison ont fait savoir que ce qui s'est passé à l'hôpital prince régent Charles est une grande faute administrative au regard de la mission même des centres de santé et des hôpitaux.

Normalement, avaient-ils fait observer, pour des gens qui ont prêté le serment d'Hippocrate, la première de leur mission est de sauver une vie en danger et non de gagner de l'argent. Et si les détenus avaient été malins, ils auraient abandonné le malade à l'hôpital car c'est le seul endroit qui doit traiter les prisonniers malades et gratuitement, l'Etat se chargeant par la suite de payer la note. C'est également une grande erreur de l'administration pénitentiaire car les autorités avaient été informées de ce cas, elles devaient donc agir auprès de l'hôpital pour que le malade soit admis, d'autant plus qu'il y a une convention entre l'hôpital et l'administration pénitentiaire sur les cas du genre, des prisonniers qui tombent malades.

J'ai appris par après que la prison centrale de Mpimba enregistrait des arriérés de Bif 47 millions en 2010 envers l'hôpital et que ce dernier, pour faire pression sur le gouvernement, avait décidé de ne plus accueillir des prisonniers malades pour des soins. Même ceux qui étaient hospitalisés ont été renvoyés avant leur guérison pour les mêmes raisons. Jusqu'en 2011, seuls les prisonniers qui se prenaient en charge pouvaient aller se faire soigner dans des hôpitaux, même à l'hôpital prince régent Charles, pourvu qu'ils paient eux-mêmes les soins.

Pour les cas qui ne sont pas classés, les malades meurent sur le lit d'hôpital mais là aussi, ils ne sont pas mentionnés dans les registres de décès de l'administration pénitentiaire. Non satisfait de cet état de choses, j'ai cherché à consulter les archives de l'hôpital pour avoir plus d'informations. Non seulement l'accès ne m'a pas été accordé, mais également les données ne sont pas disponibles. Selon un des cadres avec qui j'ai discuté au téléphone, on ne précise pas la catégorie des malades à cet hôpital. Ils enregistrent le malade, ce dont il souffre mais ne mentionnent jamais la provenance de ce patient.

A la question de savoir pourquoi ils ne le font pas alors que certaines catégories de malades (militaires, policiers…) sont prises en charge par l'Etat, ils ont répondu que les services concernés n'ont jamais demandé que cette différenciation soit faite à l'hôpital. Par contre, il y a des groupes bien ciblés qui sont définis comme tel et dont les archives sont bien conservées. C'est notamment les cas des enfants de moins de cinq ans, des femmes enceintes, etc… car leurs soins sont payés par le ministère ayant le social dans ses attributions, mais là aussi avec quelques retards.

Il est donc presqu'impossible de retrouver les cas des prisonniers qui meurent à l'hôpital car là aussi, ils sont enregistrés comme malades tout court. Et dans ces circonstances, j'ai eu connaissance jusque-là d'un seul prisonnier qui est mort à l'hôpital vers la fin de l'année 2010, un prénommé Blaise. Toutefois, même en l'absence de données, force est de constater que les prisonniers, au regard des conditions dans lesquelles ils vivent, présentent un faible taux de mortalité. Ceci est évidemment un constat que je n'ai pas pu expliquer, faute de données consistantes.

3.7. Dévaluation constante de la monnaie burundaise.

Pour aborder cette analyse, j'ai utilisé exclusivement les données de la banque de la République du Burundi, BRB. J'ai considéré la période de 1991 à 2016 et comme la plupart des monnaies étrangères de l'époque n'existent plus – je fais allusion au mark allemand, au franc français, au franc belge notamment qui ont été remplacés par l'Euro-, j'ai pris comme référence le dollar américain qui est toujours d'usage. Même cette monnaie européenne n'a été utilisée dans ces rapports annuels comme monnaie de référence que très récemment, autour de l'année 2009. La dévaluation de la monnaie a été abordée sous l'angle des cours de change moyens du dollar américain.

Selon donc le rapport annuel de la BRB de 1995[101], le cours de change moyen des principales monnaies était le suivant.

1991	1992	1993	1994	1995	
181.51	208.30	242.78	252.67	249.76	-1.2%

Signe (-) : Appréciation du BIF
Signe (+) : Dépréciation du BIF

Le rapport annuel de 1998[102] nous donne l'évolution du cours de change moyen comme suit.

1996	1997	1998	
302.75	352.35	477.77	27.1%

Toujours dans la logique d'établir l'évolution du cours de changes moyens, le rapport annuel de 2000[103] fournit lui aussi ses données.

[101] Rapport annuel de la Banque de la République du Burundi, Presses Lavigerie, Bujumbura, ISSN1013-5359, 1995, 178 p, p. 117.

[102] Rapport annuel de la Banque de la République du Burundi, Imprimerie la Licorne, Bujumbura, ISSN1013-5359, 1998, 167 p, p. 106.

[103] Rapport annuel de la Banque de la République du Burundi, Imprimerie la Licorne, Bujumbura, ISSN 1013-5359, 150 p, p. 99.

1999	2000	
563.56	720.67	27.9%

Le rapport de 2004[104] se présente comme suit :

2001	2002	2003	2004	
830.36	930.75	1082.62	1100.90	- 1.66%

Toujours dans la logique de l'évolution du taux de changes moyens de la monnaie burundaise par rapport au dollar américain, le rapport de 2006[105] donne des variations suivantes.

2005	2006	
1081.57	1028.97	- 4.9%

Le rapport 2008[106] de la même banque centrale donne une dépréciation de la monnaie burundaise de la façon suivante.

2007	2008	
1081.93	1185.69	+ 9.59%

Le rapport de 2010[107] quant à lui donne des indications sur deux ans à savoir les années 2009 et 2010.

2009	2010	
1230.13	1230.80	+ 5.23 %

Le rapport de 2011 donne également des indications sur les années 2010 et 2011

2010	2011	
1230.80	1261.07	+2.46%

[104] Rapport annuel de la Banque de la République du Burundi, Bujumbura, ISSN 1013-5359, 2004,144 p, p. 93

[105] Rapport annuel de la Banque de la République du Burundi, Bujumbura, ISSN 1013 – 5359, 2006, 164 p, p. 94.

[106] Rapport annuel de la Banque de la République du Burundi, Bujumbura, 112 p, p. 77.

[107] Rapport annuel de la Banque de la République du Burundi, Bujumbura, 101 p, p. 68.

Celui de 2012 donne des indications suivantes

2011	2012	
1261.07	1442.6	+14.4 %

Le rapport 2013, selon toujours les rapports annuels de la Brb, nous montre ceci

2012	2013	
1442.6	1555.1	+7.8 %

En 2014, c'était l'appréciation de la monnaie

2013	2014	
1555.1	1546.7	-0.5 %

En 2015, la tendance reprend

2014	2015	
1546.7	1571.90	16

Enfin, en 2016, les indications se présentent comme suit

2015	2016	
1571.90	1685.85	72

Si l'on considère les différents tableaux ci-haut mentionnés, l'on doit signaler que par endroits, la monnaie burundaise a connu une appréciation bien qu'elle soit très faible par rapport à la dépréciation avec des sommets en 1996, en 1999 et en 2016 allant de 27.1 à 27.9 et à 72 en 2016. C'est également la période qui s'étend entre 2007 et 2010 avec une tendance à la baisse de 9.59 à 5.23.

Si l'on fait un tableau récapitulatif des cours de change moyens de la monnaie burundaise par rapport au dollar américain à cette période, il se présenterait comme suit :

Tableau synthétique des taux de change moyens.

Année	Variations.
1991	181.51
1992	208.30
1993	242.78
1994	252.67
1995	279.76
1996	302.75
1997	352.35
1998	477.77
1999	563.56
2000	720.67
2001	830.36
2002	930.75
2003	1082.67
2004	1100.90
2005	1081.57
2006	1028.97
2007	1081.95
2008	1185.69
2009	1230.13
2010	1230.80
2011	1261.07
2012	1442.6
2013	1555.1
2014	1546.7
2015	1571.90
2016	1685.85

D'après ce tableau synthétique, l'on voit que la monnaie burundaise a continuellement perdu sa valeur par rapport au dollar. En effet, les différentes fluctuations que j'ai présentées ici varient en fonction d'un seul dollar américain sur une période de 25 ans. L'on constate d'ores et déjà que les proportions exponentielles de la dévaluation ont été atteintes à partir de l'année 1996, dans les moments forts de la crise déclenchée en 1993. Une autre explication est que l'année 1996 coïncide avec le blocus économique imposé par les pays de la sous-région, suite au coup d'Etat du 25 juillet 1996.

Cette situation montre bien que depuis 1993, il n'y avait pas à proprement parler d'activités économiques pouvant soutenir la monnaie burundaise. En effet, depuis quelques années, il y avait la campagne électorale qui a mobilisé toutes les couches socioprofessionnelles de la population au détriment de la production. Et après les élections, Melchior Ndadaye a été assassiné et une guerre a éclaté à travers tout le pays. La plupart des forces vives ont été entraînées vers cette folie meurtrière et d'autres ont pris fuite, à l'intérieur ou à l'extérieur du pays.

Une autre observation est une très grande dépréciation de 2015 à 2016 qui va de 16 à 72. Ceci s'explique par la toute nouvelle crise politico-sécuritaire dans laquelle est plongé le Burundi depuis avril 2015.

En outre, on sait que l'économie burundaise vit essentiellement du secteur primaire composé de l'agriculture vivrière et de l'agriculture d'exportation. Selon toujours les rapports de la banque centrale, la valeur ajoutée de l'agriculture vivrière s'est décélérée d'une année à l'autre. Cette évolution est liée au ralentissement de la croissance de la valeur ajoutée de la production vivrière proprement dite, de l'élevage et de la sylviculture.

Dans les rapports de la BRB, on mentionne uniquement le secteur primaire qui a connu un recul considérable ces 20 dernières années. Toutefois, au regard du développement des autres secteurs de la vie nationale, notamment secondaire et tertiaire, l'on ne peut pas affirmer que le Burundi a avancé. Par ailleurs, même avant la guerre, ces deux secteurs n'étaient pas aussi développés que le primaire, ce qui ne pouvait pas être envisageable en période de troubles.

L'on pourrait donc bien visualiser ce phénomène à travers un graphique ci-dessous y relatif.

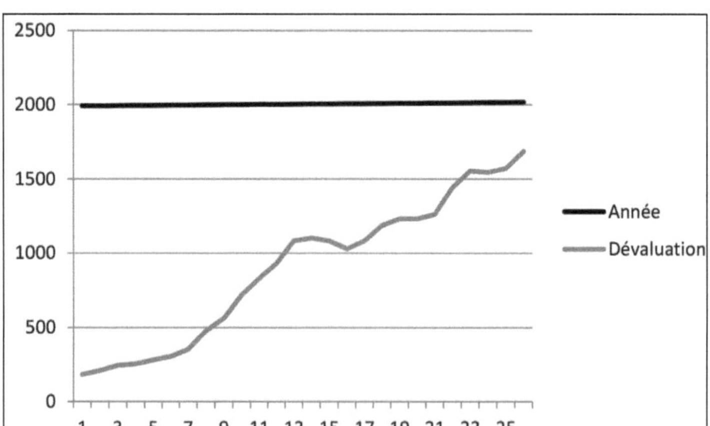

On peut constater que la population s'est appauvrie ces 25 dernières années, ce qui a causé l'effritement des pouvoirs d'achat de la population. Ce dernier est à son tour la conséquence d'un chômage accru, d'un manque de production d'une façon générale, augmenté d'une crise politique à partir de 2015, poussant le gros de la population à vivre au jour le jour, même malhonnêtement en cas de besoin pour survivre. Cela pousse également la population à pratiquer le petit banditisme, ce qui amène beaucoup de jeunes gens en prison. C'est le cas notamment de l'escroquerie, des spéculations de toutes sortes, l'émission des chèques sans provisions, des vols des biens des personnes comme les chaînettes des femmes, les téléphones portables et au fil du temps, des vols à main armée.

L'administration n'est pas non plus épargnée par ce phénomène. L'on sent que la corruption gagne tous les secteurs de la vie nationale, - la justice et la sécurité sont les plus gangrenées- les responsables administratifs cherchent à détourner les fonds du trésor public, ce qui engendre l'impunité car n'importe quel régime ne peut pas prendre des mesures draconiennes contre lui-même. C'est pour cette raison que lorsqu'il y a changement de régime, les responsables de l'administration sortante sont les premières cibles du nouveau pouvoir, généralement avec l'approbation de l'opinion publique.

3.8. Impact de la guerre sur l'effectif des prisonniers.

A partir de 1993, une guerre civile s'est déclenchée au Burundi suite à l'assassinat de Melchior Ndadaye, premier président hutu démocratiquement élu. Depuis cette date, une guerre a aussitôt gagné tout le pays, les Hutus voulant « venger » leur président assassiné, en s'attaquant aux Tutsi voisins ou en s'engageant carrément dans le maquis pour renverser le régime tutsi qui régnait depuis près de 30 ans. De leur côté, les Tutsis se sont organisés en bandes de « sans échec », surtout dans la capitale, et se sont adonnés à chasser du Hutu un peu partout où il était, transformant ainsi les quartiers de Bujumbura en ghettos ethniques. Dans l'entre-temps, les institutions administratives, tout comme les activités économiques tant du secteur public que privé, ont été paralysées.

La plupart des jeunes de ce pays, comme déjà mentionné, ont été entraînés dans la guerre. Certains parmi eux ont alors abandonné les études, d'autres ont pris l'option de fumer le chanvre et au fil des années, ils sont devenus irrécupérables. Dans ces conditions, ils sont devenus des criminels qui ont été condamnés à perpétuité pour la plupart. En janvier 2011, l'on pouvait recenser une vingtaine de cas, tous originaires de la mairie de Bujumbura, qui venaient de passer 18 ans en prison. Ils avaient gardé le même comportement, ils fumaient le chanvre, ils étaient devenus des brigands et des voleurs qualifiés et il n'était pas rare de les trouver dans les différents cachots de la prison.

Cette réalité est également observable du côté des Hutus qui ont regagné le maquis. Certains anciens rebelles, surtout ceux qui ont été démobilisés, sont devenus tout simplement des criminels de grand chemin et ont érigé domicile dans les différentes prisons du pays. Ceux-ci se trouvent pratiquement dans toutes les anciennes rébellions où leurs membres sont locataires de la prison, avec des conflits d'idéologie qui sont toujours vivaces dans leurs comportements.

Tous ces deux cas sont composés de détenus célibataires qui ne pensent jamais à prendre femme. A titre exceptionnel, il y a un autre comportement similaire mais qui n'a pas de lien direct avec la prison. C'est le cas des ex-rebelles du Palipehutu-Fnl, devenu plus tard Fnl. Ces derniers ont passé beaucoup de temps dans le maquis et il était interdit de prendre femme, à commencer par le premier d'entre eux, Agathon Rwasa. Cela était dû au fait que le mouvement était beaucoup plus basé sur la croyance religieuse et le rapport sexuel était considéré comme l'adultère à châtier absolument par la punition de la peine capitale.

Ce n'est qu'après la guerre, en 2009, qu'ils ont pensé à se marier au terme d'une vingtaine d'années de maquis. Pour le moment, plusieurs d'entre eux sont toujours célibataires, à plus ou moins 50 ans. L'un d'entre eux, Déo Nzeyimana alias Kamaro, m'a révélé que c'est après la guerre que l'on a pensé à prendre femme. Mais ce n'est pas facile, a-t-il affirmé, car non seulement la conquête des filles n'est pas aisée à cet âge, mais également, la situation politique n'est pas encore propice au regard de leurs relations avec le pouvoir du Cndd-Fdd.

Alors que l'on croyait que la guerre s'est arrêtée, le pays est plongé de nouveau dans une crise politico-sécuritaire liée à la volonté du président Pierre Nkurunziza de se cramponner au pouvoir au-delà de ses deux mandats lui reconnus par la constitution de 2005. Cette nouvelle crise, outre qu'elle est devenue plus meurtrière, a poussé des centaines de milliers de Burundais à fuir le pays, d'autres seront contraints à l'emprisonnement, d'où des effectifs ont largement dépassé les capacités d'accueil de toutes les prisons du Burundi.

3.9. Impact de la démocratie sur le système judiciaire

Quand j'ai conçu ce travail, j'avais à l'esprit qu'il y aurait un impact de la démocratisation du pays sur le système judiciaire. En effet, après l'agrément des tout premiers partis politiques de l'opposition, j'ai observé une certaine « indiscipline » de la part de la population, aussi bien intellectuelle que paysanne, qui était convaincue qu'en démocratie, l'on fait ce que l'on veut. Cette confusion était entretenue par les nouveaux leaders des partis politiques qui n'hésitaient pas à dresser la population contre les autorités politiques et militaires de l'époque. Le comportement de ces leaders était d'une part compréhensible car il fallait tout faire pour gagner une partie de la population qui venait de passer près de 30 ans sous le régime du parti unique. Ils devaient donc attaquer les erreurs des régimes passés, un phénomène que la plupart des Burundais, surtout les jeunes, n'avaient pas connu.

En d'autres termes, il était facile d'entraîner la jeunesse dans ces mouvements de « subversion » car les politiciens leur disaient qu'il fallait un « changement », un mot vague qui fut interprété comme le remplacement du Tutsi par un Hutu à la tête du pays. Et d'ailleurs, ce n'était pas une interprétation comme tel car les politiciens hutus le disaient à demi-mot. En effet, lors de la campagne de 1993, le candidat Melchior Ndadaye disait à la foule : « Nous sommes une pluie diluvienne, nous allons bousculer tout ce qui sera sur notre chemin afin de gagner les élections ». Et les jeunes surchauffés suivaient le mouvement presque moutonnement sans bien analyser le contour des messages livrés.

Plus tard, les gestionnaires du pays à l'époque procédaient à l'arrestation des populations qui étaient jugées hostiles au régime de Pierre Buyoya. C'est ainsi que des rafles étaient opérées, surtout à Bujumbura, pour intimider les « subversifs » dans les différents quartiers de Bujumbura, surtout dans les milieux hutus. Ces derniers ont été ensuite libérés au terme des scrutins de 1993, après la victoire du président Melchior Ndadaye.

Cependant, l'impact de ces arrestations est difficile à évaluer car, comme je l'avais déjà mentionné, il n'y a pas de données disponibles sur cette période dans les différents rapports de l'administration pénitentiaire. Toutefois, l'on peut affirmer que cela a eu une incidence marginale puisque, comme déjà évoqué précédemment, le rapport annuel de la direction générale de l'administration pénitentiaire, exercice 1990, indique que parmi les difficultés de détention rencontrées par l'administration pénitentiaire, il y avait notamment la surpopulation des centres de détention, ce qui était antérieur à l'agrément des formations politiques de l'opposition.

En conclusion sur ce chapitre, l'on constate que malgré un manque criant de données fiables, le milieu carcéral dégage quelques tendances démographiques. C'est le cas des décès et des naissances avec notamment l'accroissement de la population carcérale dû à l'augmentation des nourrissons, les décès difficiles à évaluer, les différentes maladies qui y sont présentes de façon endémique comme le paludisme, la tuberculose, les infections sexuellement transmissibles et le Vih/Sida. Les mauvaises conditions de détention (alimentation, logement, ...) entraînent une présence permanente de ces pathologies.

L'on constate également que les prisonniers sont jeunes, ce qui fait qu'ils sont assistés gratuitement alors qu'ils avaient encore la force de produire. L'Etat leur donne à manger, de l'eau et de l'électricité et il dépense énormément pour des détenus dont la plupart sont encore des prévenus. Et à force de rester longtemps en prison, certains des détenus trouvent que ce milieu est devenu leur domicile fixe, surtout qu'à l'extérieur, ils ne parviennent pas à trouver tout ce "luxe". C'est pourquoi il n'est pas rare de trouver des détenus qui, une fois sortis de la prison, commettent encore des infractions pour qu'ils y retournent.

D'autres facteurs d'emprisonnement sont externes à la volonté même des détenus comme la dévaluation de la monnaie. Celle-ci a été plus sensible à partir de l'année 1996, ce qui correspond aux moments forts de la crise et à l'embargo économique imposé par les pays de la région. Cette dévaluation a alors entraîné l'effritement du pouvoir d'achat de la population qui devait malgré tout vivre. Dans ces conditions, tous les moyens étaient bons, y compris la malhonnêteté avec toutes formes d'infractions que cela entraîne.

On ne peut pas ne pas évoquer la guerre civile de plus de 10 ans que le pays a connue depuis l'assassinat de Melchior Ndadaye. Elle a entraîné des mouvements indescriptibles des populations, certaines fuyant à l'intérieur du pays et les autres à l'extérieur. Même l'administration n'a pas été épargnée par cette folie meurtrière car ceux qui n'avaient pas trouvé la mort dans leurs quartiers respectifs, avaient peur de se présenter à leurs postes d'attache pour des raisons de sécurité.

Dans ces conditions donc, les personnes qui vivaient de l'agriculture avaient fui leurs domiciles vers des endroits où ils espéraient une vie sauve. Dans les bureaux, personne n'était plus là pour travailler, y compris les politiciens à qui on peut incomber objectivement la responsabilité dans cette guerre fratricide. La production n'y était donc plus et à tous les niveaux et ce fut la paupérisation de la population dans l'ensemble. Il fallait encore une fois, - la dévaluation de la monnaie aidant -, que les populations vivent d'une manière ou d'une autre.

Sinon, la prison est le reflet de la société car il y a des instruits et des non-instruits, toutes les religions y sont représentées, des nationaux et des étrangers s'y retrouvent mais avec des proportions variables. En d'autres termes, les aspects démographiques indiquent qu'une prison est un milieu comme un autre, avec une dynamique de société comme on peut en trouver ailleurs. Ce ne sont que les conditions de vie qui changent, mais surtout le manque de liberté qui fait souffrir.

CHAPITRE 4 : CONDITIONS DE DETENTION AU QUOTIDIEN

C'est une partie de ce travail qui nécessite beaucoup plus de témoignages qu'une autre documentation. Les quelques données recueillies ici et là ont été trouvées dans le centre de santé de la prison dont les registres sont mal tenus, dans les archives de la section juridique ou alors des informations détenues par les prisonniers - responsables qui ont chacun un registre où ils mentionnent les événements au quotidien. Outre que les archives ont des lacunes, les responsables, que l'on appelle généralement des « Généraux » - on le verra plus loin -, remplissent leurs registres chacun suivant sa sensibilité, ses connaissances et son degré de compréhension.

L'on observe malgré cela une surpopulation carcérale car le nombre total de prisonniers était de 3495 personnes au 30 mai 2011 avec une capacité d'accueil de 800 personnes, soit plus de 4 fois l'effectif prévu. Si l'on s'intéresse à leurs catégories, les détenus seraient classés comme suit :

	Hommes	Femmes	Nourrissons	Total
Prévenus	2413	90		2503
Condamnés	931	35		966
			26	26
Total			3495	

Source : Prison centrale de Mpimba, 30 mai 2011.

La prison de Mpimba est donc sursaturée et sur ce total, seulement 27.6% sont déjà condamnés contre 72.4% de prévenus à cette même période. Or, la logique commanderait à ce que ce soit le contraire. Ceci traduit une lenteur administrative dans le traitement des dossiers judiciaires car, dit-on dans les milieux des droits humains, plus de 60% de personnes prévenues sont détenues de façon arbitraire. Des fois aussi, cette situation dénote de la mauvaise foi des autorités pénitentiaires – surtout de la section juridique de cette prison -, au regard des catégories qui apparaissent et dont personne ne semble pressé pour y apporter un remède.

4.1. Catégories des prisonniers.

Il existe 4 types de prisonniers à Mpimba. La première catégorie de prisonniers est faite de ceux qui viennent de passer 5 ans et plus sans jamais comparaître. Ils vivent oubliés en prison et quand ils parviennent à avoir de l'argent à donner au personnel de la section juridique, ils rentrent sans autre forme de procès. Pour eux, il s'agit d'une chance énorme et ne pensent même pas à intenter un procès contre l'Etat, ce qui ne servirait à rien d'ailleurs, l'affaire pouvant s'étendre sur plus de 10 ans[108] supplémentaires. Et quand bien même l'on parvient à gagner contre l'Etat, celui-ci n'indemnise pas. Juste après l'indépendance du Burundi en 1962, cette pratique de dédommagement existait bel et bien et a disparu progressivement au fil du temps, ce qui laisse croire à un interventionnisme sans bornes de l'exécutif dans le judiciaire.

Sous la première république, les justiciables dont des dommages et intérêts avaient été détournés par les greffiers ou tout autre personnel de la justice, furent remboursés dans l'ensemble[109]. Mais ici l'objectif était plutôt d'ordre politique. En effet, le gros de Burundais étaient encore admirateurs de la monarchie et le président Michel Micombero, tombeur de cette institution vieille de plus de 400 ans, entama une tournée dans tout le pays afin de restituer le dû des citoyens qui avaient gagné les procès. Mais cette pratique dura plus ou moins un an.

La deuxième catégorie de prisonniers est celle de détenus qui ne sont inscrits ni dans la prison, ni dans les cachots, ni dans les différentes instances judiciaires. Ces derniers peuvent être victimes d'une négligence du personnel judiciaire. L'exemple qui a marqué cette prison tous les temps est celui d'un surnommé Kayanza, originaire de cette province septentrionale du pays qui porte le même nom. Celui-ci a été appréhendé en 1998 par le directeur de la police de sécurité publique (PSP) à l'époque vers 6 heures, avec un sac rempli de munitions d'armes, dans la zone urbaine de Buyenzi. Ce responsable a interrompu momentanément son trajet pour acheminer l'inculpé dans les cachots de son service avant de poursuivre son chemin.

Dans l'entre-temps, le directeur de la sécurité intérieure au ministère de l'Intérieur a pris avec lui tous les prisonniers qui étaient dans ce cachot pour les transférer à Mpimba. Kayanza fut alors transporté sans avoir été

[108] J'ai intenté un procès contre l'Etat en 1998, suite à l'interdiction de Net Press pendant 8 mois, du 27 mars au 21 novembre de la même année. J'ai gagné le procès mais l'Etat n'a jamais dédommagé l'agence d'information.

[109] Entretien avec Laurent Simbagoye, magistrat de carrière depuis la monarchie et aujourd'hui en retraite.

enregistré à la police de sécurité publique. En 2008, c'est-à-dire 10 ans plus tard, il n'avait jamais rencontré le juge d'instruction. Il sera libéré, sans aucune procédure, à cause de la presse qui s'était saisie de son cas et qui l'avait porté à la connaissance de l'opinion.

D'autres cas sont des prisonniers qui sont accusés de délits mineurs. Des fois, c'est un chef de ménage qui constate que sa chemise ou son pantalon a été subtilisé et s'entend avec un policier pour arrêter son domestique. Et au bout de deux semaines maximum, selon la loi burundaise, les policiers sont obligés d'envoyer les voleurs présumés en prison. Des fois, les siens apprennent la « mauvaise nouvelle » après un certain temps car le patron ne se donne même pas la peine de les en informer.

Il y a aussi des cas que l'on peut juger d'inacceptables quand les mêmes garçons ou filles de ménage demandent à être payés après quelques mois. Il arrive en effet que certains d'entre eux demandent aux employeurs de leur verser les salaires après une période de 6 mois ou plus, une façon de faire des économies quitte à acheter des objets consistants quand ils doivent prendre leurs congés. Quand le chef de ménage trouve qu'il n'est pas en mesure de trouver le montant souhaité par son employé, fait un montage de vol opéré par son boy. Celui-ci, s'il n'est pas envoyé sous les verrous, préfère abandonner et l'argent et le service.

La troisième catégorie est faite de prisonniers qui bénéficient d'une grâce présidentielle mais qui ne sont jamais relâchés par les services judiciaires. De magouilles, mêlées à de la corruption, sont généralement à la base de ce non-relâchement des prisonniers pourtant libérés par le sommet de l'Etat. Ceci ternit évidemment l'image de la justice qui fait de telles pratiques.

La quatrième et dernière catégorie de prisonniers est composée de ceux qui ont purgé la peine mais qui ne rentrent pas, faute d'être informés. Généralement, une information circule comme quoi le magistrat demande une somme d'argent pour libérer le détenu mais à la fin, on découvre que c'était plutôt la section juridique de la prison qui s'est arrogée le droit de rançonner les détenus.

Le rôle des magistrats

Ceci ne veut pas dire que les magistrats ont des mains propres dans de telles pratiques. Il y a d'ailleurs des détenus – commissionnaires qui sont chargés de collecter de l'argent pour le compte de certains magistrats.

Si ce montant est donc obtenu, l'on fait semblant d'avancer le dossier du requérant et il rentre effectivement le jour où sa peine est purgée. Dans le cas contraire, la section juridique cache son mandat d'élargissement et des fois, des prisonniers restent détenus pendant quelques années encore. Signalons que depuis 2006, la libération conditionnelle est devenue une pratique qui n'est plus de rigueur dans l'exercice du droit au Burundi et cela, pour des raisons inconnues des concernés. Pour les cas dont le jugement est la détention à perpétuité, le quart de peine forfaitaire est de 12 ans. Une frustration s'observe donc de plus en plus chez ceux qui ont plus de 10 ans derrière les verrous.

Il arrive que les magistrats se trouvent devant un dossier vide qui ne doit pas normalement emprisonner un justiciable. Mais comme il y a aujourd'hui une mauvaise habitude d'appliquer un dicton populaire qui dit que « La chèvre broute là où elle est rattachée » traduction littérale de « Impene irisha aho iziritswe », les mêmes magistrats rançonnent, sans scrupule, partout où ils peuvent trouver même des miettes dans le milieu carcéral.

Il n'y a pas que les magistrats, certains procureurs de la République sont également dans le coup de rançonner les détenus. Je ne voudrais pas trop entrer dans les détails, mais je pourrais signaler, à travers ces quelques lignes, des exemples qui pourront donner une idée au lecteur du comportement de certains procureurs. Ces derniers concernent uniquement des procureurs de la République en mairie de Bujumbura et, pour des raisons de probité, je ne vais pas citer leurs noms, ni la période pendant laquelle ils ont commis ces impairs.

Un prévenu se trouve dans le cabinet du procureur de la République, celui-ci répond au téléphone et dit "Allo Allo, mes respects Monsieur le Ministre", avant de recommander au détenu de sortir. Quelques instants après, il lui est demandé de regagner le bureau du procureur. Il vient de recevoir des instructions de la part du ministre de la justice.

Un nouveau procureur demande à un prisonnier de nationalité étrangère de lui faire cadeau de sa chaînette qui est en or massif. Ce dernier refuse et la liberté provisoire lui est refusée à son tour. Un autre procureur de la République portait un surnom évocateur, celui d'un montant qu'il exige aux prisonniers pour les relâcher. Enfin, un procureur spécial pose la question à un détenu s'il le connaissait, insinuant implicitement qu'il a été mandaté pour le coffrer. Il répond au téléphone et informe : "Je suis presqu'à la fin".

Sur le chapitre de la corruption, il faudrait signaler qu'un homme d'affaires rwandais lui aurait versé une somme de 1,5 millions de francs burundais pour se voir libérer. Un autre couple qui avait volé plus de 18 millions de francs à une entreprise commerciale, a versé lui aussi une somme de 1,5 millions de francs burundais au procureur qui l'a vite libéré. Le jour de la comparution du couple a coïncidé avec son départ pour le Rwanda.

Voilà donc quelques exemples des magistrats et procureurs qui gonflent les prisons sciemment. J'avais mentionné que toutes les personnes appréhendées dans les différents cachots de la capitale, surtout les vendredis, sont transférées à Mpimba. Cela se fait cependant pour ceux qui n'ont rien donné aux policiers qui les ont arrêtés le weekend.

Dans ce cas, il devient presqu'impossible à la justice de traiter tous ces cas pour une raison très simple. Il y a un surnombre de prisonniers alors que l'Etat affecte peu de moyens à ce secteur. La conséquence est qu'on ne traite pas les dossiers comme il faut ou alors on exige une enveloppe à la victime pour que le dossier soit, non seulement traité, mais également le soit en sa faveur. Ce qui est monnaie courante dans ce ministère aujourd'hui cité parmi les premiers secteurs gangrénés par la corruption.

L'on s'en rend compte, au regard de ce diagramme, des transferts en prison pendant les trois premiers mois de l'année 2010.

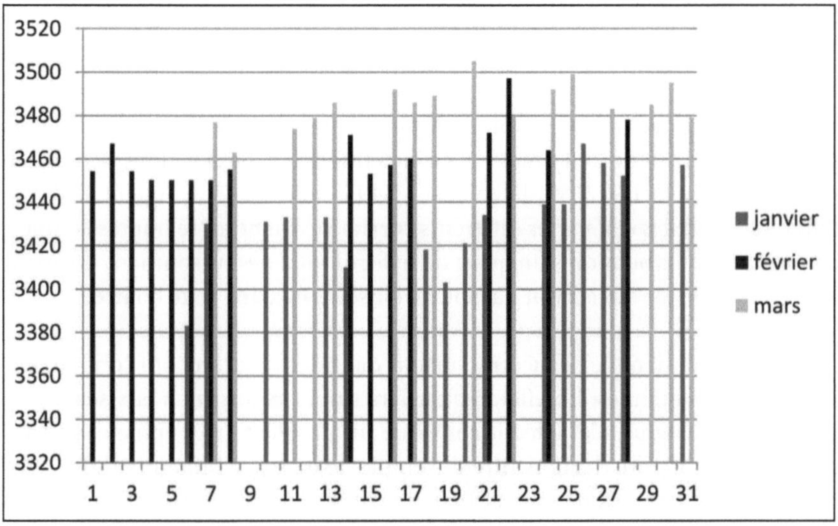

On le voit donc, la tendance des effectifs est de gonfler. Cela est perceptible sur ce diagramme où le mois de janvier porte des effectifs nettement inférieurs à ceux de février, et la même chose pour février et mars 2010. En effet, il y avait à cette époque beaucoup d'arrestations en prison, et rarement de libérations.

4.2. De la vie des détenus dans les quartiers.

J'ai déjà mentionné que la prison de Mpimba possède en tout et pour tout 11 quartiers. Dans le tableau suivant, je livre leurs noms et l'effectif des détenus par quartier.

Nom du quartier	Effectif des habitants
1° Quartier Transit	656
2° Quartier Prévenus	654
3° Quartier Contraint	387
4° Quartier Correction	236
5° Quartier Cellule A	234
6° Quartier Cellule B	153
7° Quartier Mineur Enfant	132
8° Quartier Mineur Adulte	102
9° Quartier Femme	88
10° Quartier Infirmerie A	32
11° Quartier Infirmerie B	11

Source : Prison centrale de Mpimba, 30/05/2011

Il est à signaler que le quartier Transit à lui seul contient plus ou moins la capacité d'accueil de la prison de Mpimba avec un effectif de 656 détenus sur 800 prévus pour cette maison de détention. En faisant donc l'addition, l'on trouve que seuls 2685 détenus sur 3495, soit 76.82 %, logent dans les différentes cellules et dans les différents corridors. Un nombre impressionnant comme 810, plus ou moins un quart de l'effectif total des prisonniers, dorment à la belle étoile, ce qui accroit davantage l'insécurité dans cette contrée.

L'hygiène manque beaucoup, surtout dans des quartiers qui contiennent plus de 200 personnes. En effet, 5 quartiers sur 11 regorgent à eux seuls plus de 62% des détenus. Cet effectif constitue un problème très épineux surtout quand il y a coupure d'eau. A titre d'exemple, le quartier Mineur Adulte, avec 154 habitants au mois de juillet 2010, n'avait que deux toilettes. Il était donc impossible que l'on partage ces deux sanitaires, surtout en cas de maladies diarrhéiques notamment. Pour cela, les prisonniers se sont convenus, avec l'accord de la direction, d'installer deux autres latrines sur leurs fonds propres, dans ce quartier. Comme il y avait une permission officielle, il était prévu que le directeur de la prison inaugure solennellement ces installations. Concrètement, il devait pisser dedans sous les applaudissements des prisonniers. Mais la séance n'eut pas lieu, l'autorité de l'époque ayant été « retenue » par d'autres fonctions plus « urgentes ».

La plupart des toilettes sont d'origine turque. Les usagers sont donc obligés de s'accroupir pour leurs grands besoins. Il y en a qui n'en sont pas capables suite au poids de leur âge ou alors parce qu'ils ont des maladies des nerfs entre autres. Dans ce cas, ils sont obligés de faire fabriquer de petits tabourets troués sur lesquels ils s'assoient et les nettoient après usage. Le comble est qu'ils laissent les mêmes tabourets dans les toilettes qui dégagent après un certain temps une odeur nauséabonde.

D'autres détenus encore qui se soucient peu de l'hygiène de leurs voisins sortent des toilettes sans chasser l'eau après leurs grands besoins. La « sanction » est immédiate pour les gens du quartier car, si les saletés passent une journée sans être évacuées, les détenus doivent cotiser de l'argent pour s'acheter des détergents afin de traiter les déchets. D'autres encore, pour le fait qu'ils n'ont pas où aller, attendent la nuit et vont faire leurs besoins dans le réservoir d'eau du quartier femme. La direction intervient alors pour les nettoyer rapidement pour ne pas causer des maladies dans cette partie de la prison. Ceci est évidemment un geste que nul ne peut expliquer car il est tout simplement inimaginable pour une personne qui a une conscience d'un être humain.

Il faudrait préciser ici que l'un des grands problèmes de cette prison est le nombre insuffisant de toilettes. Au moment où je cherchais encore des données pour ce travail, j'ai pu compter 49 toilettes dans toute la prison, en octobre 2010. Or, cet effectif était prévu pour 800 personnes, aucune autre toilette n'a été installée en fonction de l'augmentation exponentielle des détenus qui avoisinaient 4.000 en mai 2011.

A l'intérieur de la prison, c'est la monotonie. Les détenus se lèvent le matin, certains parmi eux font du sport matinal, ils se lavent, ils prennent leur petit déjeuner, pour ceux qui en ont et après, ils vont dans la cour pour échanger avec les autres compagnons d'infortune. Ils échangent sur des informations de tout genre. Les « évolués » échangent souvent sur la politique en cours avec un regard souvent, si pas toujours, critique à l'endroit du régime, y compris ceux qui sont issus du parti présidentiel, le Cndd-Fdd. L'on peut signaler ici que l'ancien président du Cndd-Fdd, Hussein Radjabu, en détention depuis avril 2007, ne discutait que politique. Les autres sujets ont trait à des holdups opérés par les détenus du fond de la prison, la sexualité, les hommes ou les femmes infidèles, bref, tous les sujets car il n'y a pas de tabou dans ce milieu. A la longue, l'on se rend compte que le milieu carcéral est le plus informé car il parvient à avoir des nouvelles des événements qui n'ont pas encore été rendus publics.

A 12 heures passées de quelques minutes, ils se mettent à table pour le repas de midi, quartier par quartier, ou préférence par préférence. Dans des quartiers « haut standing » comme les infirmeries A et B, ils cotisent par semaine pour la ration. Il y en a qui trouvent que la somme est exorbitante, - 15.000 Fbu à l'époque -, parce que tel voudrait manger de la viande tous les jours de la semaine alors que d'autres estiment que cette pratique est un grand luxe pour un prisonnier. D'autres se retirent de cette organisation car dans le groupe, il y a un tel qui n'est pas son ami et qu'il ne voudrait pas partager avec lui sur le même plat. Ou alors, celui-ci veut manger à midi pile quand la nourriture est encore chaude alors que l'autre voudrait prendre un apéritif en attendant que la chaleur de la nourriture diminue. Même les enjeux politiques ne sont pas à écarter car celui-ci est proche du Cndd-Fdd alors que l'autre appartient à une formation politique de l'opposition. Ce qui est remarquable et de positif, c'est que les enjeux d'ordre ethnique étaient rarement pris en compte en ce moment précis.

Pour pallier à toutes ces inconvenances, les détenus, surtout de l'Infirmerie B, ont décidé chacun de faire sa propre cuisine. Dans ces conditions, ils s'approvisionnaient au marché de Mpimba, constituaient un stock pour une semaine ou plus qu'ils géraient avec le « domestique ». Ils estimaient que c'était plus facile comme cela que de se trouver tout le temps dans des chicaneries liées au partage de la nourriture. Il se pouvait qu'il y ait un repas spécial en provenance de la famille. Dans ces conditions, les détenus pouvaient alors partager ce « cadeau » et cette pratique était courante, surtout les weekends ou les jours de fêtes religieuses.

Après avoir mangé, il y en a qui vont dormir au moment où d'autres retournent à la cour, vers 14 heures 30, pour échanger ou alors jouer aux cartes, au damier, etc. Il y en a également qui se rendent au terrain de football, sous un soleil de plomb, pour échanger sur ce qu'ils considèrent comme un secret. D'autres se rendent au marché, qui pour boire, qui pour acheter à manger pour le soir, bref, plusieurs motifs qui poussent les détenus à se rendre au marché de la prison. Il ne faudrait pas perdre de vue que ce sont les seuls endroits qui sont accessibles dans cet intervalle de 13 heures à 14 heures 30 minutes. Il faut également préciser que les portes sont fermées de l'extérieur par des policiers et au moyen des cadenas.

Signalons enfin que pour vivre dans un quartier, le prisonnier doit cotiser un certain montant d'argent pour être admis. Celui-ci varie d'un quartier à l'autre et c'est le chef du quartier qui doit informer le nouveau venu des conditions exigées pour être accepté. En cas de non-paiement, il est chassé et ses biens jetés à l'extérieur. Dans ces conditions, il se débrouille, soit en demandant un hébergement dans un quartier où les conditions sont plus souples, soit en choisissant de rester à l'extérieur comme tous les autres prisonniers démunis qui n'ont pas d'autre choix.

Cependant, s'il préfère vivre en dehors des cellules, c'est à ses risques et périls car les brigands de toutes sortes vivent dans ces conditions et les probabilités d'agression sont abondantes car il y a la présence de presque tous les fumeurs de chanvre et les ivrognes ayant ingurgité la bière fabriquée localement. C'est l'endroit où l'on enregistre beaucoup de bagarres dans toute la prison de Mpimba. Les rapports des différents responsables des quartiers indiquent souvent qu'ils ont du mal à assurer la gestion de ce milieu suite aux différends de toutes natures qui y sont fréquents.

Les viols sexuels ne sont pas non plus à écarter, tout comme des cas de consentement mutuel qui sont également observables moyennant de l'argent. L'on devrait signaler ici que suite à la surpopulation carcérale, on ne sait plus distinguer les quartiers où loger par exemple des mineurs. C'est pour cela que certains prisonniers de mauvaise intention, atteints de la pandémie du Sida, abusent de l'ignorance de ces jeunes. Il est des voleurs de grand chemin qui ont beaucoup d'argent. Comme l'argent fait tout en prison, les détenus, surtout en bas âge, acceptent de faire des rapports sexuels non protégés pour gagner quelques billets d'argent. Et dans ces conditions, celui qui propose ce service peut être atteint du virus du Sida ou pas car il y a des détenus qui ont accepté de telles offres malgré les avertissements d'autres prisonniers.

Les prisonniers n'ont pas non plus où dormir. J'ai déjà mentionné que plus ou moins 810 détenus n'ont pas de places ni dans les cellules, ni dans les corridors. Dans ces conditions, les prisonniers dorment un peu n'importe comment dans les différentes cellules et les plus hasardeux se fabriquent des sortes de lit en hauteur. Ce sont généralement des prisonniers qui viennent d'y passer beaucoup de temps et qui font louer l'espace d'en bas à celui qui vient d'arriver. Le coût varie suivant le quartier et le pouvoir d'achat du « locataire ». Cette pratique n'existe pas dans les milieux dits « évolués » comme les quartiers Infirmerie A et B et le quartier Mineur Adulte que l'on traite des fois comme quartier Infirmerie C.

Ceux qui n'ont pas la chance d'avoir une place dans les différentes cellules se voient obligés de se chercher où se caser à l'extérieur desdites cellules. L'on devrait mentionner ici qu'il y a deux terrains de jeu dans la prison centrale de Mpimba, celui de football déjà vu que l'on appelle également Stade Mahangayiko[110] et un terrain de basketball. Les détenus qui dorment à la belle étoile logent au terrain de basketball comme le démontre la photo ci-dessous. Ce dernier, contrairement au terrain de football, est situé à l'intérieur même de la prison et la direction autorise que des détenus y dorment lorsque les autres se trouvent dans leurs cellules respectives. Ce sont les seuls prisonniers qui n'ont pas droit à la sieste et en cas d'envie, ils cherchent où dormir dans les cellules, parfois moyennant paiement.

Des prisonniers dorment au terrain de Basket Ball.

En cas de pluies pendant la nuit, ils sont obligés de supporter cette nouvelle donne car ils n'ont pas où se mettre à l'abri. Ils doivent se lever et rester debout pendant tout le temps que va durer la pluie, surtout en cas de pluie torrentielle, de peur d'être noyés en plein sommeil. Sinon, leurs compagnons d'infortune dorment dans les différents corridors qui sont très saturés et d'autres encore sont obligés de se fabriquer des hangars aménagés au même endroit de jeu.

Les gens qui dorment à la belle étoile ont généralement des moyens modestes si bien qu'ils n'ont même pas de matériel de couchage. Ils prennent des sacs d'emballage de la farine vides qu'ils remplissent d'un peu de cendres, de la boue et d'herbes sèches pour servir de matelas. Cependant, cette situation n'est pas le propre des détenus qui passent la nuit en dehors des cellules. De tels matelas sont également visibles dans des quartiers que l'on pourrait qualifier de populaires, chez la plupart des détenus qui sont déjà condamnés et qui n'ont aucune assistance extérieure, leurs familles se trouvant à l'intérieur du pays à titre d'exemple.

[110] Stade de malheurs en kiswahili

Des risques ne manquent pas pourtant

Pour ceux qui dorment en hauteur, ils courent le risque de se faire mal physiquement, - tomber la nuit par exemple -, mais encore cela devient inacceptable dans la mesure où le nouveau prisonnier, « Ikibamba » dans le jargon de la place, doit payer de l'argent pour pouvoir dormir en dessous de lui. Cette pratique peut être également à l'origine des conflits entre le prisonnier qui dort en hauteur et l'autre qui se trouve en dessous car, suite à l'ivresse ou à une toute autre raison, le prisonnier d'en haut peut pisser sur son compagnon d'en bas, entraînant des querelles entre les deux hommes. Seul Dieu sait ce qui pourrait se passer s'il n'y a pas une intervention tant rapide qu'énergique de la part des chargés de la sécurité.

Une autre catégorie de prisonniers dort dans des sortes de tentes situées tout près des quartiers. Ce sont également des endroits à location et le coût varie là aussi suivant son emplacement ou alors le standing social, soit du bailleur, soit du locataire. Il y a également des détenus de la communauté des Batwa qui, à l'instar des autres de cette communauté qui sont libres, se construisent de petites huttes, en isolement avec d'autres prisonniers, soit dans des différents quartiers, soit au marché de la prison où ils préfèrent passer la journée. Il n'y quitte que le soir car il n'a pas le droit d'y loger.

Un Mutwa détenu

Ce Mutwa se trouve devant sa propre « hutte » - mal aménagée, Ndlr - qu'il s'est construite. Il est fier de son logement et il n'entend pas quitter cet endroit quelle que soit la proposition qu'on lui fait. Il dit à celui qui veut l'écouter qu'il vit mieux par rapport à ceux qui vivent à l'Infirmerie A, le quartier supposé être le plus chic de Mpimba. Les Batwa vivent toujours en retrait.

Cette salle sert également de lieu de couchage des détenus. C'est un bricolage des prisonniers car ils n'ont pas où dormir comme déjà mentionner dans les pages antérieures.

La photo d'en bas représente la vue d'un des corridors de la prison centrale de Mpimba. D'aucuns diraient que c'est une photo mal prise. Ce n'est pas le cas car ces corridors sont sombres suite aux activités qui se font en prison. Pourtant, ils portent initialement la couleur blanche.

En plus des activités de la cuisine, il y a également d'autres détenus qui pratiquent le sport de Karaté, qui s'entraînent derrière le quartier Infirmerie B, tout près de la cellule B, tous les jours entre 15 heures et 16 heures. Lors de leur échauffement, ils posent leurs pieds sur le mur et font des exercices, ce qui est une autre cause de saleté que l'on y trouve. Au bout de quelque temps, le corridor redevient sombre.

Vue intérieure d'un des corridors de Mpimba.

Tout autre fait habituel mais gênant est le voisinage de petits insectes comme les punaises, les moustiques, les cafards et les rats qui sont légion dans ce milieu. Ces « voisins » immédiats pullulent et les prisonniers tentent de les phagocyter tous les jours, mais en vain. Seuls les rats sont devenus de moins en moins nombreux car il y a certains détenus qui ont entrepris de les manger, cuits ou grillés. Ces bestioles mangent leurs mets comme le pain ou les fruits, détruisent les biens des détenus qu'ils défoncent s'ils ne sucent pas les gens pendant la nuit.

Outre que les détenus estiment qu'il s'agit d'une viande gratuite, d'aucuns pensent qu'ils auraient été influencés par des détenus ressortissants des pays de l'Afrique de l'Ouest, comme les Camerounais ou alors des originaires de la République démocratique du Congo. En effet, dans le Burundi d'avant la colonisation, le rat n'était pas mangé, l'on s'en servait pour empoisonner des gens, d'après les témoignages de ceux qui avancent que la toxicité du rat est très dangereuse pour la santé humaine.[111]

L'on est donc obligé de nettoyer régulièrement les immeubles, quartier par quartier, avec de l'eau bouillante, mélangée avec du savon Omo ou autre insecticide. Ces bestioles ne disparaissent pas totalement car, dans des moments

[111] On le cuit dans de l'eau bouillante que l'on conserve pour mettre dans l'aliment ou dans la boisson de celui qu'on veut éliminer. Propos recueillis auprès des notables à Gitega, au centre du pays.

pareils, ils migrent vers un autre quartier qui n'a pas organisé une telle activité quitte à revenir plus tard. Après nettoyage, l'accalmie dure une à deux semaines.

4.3. Le jargon de la prison.

Dans toute société, il y a un langage qui n'est compris que par un groupe de gens qui vivent ensemble et dans les mêmes conditions, bonnes ou mauvaises. Dans la prison, c'est exactement la même chose. J'ai donc choisi les termes qui sont les plus courants dans le langage au quotidien des prisonniers. Certains d'entre eux n'ont même pas une signification en langue nationale, raison pour laquelle tous les noms ne seront pas expliqués dans leur étymologie.

- ⇨ Bundes : Je ne vais pas revenir sur ce jargon, tout comme le terme Ikibamba, car ils ont été suffisamment expliqués dans les précédents chapitres.

- ⇨ Ku Matundu : A l'intérieur de la prison, il y a un mur mitoyen entre le quartier des hommes et celui des femmes qui sépare les deux quartiers par un mur troué. C'est là que les hommes et les femmes qui le désirent se rencontrent, discutent de leur projet de faire l'amour et arrêtent un plan commun pour parvenir à cet objectif. Cette pratique est faite par beaucoup de détenus si bien que la drague se fait au grand jour et les détenus n'interviennent jamais pour leur empêcher un tel projet.

- ⇨ Kuvuza RFI : Traduction littérale de tourner le bouton d'un poste de radio pour capter la Radio France Internationale RFI. Le terme s'applique pour les prisonniers qui passent leurs bras à travers des trous du mur, à Ku Matundu justement, pour caresser les seins d'une femme. Cette opération coûtait au garçon demandeur de « service » 500 francs burundais pendant une période de 20 à 30 minutes. Cela se faisait pendant la période de la pause, entre 12h30 et 13 heures le jour et entre 17 et 17 heures 30 le soir, juste avant que les prisonniers ne rentrent dans leurs cellules. Il faudrait également signaler qu'il y avait une autre pratique, sans nom précis celle-là, qui consistait à caresser le clitoris d'une femme au moyen des doigts. Elle durait elle aussi de 20 à 30 minutes et coûtait celui-là 1000 francs burundais.

- ⇨ Kuvyonga : Le terme, qui serait probablement venu des premiers rebelles maquisards détenus, signifie tout simplement agacer un codétenu, un policier, un quartier ou une organisation. Cette action est souvent suivie de représailles fâcheuses contre l'auteur.

⇨ Kwembemba : En kirundi, ce terme s'explique pour un animal qui a envie d'une chose mais qui ne parvient pas à accéder à son désir. C'est par exemple un taureau qui voudrait s'accoupler à une génisse sans y parvenir parce que celle-ci se trouve enfermée dans une étable. Comme réaction, il tourne autour de cette étable pour voir s'il n'y aurait pas moyen d'entrer dedans. Pour les prisonniers, certains d'entre eux cherchent des femmes mais en vain et ils se contentent d'errer tout autour du quartier femme pour voir s'il y aurait une qui pourrait accepter de coopérer avec lui dans ce sens.

⇨ Gutimburura : C'est lorsque les policiers, tout comme les prisonniers chargés de la sécurité, s'occupent à faire rentrer les détenus dans leurs cellules. Ce travail, qui prend une quinzaine de minutes, se fait deux fois le jour, à 13 heures à la mi-journée et à 17 heures 30 le soir.

⇨ Kabizi : C'était une émission très prisée à l'époque d'une station de radio locale dénommée Radio Publique Africaine - détruite par la police le 14 mai 2015 suite à la tentative avortée du coup d'Etat du 13 mai 2015 - de lundi à vendredi et diffusée en direct de 10 heures à 11 heures. Dans le système de téléphonie mobile dans notre pays, il y avait des avantages que l'on donne aux clients suivant le nombre d'unités de recharge qu'ils achètent. A titre d'exemple, l'on peut acheter des unités pour 600 Fbu et activer gratuitement des unités équivalant à 3.000 Fbu. Ce sont ces unités obtenues que les prisonniers appellent Kabizi, une forme de bonus.

⇨ Igisubi : Ce mot a été déjà expliqué dans les pages antérieures comme étant une boisson très alcoolisée que les détenus se fabriquent à l'intérieur de la prison. Mais j'ai préféré y revenir car il faut expliquer qu'il y a deux sortes de bière. La première est légère et elle est consommée par des gens qui veulent tout simplement étancher leur soif ou qui ont un pouvoir d'achat très faible. On l'appelle Uwurukwavu (Umusururu w'urukwavu = bouillie du lapin) et il coûte 300 Fb1u la bouteille. La deuxième sorte s'appelle Uwingwe (Umusururu w'ingwe = bouillie du léopard) qui coûte 600 Fbu. Ceux qui consomment cette deuxième catégorie sont généralement auteurs des bagarres observées dans la prison.

⇨ Guta ikiryango : Littéralement, cette expression signifie jeter le portail et dans le cadre de la prison, ce jargon veut dire tout simplement rentrer à la maison, être libéré.

⇨ Kurya akameka : S'applique aux homosexuels en train de s'« unir ».

- ⇨ Gukuburwa : Il vient du verbe gukubura qui signifie balayer. Ce jargon signifie donc le fait d'être balayé et il a été introduit par un policier qui était Chef de poste à l'époque en prison. En effet, les prisonniers qui étaient attrapés en train de tenter la fuite ou qui commettaient d'autres fautes estimées lourdes étaient au départ bastonnés par les policiers. Les ligues des droits de la personne dans ce pays ont alors dénoncé vigoureusement cette pratique qu'elles qualifiaient de tortures des êtres humains.

Pour contourner ces jérémiades des activistes des droits de l'homme, les policiers ont changé de système. Ils prenaient ces détenus, les déshabillaient, les battaient à l'aide d'un balai et prenaient soin de mettre un peu d'eau à l'endroit battu pour effacer des traces de tortures. Il semble que cette bastonnade fait très mal, les prisonniers se plaignaient toujours chez les activistes des droits de l'homme qui, une fois sur place, ne constataient plus rien, ce qui les avait amenés à conclure que les détenus sont des menteurs.

- ⇨ Shumi : Se dit de deux ou plusieurs détenus qui sont poursuivis pour une même infraction. A titre d'exemple, les anciens députés Pasteur Mpawenayo et Gérard Nkurunziza étaient des « Shumi » de l'ancien député et président du Cndd-Fdd Hussein Radjabu. C'est une situation que les détenus détestent car un codétenu, voulant plaider sa cause, peut enfoncer son ami, consciemment ou pas.

- ⇨ Akama : En kirundi, ce terme signifie gouttelette d'eau et dans le contexte de la prison, il arrivait que les détenus pouvaient faire entrer des boissons très alcoolisées comme des liqueurs, Whisky, Vodka, etc. Ce sont ces boissons que l'on appelait « Akama » du fait que l'on se sert toujours d'une petite quantité, en d'autres termes, quelques gouttelettes de cette boisson.

4.4. De l'organisation de la prison.

Il s'agit de deux types d'organisation dans le milieu carcéral. La première est réglementée par le ministère de la justice et concerne le fonctionnement de la direction de la prison. Il s'agit de l'organigramme de la direction composée d'un directeur principal, d'un directeur – adjoint et d'un directeur ou d'une directrice chargée de la production. Conformément aux accords d'Arusha d'août 2000 pour la réconciliation du peuple burundais, l'équilibre ethnique et genre est des fois respectées. Quand j'étais en prison en 2010, il y avait un directeur principal, Carême Bizoza, un policier issu de l'ancienne rébellion du Cndd-Fdd, donc proche du pouvoir. Son adjoint, Athanase Bizindavyi, était également un policier de l'ancienne armée appelée FAB ou forces armées burundaises, l'ancienne armée régulière. La chargée de la production était une dame du nom de Catherine Tegera.

En bas de cette chaîne de directions, se trouvent cinq services que l'on qualifie de sections, les services se trouvant à la direction générale des affaires pénitentiaires. Il s'agit notamment de la sécurité, de la section juridique, de la section sociale, de la logistique et du secrétariat.

4.4.1. La Direction.

Organigramme de la Direction de la Prison Centrale Mpimba.

Directeur Principal
↓
Directeur-Adjoint
↓
Directeur chargé de la Production

Sécurité	Juridique	Social	Logistique	Secrétariat

D'après l'ordonnance ministérielle N° 550/782 du 30/06/2004 portant règlement d'ordre intérieur des établissements pénitentiaires, chaque établissement pénitentiaire est administré par un directeur assisté d'autant de directeurs-adjoints que de besoin. A Mpimba, le directeur principal est assisté par deux adjoints.

4.4.2. L'organisation interne

L'autre type d'organisation est interne et concerne uniquement des prisonniers. A ces sections de direction, il y a des détenus qui y sont affectés. Mais toutes ces dernières, de la direction au secrétariat en passant par le social et celle de la sécurité, sont caractérisées par la corruption et chaque avantage, même celui auquel le détenu a droit, doit être monnayé pour en bénéficier.

Après cet organigramme de la direction, il est également une organisation interne des détenus qui est de loin la mieux efficace même si elle n'est écrite nulle part. Le système de corruption s'y trouve également mais il n'est pas aussi prononcé car les geôliers se dénoncent chaque fois qu'une telle information leur parvient. Il faudrait noter qu'il est impossible de garder le secret sur chaque geste posé dans un lieu de plus de 3.500 personnes.

Ils sont composés de généraux, des généraux de la sécurité, des appeleurs qui cherchent les prisonniers lors des visites, des colporteurs. On les appelle « Abasombasomba » du nom justement de la fonction qu'ils occupent en prison[112]. En outre, il y a les libéraux, ceux qui sont chargés des champs et de l'élevage dans la prison ainsi que la catégorie des gens très antipathiques dénommée "informateurs".

Ils ne sont pas reconnus, ni de la direction, ni des prisonniers. Ce sont des éléments qui écoutent les prisonniers et déforment l'information pour aller intéresser la direction. Des fois, des prisonniers sont souvent punis pour des actes qu'ils ignorent complètement et apprennent que c'est l'effet des informateurs qui ont induit en erreur le directeur. Si celui-ci ne vérifie pas lui-même l'information reçue, le risque est grand de prendre une mauvaise décision, ce qui peut même entraîner des mouvements d'insurrection en prison.

Ils ne s'en arrêtent pas là. Lorsque le directeur n'est pas en bons termes avec les prisonniers, les informateurs, par on ne sait quel mécanisme, appellent les différentes autorités judiciaires pour donner des informations généralement alarmantes et souvent le directeur de la prison ou ses adjoints sont convoqués pour expliquer des situations qu'ils ignorent totalement. Des directeurs de prison ont été souvent emprisonnés ou chassés de leurs postes pour des mobiles qui tiennent uniquement aux rumeurs des prisonniers.

A titre d'exemple, en 2008, une délégation de la présidence de la République a été dépêchée à Mpimba vers 21 heures. Normalement, à cette heure-là, les prisonniers sont dans leurs cellules et certains parmi eux sont au lit, au moment où les autres prennent leur bière en regardant la télévision. Par surprise, les détenus de l'Infirmerie A ont vu le directeur de la prison et la délégation de la présidence faire irruption dans la salle de télévision. Certains détenus ont pris leurs bouteilles et ont fui avec dans leurs chambres respectives, d'autres sont restés sur place car ils estimaient que la flagrance était déjà établie.

Curieusement, la présence de la bière n'a pas attiré l'attention des « visiteurs » alors qu'elle est interdite en prison. Ils se sont contentés de demander si Hussein Radjabu était dans sa chambre. Cette délégation a poursuivi que des rumeurs circulent comme quoi il veut fuir la prison. Les détenus ont fait remarquer que dans cet établissement pénitentiaire, il n'y a pas de route qui

[112] Gusomba est un terme au départ swahili mais qui est devenu aussi kirundi par son usage fréquent et qui signifie ramasser beaucoup de choses à la fois et les transporter vers un autre endroit, des sacs de riz, de haricot, des choses lourdes généralement.

mène dans sa chambre, il n'y a pas non plus d'aéroport sur lequel un avion peut se poser pour l'embarquer.

Les délégués ont constaté tout de même qu'ils ont été dupés, mais comme des appels téléphoniques se multipliaient, ils ont demandé à le voir physiquement. Le général de quartier est parvenu à entrer en contact avec Hussein Radjabu mais comme il dormait déjà, il a refusé dans un premier temps d'accueillir cette délégation. Mais au bout de quelques pourparlers, il a fini par accepter et les délégués sont entrés dans sa chambre. Après la « visite », ils ont rebroussé chemin afin de confirmer qu'il n'y avait aucune intention de prendre le large.

Il faut préciser que tout ce « personnel » prisonnier travaille bénévolement et touche chacun, à l'exception des informateurs, 1470 Fbu par an, soit moins d'un Euro. Au début de l'année 2011, ils ont connu une « augmentation » de leur pécule et ils ont touché 2450 Fbu ou 1,5 euros. Il semble que ce montant était prévu pour les tout premiers prisonniers qui avaient des responsabilités, lors de l'indépendance en 1962. Et à cette époque-là, 1 franc burundais équivalait à 1 franc belge.

4.5. La vie au quotidien en prison.

Les textes relatifs à la vie en prison portent des dispositions tellement bien faites si bien que d'aucuns pourraient croire qu'il ne manque que la liberté aux détenus. En effet, la loi n° 1/016 du 22 septembre 2003 portant régime pénitentiaire prévoit des droits pour les personnes détenues. En ce qui concerne l'alimentation, les ministres de la justice et de la santé publique déterminent la composition de la ration alimentaire. En plus de la ration servie dans la prison, les détenus peuvent recevoir de l'extérieur des vivres et des boissons non alcoolisées. Les détenus affectés aux travaux lourds reçoivent un supplément nutritionnel conséquent. Il peut en être de même pour les détenus vulnérables.

Quant à l'hygiène, à la santé et à l'habillement, il est stipulé que les détenus doivent être hébergés dans des locaux remplissant les conditions minimales de salubrité et d'hygiène permettant de garantir la santé physique et mentale des détenus. L'administration pénitentiaire pourvoit aux soins de santé des détenus. Dans chaque établissement pénitentiaire, un médecin désigné par le ministre de la santé publique assure le suivi régulier du fonctionnement du service sanitaire et de l'application des règlements sanitaires en milieu pénitentiaire. Le médecin ainsi désigné bénéficie d'une prime d'intéressement.

Sur le rapport du médecin ou du responsable de l'infirmerie de l'établissement, le détenu malade a le droit d'être transféré auprès d'une institution médicale. Une infirmerie est créée dans chaque établissement pénitentiaire. Il y est affecté un ou plusieurs infirmiers à temps plein. Les détenus reçoivent chaque année un costume pénal constitué de vêtements convenables. Ces vêtements ne peuvent en aucune manière être dégradants ou humiliants.

En ce qui concerne la communication, la même loi prévoit que les détenus peuvent avoir des permissions de sortie pour des raisons diverses, appréciées par l'administration pénitentiaire. Les détenus reçoivent librement les visites de leurs conseils pendant les heures légales de service. Sous réserve des conditions pouvant être fixées par l'administration pénitentiaire ou le règlement d'ordre intérieur, les détenus ont le droit de recevoir des visites, en particulier celles des membres de leurs familles. Les détenus peuvent communiquer avec l'extérieur par voie de correspondance avec un sous-couvert du directeur de la prison.

Quant au culte, à l'intérieur de l'établissement, tous les détenus ont le droit d'accomplir les rites de leur religion et de bénéficier de l'accès à un ministère de leur culte. S'agissant des loisirs, des activités culturelles et de la formation, il est organisé dans chaque établissement des activités récréatives et culturelles auxquelles les détenus peuvent se livrer pendant leur temps libre. Les détenus ont droit d'accès à la formation. Ils bénéficient d'un enseignement devant leur permettre d'acquérir ou de développer les connaissances qui leur seront nécessaires pour leur réinsertion sociale, après leur libération.

En matière de réclamation, il est stipulé qu'une personne détenue est autorisée à adresser à l'administration pénitentiaire, à l'autorité judiciaire ou à toute autorité compétente, une requête ou plainte au sujet de la façon dont elle est traitée. Toutefois, la requête ou plainte ne doit en aucune manière avoir un caractère offensant ou subversif. Le refus de la requête ou de la plainte doit être motivé. Le recours à l'autorité supérieure est autorisé[113].

La même loi prévoit également des devoirs des prisonniers dont la discipline en prison ainsi qu'une attention particulière à des catégories spéciales comme les femmes, enceintes ou non, les mineurs, des personnes âgées, des personnes condamnées à mort – la peine de mort existait encore lors de la rédaction de cette loi en 2003 – ainsi qu'aux aliénés mentaux.

---

[113] Loi N°1/016 du 22 septembre 2003 portant régime pénitentiaire, articles 31 - 42

La loi est bien là, claire et limpide dans toutes ses dispositions. Mais une fois à l'intérieur de cette maison d'arrêt, on découvre le contraire car la mise en application de ces textes devient un lointain souvenir. En effet, parmi tous les droits qui sont cités, il y en a qui sont respectés comme la pratique du culte. Les catholiques disposent d'un aumônier qui passe tous les dimanches pour célébrer la messe. Lors de grands moments de la religion chrétienne, le prêtre responsable de la prison visite les prisonniers, soit pour préparer la fête, soit pour faire confesser les fidèles. De son côté, l'archevêque de Bujumbura de l'époque, Mgr. Evariste Ngoyagoye, organisait une visite pastorale une fois par an. Chez les protestants, des visiteurs extérieurs passent de temps en temps les dimanches pour partager la prière avec les détenus. Sinon, les prisonniers protestants prient tous les mercredis, les samedis et les dimanches dans l'après-midi. Les catholiques et les protestants partagent le même hangar et s'entendent pour alterner l'occupation de la salle.

Quant aux musulmans, ils ont aménagé un endroit se trouvant dans le corridor menant au terrain de football. Ils habitent là, ils n'exigent pas d'autres salles même s'ils ont une visite de prière des personnes venues de l'extérieur. Il faudrait dire ici que la prison facilite même l'entrée des visiteurs quand ils ont l'autorisation d'y accéder. Il y a également l'existence d'un dispensaire, d'infirmières mais aussi de deux médecins qui s'enrôlent à Mpimba. C'est un service qui essaye de s'acquitter de sa tâche mais elle est handicapée par le volume de travail au regard de la fréquence des malades qui sollicitent ce service.

Les autres droits ne sont pas respectés du fait que la corruption gangrène ce milieu, de la direction aux généraux, en passant par les policiers comme on va le voir plus loin. Il faut mentionner que ces dispositions avaient également changé en juillet 2016, suite à la crise que traversait le pays en ce moment.

Bref, il est reconnu aux privés de la liberté deux droits essentiellement : le droit de comparaître et celui de se faire soigner. Mais à quelles conditions ?

4.5.1. Le droit de comparution.

Théoriquement, tous les prisonniers ont le droit de comparaître devant le juge, surtout que la liste des détenus devant se présenter dans les différentes institutions judiciaires vient du parquet. A ce niveau, tout semble bien marcher. Mais les listes, une fois arrivées à la section juridique de la prison, la réalité change complètement. Le personnel de là, en complicité avec les prisonniers chargés de ce service, exigent de l'argent pour que l'on soit mis sur la liste. Ceci dit, il est impossible de connaître la liste exhaustive envoyée à la section juridique. Au parquet, les mêmes personnes de ladite section donnent une version incorrecte des faits et indiquent que ce sont les prisonniers absents qui n'ont pas manifesté l'intention de comparaître.

Des exceptions existent cependant. Le cas le plus connu est celui d'un ancien rebelle du nom d'Eugène Sinzumusi, alias Bitaryumunyu (qui ne mange pas du sel, traduction de l'auteur) qui a refusé de comparaître dès le premier jour jusqu'à sa condamnation à perpétuité quelques années plus tard. Son raisonnement était le suivant : « j'ai commis des forfaits, je le reconnais, j'ai tué, j'ai volé, donc je ne peux pas avoir de pardon. Quoi qu'il en soit, poursuit-il, ma peine est connue, c'est la condamnation à perpétuité à défaut de la peine de mort qui a été récemment supprimée. Comme je le sais d'avance, inutile de me présenter au parquet car mon sort est bien celui-là ». C'est le seul cas qui est connu en prison mais la section juridique en fait un cas général alors que bon nombre de détenus ne demandent qu'à comparaître. « Nous le savons, expliquent-ils, si on ne se rend pas au parquet, on ne rentrera jamais ». Les prisonniers sont conscients de la procédure de libération.

Pour le moment, l'on est arrivé à une situation où les pensionnaires de Mpimba contactent les juges d'instruction pour leur demander de comparaître. Et cette demande est souvent accompagnée d'une enveloppe qui varie selon le magistrat-instructeur et le pouvoir d'achat du prisonnier.

Le jour de la comparution, les prisonniers sont entassés dans un camion quel que soit leur effectif. Ils sont accompagnés de policiers qui montent à bord du même véhicule que les prisonniers ont baptisé « Falcon », allusion faite à l'unique avion Falcon 50 présidentiel vendu en 2006 dans des circonstances encore obscures. L'engin de la prison était tellement défectueux si bien que l'on soufflait un ouf de soulagement à l'arrivée au parquet.

J'avais parlé du déplacement vers les instances judiciaires et l'hôpital. D'autres instances judiciaires ont été créées, dont la cour anti-corruption. Les prisonniers étaient toujours en retard du fait que les magistrats de cette cour sont très ponctuels. Une parenthèse à ce propos, l'opinion a pensé qu'ils sont motivés car ils touchent mieux que les autres magistrats, y compris ceux de la cour suprême. Ces magistrats siégeaient tous les jours à partir de 9 heures et quelques minutes après, ils regagnaient leurs bureaux. Or, à cette heure-là, le camion n'avait pas encore démarré de la prison. L'on a dû contourner cette difficulté et les détenus étaient obligés de prendre un taxi, en compagnie des policiers pour qu'ils puissent être à l'heure.

Cette photo d'en bas illustre l'embarquement des prisonniers dans un camion loué qui doivent se rendre dans les différentes juridictions de la capitale, y compris les malades qui doivent consulter leurs médecins. L'itinéraire est connu, le camion quitte la prison et se dirige directement au tribunal militaire dénommé auditorat militaire. Après avoir déposé les militaires, il poursuit son chemin jusqu'au tribunal de grande instance de Bujumbura dont le siège se trouvait au centre-ville à côté de la cour d'appel et de la cour suprême. Pour le moment, le tribunal de grande instance a changé de lieu de travail et se trouve dans la périphérie de la ville, dans la zone urbaine de Ngagara[114], raison pour laquelle il est servi le dernier. Les détenus qui doivent s'y présenter arrivent donc aux environs de 11 heures, et les procès prennent fin vers 15 heures.

Les policiers qui n'ont pas de place dans le camion se mettent sur les barres qui se trouvent au-dessus des détenus et sur lesquels ils s'appuient pour ne pas tomber lorsque l'engin est en plein mouvement. Quel que soit le nombre de détenus qui doivent faire le déplacement, il n'y a qu'un seul véhicule qui est affecté et ce n'est pas rare de trouver que dans ce camion, il y a une centaine de détenus et de policiers, en violations même du code de la route. Toutefois, l'on devrait mentionner que malgré ces conditions, il n'y a pas beaucoup d'accidents liés à ces conditions de locomotion.

[114] Les choses ont changé dans l'entre-temps, la capitale Bujumbura a désormais trois tribunaux de grande instance, dans la commune de Muha au sud, dans celle de Mukaza au centre et de Ntahangwa au nord.

Pour améliorer le système de déplacement des détenus, le ministère de la justice a décidé d'acheter un autre camion de transport des prisonniers, cet engin que les mêmes détenus ont rebaptisé encore une fois « Falcon 40 » pour éviter toute confusion avec le Falcon 50. Selon ceux qui ont déjà voyagé à son bord, il semble qu'il est plus spacieux, plus aéré et plus confortable. Il aurait même des bancs à l'intérieur pour que les détenus qui le désirent s'assoient durant tout le trajet.

Il faut mentionner enfin que le transport des prisonniers vers les institutions judiciaires ou vers l'hôpital se fait uniquement dans la capitale Bujumbura. Les autres maisons de détention de l'intérieur du pays ne font pas cela et les détenus se déplacent à pieds.

Une parenthèse s'impose pour montrer un exemple supplémentaire de malversations économiques dans le domaine de la justice. En effet, derrière le camion, l'on voit une sorte d'antenne qui y est installée. J'ai déjà mentionné qu'il y avait à cette époque plus ou moins 1.000 téléphones portables dans la prison centrale et que la direction ne savait pas comment les retirer des détenus. Des fouilles - perquisitions étaient opérées régulièrement mais les détenus étaient chaque fois informés par les policiers qui, des fois, conservaient les téléphones pour les protéger.

Ne sachant pas quoi faire, la direction générale des affaires pénitentiaires, de concert avec toutes les autorités concernées, ont décidé en 2009 d'acheter, en termes de millions de nos francs, - je n'ai pas le chiffre exact mais je sais qu'il varie entre 150 et 200 millions de nos francs - un outil chargé de brouiller la communication en prison. La commande a été faite auprès d'Israël si ma mémoire est bonne et l'engin était très efficace. Sur place en prison, les détenus ne communiquaient plus et ils étaient obligés de se rendre au quartier cuisine pour tenter d'appeler même si ce n'était pas évident.

L'antenne était tellement « efficace » qu'elle a brouillé le système de communication de tous les camps militaires qui se trouvent à côté de la prison, celui de la direction même et les ménages situés dans les alentours de Mpimba. Les mêmes autorités ont par après décidé d'abandonner l'utilisation de cette antenne. De leur côté, les détenus qui voulaient se rassurer qu'elle ne fonctionnerait plus, ont envoyé des « techniciens » pour abîmer à jamais cet outil. De cette manière, le pays a perdu gratuitement de l'argent, n'a pas bénéficié des bienfaits de cette antenne et la communication tant combattue a survécu à cette initiative des autorités judiciaires.

4.5.2. Le droit de se faire soigner.

C'est un autre droit qui est bafoué par les services pénitentiaires. Il y a beaucoup de malades qui ne parviennent pas à se faire soigner. La logique reste la même que pour le cas précédent. Le détenu qui parvient à « intéresser » la section sociale, voire la direction, même s'il n'est pas malade, saura toujours passer une journée en dehors de la prison, prétextant que les consultations médicales lui ont pris beaucoup de temps.

Pourtant, les vrais malades restent en prison comme je l'avais déjà dit et des fois, ils y meurent, faute d'assistance. Ce sont des cas qui arrivent souvent en weekends quand tous les services de la direction sont au point mort et que seul le service minimum est assuré par les « généraux » prisonniers. Les détenus hospitalisés et dont la nécessité de consulter un spécialiste se fait sentir en fin de semaine doit avoir obligatoirement de quoi payer un taxi pour se rendre à l'hôpital comme je l'avais souligné dans les colonnes d'en haut. Il faudrait préciser ici que Mpimba a un partenariat avec l'unique hôpital public Prince Régent Charles de Bujumbura.

Tous les malades y sont assistés et gratuitement et c'est l'Etat qui paie les soins. Mais il arrive que les arriérés deviennent insupportables par l'hôpital et celui-ci envoie des correspondances au ministère de la santé publique pour qu'il recouvre l'argent dû au ministère des finances. Des fois, cette procédure prend un temps relativement long jusqu'au moment où les services de l'hôpital soient sur le point d'être paralysés. Dans ces conditions, la structure sanitaire chasse les détenus hospitalisés, guéris ou pas, qui reprennent le chemin de la prison. Même ceux qui sont admis ne sont pas soignés à moins qu'ils ne paient au comptant tout comme un détenu qui fréquente un autre hôpital.

Cela est ressenti comme une forme de pression et le gouvernement fait tout pour payer l'hôpital car cette situation de non-paiement, donc de non traitement des prisonniers, peut créer un climat malsain au sein même de Mpimba et comme je l'ai toujours indiqué, s'il y a des choses que les autorités de ce pays craignent, c'est bel et bien le mouvement de grève dans les différentes prisons du pays.

Comme je l'avais mentionné, il y a des détenus qui meurent en prison car l'hôpital a refusé de les administrer. Mais dans ces circonstances, l'on ne mène jamais des enquêtes pour déterminer le degré de responsabilité de la prison ou de l'hôpital, raison pour laquelle il ne doit pas y avoir d'amélioration dans le traitement des détenus malades, impunité oblige ! Quoi qu'il arrive, l'hôpital devrait sauver la vie d'une personne, fut-elle un détenu, avant de penser à l'argent provenant d'un service de l'Etat. En d'autres termes, les détenus ne devraient pas être victimes d'une lenteur ou d'une maladresse administrative car mêmes coupables, ils restent des hommes qui ont droit à la vie.

4.5.3. Les moments de loisirs en prison.

Il semble paradoxal qu'on puisse parler des moments de loisirs en prison. Cependant, il y a des moments où des détenus oublient même qu'ils sont en privation de liberté car ils s'occupent à autre chose, en collaboration ou pas avec la direction. Ce sont notamment les jeux, le sport, la sexualité, le bistrot et des fois la musique.

4.5.3.1. Le sport

Les détenus sont conscients que pour entretenir leur corps, ils doivent faire du sport, des conseils que même des médecins prodiguent souvent lorsque les mêmes prisonniers les consultent. Il faut signaler ici que le détenu qui s'habitue à cette nouvelle vie – les détenus l'accueillent le premier jour, lui donnent de la bière ou du Fanta selon ce qu'il veut, lui font comprendre que c'est un milieu comme un autre, que de toutes les façons, l'incarcération commence un jour et prend fin un jour – prend généralement du poids car il mange sans faire aucun effort physique. Il y a donc toutes sortes de jeux en prison, le football, le basketball, la course, le sport collectif, le Karaté, etc. Evidemment, le sport-roi est le football et la prison comptait 10 équipes de football en 2011 qui organisaient un championnat chaque année.

Le football.

Cette activité est soutenue par les anciens prisonniers et des sponsors provenaient d'autres sociétés intéressées par cette activité. A titre d'exemple, l'équipe « Golden Coffee » est soutenue par une société d'exportation du café qui porte le même nom. Il y a donc quelques biens qui sont offerts et qui sont récupérés par un seul membre de Golden Coffee, désigné et connu de la direction et de la société. En effet, une fois le mois, un membre de cette équipe devait se rendre à son siège pour récupérer par exemple un paquet de café que les adhérents allaient partager au siège de l'équipe. Sinon, les autres sponsors viennent de la fédération de football du Burundi (F.F.B), surtout lors des tournois, où des enveloppes et des ballons sont distribués en finales. Souvent, la présidente de la FFB à l'époque, Mme Lydia Nsekera, était présente, des fois en compagnie du ministre ayant le sport dans ses attributions.

Jean-Claude Kavumbagu et Augustin Niyoyitungira alias King.
Co-gestionnaires au quotidien de l'équipe « Golden Coffee »

En guise de reconnaissance, l'équipe Golden Coffee a érigé sur le stade Mahangayiko un siège où chaque matin, les détenus prenaient du café. Les membres de cette équipe avaient pu trouver des tasses de café, une dizaine au total, qu'ils utilisaient pour partager le café. Le président de cette équipe, Alain Augustin Niyoyitungira, alias King, un homme qui ne manquait pas d'imagination et qui m'a accueilli pour la première fois en prison en 2010, m'a cédé la présidence de son équipe. Il venait d'être désigné général-principal adjoint et n'avait plus le temps de suivre son équipe au quotidien.

C'est à ce moment que j'ai eu des difficultés de gestion de mon temps. En effet, les membres de l'association de football de Mpimba (AFM) ont proposé que je devienne également le président du comité des présidents pour une bonne coordination des activités de cette association. J'étais tout le temps en réunion pour départager les équipes de football en conflits d'intérêt permanents. En effet, il y a des équipes qui pouvaient avoir de l'argent au cours du championnat et qui tentaient de récupérer des joueurs dans des équipes adverses alors que la loi de l'AFM l'interdit. Quand il y a signature d'un contrat, c'est pour tout le championnat mais des fois, les détenus ne respectaient pas ce principe.

C'est suite à mon élévation à la tête de cette équipe que des prisonniers m'ont baptisé toutes sortes de noms : Zongo[115], Mutama (vieux par respect), président, médiateur, etc. Un des policiers de la place m'appelait souvent « Maître » alors que je ne suis même pas juriste de formation. Mon nom sera définitivement retiré des appellations des détenus jusqu'à mon départ le 16 mai 2011. Les noms de Mutama et président ont été maintenus par l'opinion après ma libération, même à l'extérieur de la prison.

Selon des informations recueillies sur place, cette équipe s'est arrangée, de connivence avec les policiers, pour connaître les détenus qui étaient encore dans les différents cachots qui n'attendent que le transfert vers la prison. Quand elle trouvait de bons éléments, des contacts se faisaient avant même que les joueurs n'arrivent. Or, dans cet établissement pénitentiaire, le premier contact vaut le contrat, un principe qui est là même s'il n'est écrit nulle part.

[115] Allusion faite à Norbert Zongo, un journaliste burkinabè assassiné le 13/12/1998 à Ouagadougou, un surnom qui m'a été attribué par Hussein Radjabu, ancien président du Cndd-Fdd..

Cette équipe d'en bas s'appelle « The Wailers ». Lors du championnat de 2011, elle a créé des surprises agréables. En effet, les années précédentes, elle occupait toujours la dernière place, mais au cours de cette saison-là, elle est devenue quatrième derrière Golden Coffee, celle-ci devenue troisième après Manchester United, version Mpimba et Aigle Vert.

L'équipe s'organisait donc pour envoyer aux futurs membres un billet de Bif 5.000 (2,80 euros) aux concernés et quand ils arrivaient en prison, avant même qu'ils ne dépassent le grillage donnant accès à la prison, d'autres détenus leur demandaient pour quelle équipe ils voulaient jouer. Ils étaient surpris d'apprendre que tout le monde disait spontanément : « The Wailers ». Evidemment, il fallait prévoir un autre billet plus ou moins égal au premier pour intéresser le policier qui fait la « course » même si en réalité il ne faisait que son travail de bouger d'un cachot à l'autre. Mais cette mise était pratiquement un jeu de hasard car l'on pouvait tomber sur quelqu'un qui n'a jamais touché au ballon rond mais qui accepte l'offre car il était tout simplement fauché dans le cachot où il se trouvait. Surtout que le remboursement ne se faisait pas dans ces circonstances.

Comme tout est source de conflit dedans, cet « intérêt » pour cette équipe a divisé les sympathisants du football. Pour les uns, malgré ces contacts de « The Wailers », il fallait « dispatcher » les nouveaux joueurs dans plusieurs équipes pour l'équilibre du championnat. Mais pour les autres, il fallait respecter le principe de premier contact = contrat. Les équipes qui ont fait beaucoup de bruits étaient Manchester United et Aigle Vert qui avaient l'habitude de se rencontrer en finale. Elles n'ont pas obtenu gain de cause.

Les exercices physiques et le jogging

Sur le même stade Mahangayiko, d'autres types de sport y sont également pratiqués. C'est notamment le jogging qui est le sport préféré de la plupart des détenus, jeunes comme moins jeunes. Le terrain a des dimensions beaucoup moins grandes qu'un terrain standard et certains prisonniers font plus de deux cent tours autour de lui. Ils commencent très tôt le matin, vers 6 heures, et arrêtent vers 8h30 pour aller prendre leur petit déjeuner. Il y en a qui font une course de fond et contournent ce terrain entre 30 et 50 fois.

Le basketball

L'autre sport qui est très connu en prison est le Basketball. Il y a également quelques équipes qui se constituent et qui essaient d'organiser des championnats. Notons qu'il y a des garçons polyvalents qui pratiquent ces deux disciplines à la fois – le football et le basketball, Ndlr -, car les championnats ne s'organisent pas au même moment. Ici, les matchs commencent un peu tard dans la journée car l'on doit attendre que des prisonniers se lèvent, l'on prépare le terrain avant de commencer la compétition.

Contrairement au football, le basketball n'a pas beaucoup de sponsors et les fans contactent des gens de l'extérieur qui donnent très peu de choses en fonction de leurs moyens. Je pense que ce phénomène est lié du fait que le basketball n'a pas d'associations connues comme le football. Mais à l'intérieur de la prison, les détenus cotisent également à concurrence de Bif 5.000 par personne et lors de la finale, une réception est prévue et ceux qui prennent de la bière ont droit à deux bouteilles chacun. Par contre, ceux qui boivent la bière locale sont généralement les plus servis car elle est achetée par bidons.

Le Karaté

C'est une discipline qui est également présente dans la prison de Mpimba. Les formateurs sont des détenus qui ont évolué dans les différents clubs de Karaté de Bujumbura. Très peu de personnes pratiquent ce sport pour plusieurs raisons. D'une part, c'est un sport qui demande beaucoup d'effort physique, surtout lors de l'échauffement. Déjà à ce niveau, l'on se rend compte que c'est un sport pour les jeunes hommes.

En outre, plusieurs parmi les détenus ne connaissent pas la philosophie de ce sport. Certains d'entre eux, tout comme à l'extérieur de la prison d'ailleurs, sont convaincus qu'il s'agit d'un sport plutôt sauvage, violent et qui peut conduire à la mort au regard des coups de poings et de pieds qui sont échangés au cours d'un combat. Enfin, les plus réalistes préfèrent l'abandonner car après avoir dépensé autant d'énergies, ils ne sont pas en mesure de trouver assez de calories pour compensation. Ils préfèrent l'éviter, de peur d'attraper des maladies comme la tuberculose.

4.5.3.2. La Musique

Très peu de détenus étaient au courant qu'il y avait un groupe de musique en prison. Cela est dû au fait qu'il y a des occasions vraiment rares de s'exhiber car, en dehors des matchs de football, de basketball, de la date du 11 mai de chaque année, date-anniversaire de la mort du chanteur jamaïcain Bob Marley, ce groupe n'apparaît presque pas à Mpimba.

Pourtant, cette équipe existe bel et bien. Elle est dirigée par un sexagénaire, Matajos, qui, en 2011, venait de faire 8 ans de prison. Il avait été accusé de viol d'une jeune fille de 14 ans, chose qu'il a toujours niée même après sa condamnation de 10 ans fermes. Il est composé de quelques six personnes, toutes détenues depuis plus de cinq ans. Les instruments sont usés et l'équipe n'a jamais eu l'occasion de les renouveler, faute de liberté et de sponsor.

Les prisonniers savent cependant s'arranger et pour fabriquer leurs « instruments » de musique, ils prenaient des cartons, des boîtes à lait en poudre pour réparer de nouveau leurs guitares. Lors du concert, toute chanson, qu'elle soit interprétée ou pas, ne concorde plus avec l'originale suite à ce problème.

Matajos, chef d'orchestre de Mpimba.

Pourtant, Matajos est un musicien professionnel qui a évolué dans une équipe très connue de la zone de Buyenzi, appelée « Jasmin » (à lire Jasmine). Il a tellement bien dirigé cette équipe qui était au summum de sa gloire autour de l'an 2000. Il semble que de cette apogée, sont nées des jalousies parmi les membres de l'orchestre qui seraient à l'origine de son emprisonnement suite à un montage orchestré par ses collègues.

Quelques deux ans après son arrestation, tous les instruments avaient été subtilisés et vendus et la salle de musique fermée. Sinon, il a participé à la formation des plus jeunes musiciens qui ont évolué aussi bien au Burundi qu'à l'étranger. Le plus connu est Jean-Christophe Matata, auteur-compositeur de plusieurs titres de musique et qui a fini par s'installer en Europe afin d'y poursuivre sa carrière de chanteur. Jean-Christophe Matata, qui était devenu un célèbre auteur-compositeur-interprète burundais, est né le 20 octobre 1960 à Bujumbura et mort le 3 janvier 2011 au Cap, en Afrique du Sud.

En prison, le loisir dépendait également du tempérament du directeur de la prison. A la fin de l'année 2010, le jour de la Saint-Sylvestre, la direction a autorisé l'entrée de la bière ainsi que l'organisation d'une soirée dansante jusqu'à minuit. Mais du côté des femmes, elles devaient clôturer leur soirée à 18 heures 30 pour regagner après leur quartier. Ainsi, les prisonniers se sont organisés, ils ont acheté de la bière au prix normal de la zone urbaine de Musaga qu'ils ont dégustée pendant toute la soirée.

Les détenus étaient habitués au prix très élevé de la bière qui variait entre 3.000 et 3.500 francs burundais alors qu'à l'extérieur, le prix d'une bouteille de bière était de 1.800 fbu. Ils en ont profité pour cotiser suivant le prix de Mpimba et à la longue, ils ont acheté une quantité qu'ils ont jugée suffisante.

Mais en réalité, cette bière était tellement nombreuse que jusqu'à minuit, elle était encore abondante. Mais comme il y avait cette occasion unique de boire au vu et au su de la direction, les détenus chefs de quartiers ont redistribué la bière, en fonction des cotisations de chacun, et la fête s'est poursuivie dans les différentes cellules, dans le noir – le délestage de l'époque faisait que le courant électrique était coupé de minuit à 5 heures 30 – jusqu'à l'aube. Ce fut la fête qui a le plus réussi dans un calme olympien, contrairement à ce que les détenus avaient l'habitude de voir dans des moments de joie.

Le lendemain, certains détenus ont dormi toute la journée et n'ont même pas eu la force d'aller saluer leurs visiteurs venus à la mi-journée. Or, ce sont de telles occasions – Noël, Fêtes de Nouvel an, Pâques, Ascension de la Vierge

Marie, etc. - qui mobilisent beaucoup de gens d'obédience catholique pour assister aux détenus. Le même phénomène s'observe également lors des fêtes musulmanes comme le Ramadhan, la Fête du Mouton, etc. Outre ceux qui vont voir les leurs, il y en a qui vont y organiser la prière, qui amènent des habits, de la nourriture, etc, bref, beaucoup de cadeaux à l'endroit des détenus et surtout les enfants qui y sont détenus avec leurs parents.

Notons qu'en décembre 2008, j'ai eu droit à un cadeau de Bonne Année de la part de l'Ambassade de France au Burundi, avec deux autres prisonniers, à savoir Alexis Sinduhije, un opposant politique et président du parti MSD ainsi que M. Hussein Radjabu, ancien président du Cndd-Fdd. Pourtant, l'ambassade savait très bien qu'Hussein Radjabu est musulman et qu'il ne prenait pas de l'alcool. Le vin a été remis à un directeur de religion protestante, Victor Segasago, lui-même qui ne boit pas et qui avait l'embarras de remettre cette boisson alcoolisée aux détenus contre la loi en vigueur. Ayant reçu le cadeau vers 10 heures, le directeur, pour ne pas créer un incident diplomatique, a attendu 18 heures, au moment où tous les détenus sont dans leurs cellules, pour appeler un à un afin de remettre le vin. Il disait qu'après vérification, le vin n'était pas très alcoolisé mais ce propos ne nous intéressait pas, étant satisfaits qu'il ait été dupé par l'ambassade de France.

4.5 3.3. Le bistrot.

Dans la prison de Mpimba, la bière fabriquée par la brasserie du Burundi (Brarudi) y est abondante quoi qu'interdite par la loi régissant les maisons de détention au Burundi. C'est surtout la bière Amstel qui est très présente car la Primus est difficile à faire entrer du fait que sa bouteille est gonflée, ce qui gêne son transport. Les détenus font semblant de la faire entrer en cachette et la direction fait semblant de n'avoir pas vu cette intention des détenus. Le dénominateur commun des deux parties est le policier qui se met au service du détenu et qui est toléré par la direction.

Pourtant, si la direction ferme bien les robinets, aucun alcool ne pourrait entrer en prison et, dans ces conditions, la bière coûte en ce moment les yeux de la tête. Il y a donc quelque part une volonté de la direction de détendre l'atmosphère car elle considère que même la détention en soi est déjà un calvaire. Pour elle donc, il ne faudrait pas ajouter le drame au drame.

De cette manière, la bière entre aisément dans la prison. Dans tous les quartiers de Mpimba, il y a des vendeurs de bière qui sont en contact permanent avec les policiers déjà évoqués ci-haut. Des fois, les détenus veulent changer de place, surtout les weekends, et se rendent au marché de Mpimba, pour y rencontrer des prisonniers venus de plusieurs quartiers afin de rigoler un peu. Les détenus rentrent le soir vers 18 heures dans leurs cellules respectives où ils continuent à boire jusqu'assez tard dans la nuit.

Au mois de juillet 2016, les choses avaient changé à la prison. Les détenus qui buvaient au marché rentraient à n'importe quelle heure. Il semble qu'il était interdit de dépasser 21 heures mais cette liberté allait être perturbée par de nouveaux ordres imposés à la prison suite à la crise politico-sécuritaire que traversait le pays. Signalons que les généraux sont actuellement des Imbonerakure, des jeunes de la ligue du parti au pouvoir, le Cndd-Fdd.

Au bistrot du marché de Mpimba

Le milieu est fréquenté les derniers jours de la semaine et c'est un endroit très animé car ceux qui prennent la boisson Brarudi et ceux qui prennent la bière locale s'y rencontrent. Les discussions vont dans tous les sens, des banalités les plus triviales à la politique de haut niveau. Les détenus se racontent un peu de tout, indépendamment de leurs appartenances politiques et ethniques. Souvent, ils convergent sur la plupart des discussions car tous ont quelque chose de commun à savoir le rejet du régime en place. Même les membres influents du Cndd-Fdd qui se retrouvent derrière les verrous changent complètement suivant le temps qu'ils passent en prison. Ils se sentent abandonnés par les « leurs » pour une bonne raison d'avoir commis des fautes ensembles mais quand il s'agit de la punition, ils écopent seuls. Des accrochages y sont également observés mais les gens qui sont là et qui sont traités de « cadres » parviennent souvent à calmer le jeu.

Cependant, après la libération, il y en a qui ont rejoint le parti politique au pouvoir. Il semble que certains d'entre eux étaient physiquement en prison mais que leurs comptes bancaires continuaient à être garnis par le régime. Ce sont des gens qui étaient "conservés" provisoirement car l'opinion les avait dénoncés publiquement.

Cet emprisonnement crée des frustrations car il tient compte également des critères ethniques. Quand j'étais encore en prison, la plupart des détenus issus du Cndd-Fdd étaient d'ethnie tutsi. Il y avait également des Hutu qui venaient au compte-goutte et au bout de quelques temps, ils retrouvaient leur liberté, mais surtout regagnaient leurs postes dans d'autres circonscriptions du pays. Par contre, les Tutsi qui y sont transférés – ils sont généralement accusés de détournements de fonds ou de corruption – passent quelques années en prison, leurs dossiers restant pendants devant la cour suprême. Quand ils en sortent au bout de quelques années, ils deviennent des sans-emplois.

4.5 3.4. La Sexualité

C'est une autre forme de plaisir car ceux qui sont intéressés le font avec beaucoup d'entrain. Sur les photos en bas, l'on voit des hommes et des femmes qui se parlent à travers les trous du mur, à l'endroit que j'ai appelé « Ku Matundu » dans les pages antérieures.

C'est une pratique de loin la plus chère en prison car elle engage beaucoup de personnes qui entrent en jeu et par conséquent, beaucoup de frais. J'ai déjà mentionné que les prisonniers sont très jeunes en moyenne et que leur âge ne leur permet pas de s'abstenir de ce plaisir somme toute biologique. Outre ceux qui parviennent à sortir pour se rencontrer à l'extérieur et ceux qui trompent la vigilance des policiers très tôt le matin, une autre catégorie de détenus passent carrément par la corruption.

Les deux photos illustrent les hommes et les femmes qui se draguent à Ku Matundu

Entrent en jeu donc les policiers bien entendu, les infirmiers et les responsables des détenus, « généraux » de sécurité. Le montant à donner varie entre 40.000 et 50.000 Fbu. Les infirmiers ont le rôle d'admettre un homme et sa « copine » dans le mini hôpital de Mpimba, tout en s'assurant qu'il n'y a personne d'autre. Des fois, ils font sortir des malades qui sont sous traitement, en leur recommandant de parachever la cure dans leurs chambres respectives. Quand il y a des malades, ils leur font entrer dans un hangar aménagé par le CICR qui servait de lieu d'hospitalisation lorsque le mini hôpital était en pleine réfection.

De leur côté, les généraux de sécurité ainsi que les policiers qui sont au courant de l'« affaire » ont l'obligation de sécuriser les « amoureux » jusqu'à la fin de l'acte sexuel. Dans ces circonstances, le temps varie d'une heure trente à deux heures de temps, une sorte de convention non écrite entre les quatre parties concernées : les amoureux, les policiers, les généraux de sécurité ainsi que les infirmiers. Il y a aussi des détenus qui donnent une somme importante à leurs copines –qui varie entre 100.000 et 150.000 francs burundais – pour la ration au quotidien. Dans ces conditions, la femme fait la cuisine et au moment de manger, elle invite son "copain" à partager quelque part.

Encore une fois, la direction est au courant de toutes ces pratiques mais ferme les yeux car quelque part, elle en bénéficie, une partie de l'argent revenant directement à cette dernière, raison pour laquelle elle affiche une indifférence intéressée.

4.5.4. Le prisonnier, éternel insatisfait.

Malgré tout ce dispositif d'organisation, les prisonniers sont toujours insatisfaits et veulent toujours un léger mieux, ce qui est par ailleurs normal chez tout être humain. Le mécontentement s'observe à travers des tentatives d'évasion qui sont devenues le lot quotidien dans les différentes prisons ces derniers temps. Les raisons de la fuite sont de plusieurs ordres. Tout d'abord, les prisonniers estiment qu'ils ont été arrêtés injustement et trouvent, désespérés, que la seule solution à leur problème est de tenter de fuir. Ensuite, des prisonniers qui passent beaucoup de temps en prison sans comparaître pensent souvent à l'évasion. Les condamnés à perpétuité ou à une longue période minimisent le risque de se faire assassiner par un policier qu'ils tentent d'intéresser pour qu'il ferme les yeux le jour de leur départ.

La décision prise de s'en aller, le prisonnier cherche donc des voies de sortie. La première est celle d'offrir aux policiers une enveloppe variant entre

100 et 120 euros. Si le marché est conclu, les policiers qui montent la garde indiquent le chemin au fuyard et quelques temps après, ils tirent en l'air pour avertir aux autres positions de la place qu'il y a un évadé. Le lendemain, ils donnent rapport à la direction qu'un prisonnier non identifié a pris fuite. En cas d'échec, les prisonniers déçus développent un sentiment de frustration et de trahison si bien qu'ils pensent à organiser une grève.

Une autre façon de prendre fuite est quand le prisonnier va se faire soigner en dehors de la prison. Par ruse, il trompe la vigilance des policiers qui l'accompagnent. Généralement, le prisonnier développe une certaine confiance chez les policiers qui pensent à tort qu'il ne peut pas s'évader. Dans ce cas, le « malade » leur donne à boire et quand ils en ont pris assez, il leur dit qu'il s'en va aux toilettes pour ne plus revenir. Et dans ces circonstances, ce sont les policiers qui entrent en prison à sa place, jusqu'à ce que le fugitif soit de nouveau appréhendé.

A ce niveau, il y a eu un cas qui avait montré aux dirigeants de la prison qu'il faut engager des policiers détenant un minimum de connaissance ou de civilisation. En effet, un jour, un détenu a pu obtenir une sortie et il a convaincu les policiers – ils sont généralement deux par prisonnier en visite à l'extérieur - qu'il faut qu'il enlève le costume de la prison car il a rendez-vous avec un dignitaire, Les policiers ont consenti, d'où il a passé à la maison pour changer d'habits et les trois hommes se sont rendus au ministère des finances et sont montés par gradins jusqu'au deuxième étage. Il a demandé aux deux policiers de l'attendre à cette porte alors qu'il entrait dans un ascenseur. Les policiers ont attendu plus de deux heures avant de remarquer que le détenu a été plus malin. Ils sont enfin entrés dans l'ascenseur pour constater que ce n'était pas un bureau comme tel. L'on a appris plus tard que le détenu en question, juste après l'entrée, est redescendu au rez-de-chaussée pour s'en aller en toute tranquillité.

Une troisième voie est celle de demander un transfert, d'une prison à une autre. Quand cette pratique est acceptée, le prisonnier est considéré comme nouveau et donc, inconnu des policiers. Dans ces circonstances, il tente tous les moyens possibles de s'évader du fait que la plupart des forces de l'ordre de sa nouvelle affectation ne le connaissent pas encore.

Quand toutes ces voies échouent, les prisonniers tentent d'organiser des grèves. Mais la raison majeure de la grève est la non-fourniture des vivres par les services étatiques concernés comme mentionné dans le chapitre précédent. L'on sait que les prisonniers ont une quantité de 350 g de farine de manioc ou de maïs, 350 g de haricot et 350 g de riz par jour. A y voir de près, l'on pourrait penser que cette quantité est suffisante. Mais force est de constater qu'ils n'ont jamais cette quantité en même temps. Tantôt c'est le haricot le matin et le riz le soir, tantôt le haricot le matin et la farine de manioc ou de maïs le soir. Le riz et la farine ne leur parviennent jamais en même temps, tout comme le haricot d'ailleurs car si l'un arrive le matin, l'autre produit est servi dans l'après-midi. Pire, des fois les prisonniers passent une semaine ou plus avec le haricot seulement, sans complément. Ce qui réveille un sentiment de révolte.

Une autre raison à ne pas minimiser est quand le directeur de la prison ne veut pas accorder des audiences comme cela est arrivé en décembre 2009. Le directeur de l'époque, Victor Segasago, passait plus de trois mois sans écouter les prisonniers. En guise de réaction, ces derniers ont détruit le bureau de la direction si bien que cinq ans plus tard, le numéro un de l'institution pénitentiaire n'avait pas encore de bureau. Il travaillait en plein air. La vérité sur cette destruction n'a jamais été connue car les prisonniers l'imputaient aux policiers qui, à leur tour, accusaient les détenus de ce forfait.

Quand cette situation arrive, les généraux se concertent avant que la crise ne commence. Car, les grèves commencent toujours la nuit et il est difficile de contenir les prisonniers en colère. Généralement, les policiers tirent dans la foule en colère pour les calmer et ces derniers passent par une vitesse supérieure en jetant des cailloux aux mêmes policiers. Dans ces circonstances, il n'y a plus de visites à la prison centrale de Mpimba. En outre, les comparutions au parquet s'arrêtent jusqu'à ce qu'un nouvel accord entre la direction et les prisonniers soit trouvé.

En 2008 à titre d'exemple, les prisonniers affamés avaient pensé à kidnapper Hussein Radjabu, Alexis Sinduhije ainsi que Jean-Claude Kavumbagu, dont le nombre de jours d'emprisonnement était rapporté au quotidien par la presse privée en guise de soutien. La logique était que si ces trois hommes sont enlevés, la presse va certainement le rapporter, faisant ainsi pression sur les pouvoirs publics afin de débloquer la situation. Les autorités politiques ont appris cette information de la part des informateurs et ces dernières ont vite fait d'acheminer des vivres pour que cette intention soit abandonnée.

Une année plus tard, en 2009, alors que toutes les cellules étaient pleines à craquer, les prisonniers ont indiqué clairement que désormais, aucune autre personne ne sera transférée à Mpimba car il n'y avait plus de place. Le pouvoir de Bujumbura, via le ministère de la justice, a dû relâcher certains prisonniers dont les délits étaient mineurs pour qu'il y ait de la place. Le directeur de la prison à l'époque était devenu un gérant des places disponibles, disait aux généraux qu'il faut qu'ils lui réservent une place à tel ou tel autre endroit. Certainement qu'il était au courant qu'il y a d'autres personnes qui sont en voie d'être arrêtées.

Mais alors, comment vivent les prisonniers du fond de cette maison de détention ? Il faut distinguer deux sortes de détenus, la première catégorie est celle faite de détenus qui reçoivent régulièrement des visites des leurs. Un autre type de détenus n'ont aucune assistance à part cette nourriture dont ils bénéficient de l'administration pénitentiaire. Cette deuxième catégorie affiche donc une pauvreté extrême qui pousse les prisonniers à quémander de l'argent à tout passant, évidemment en prison. Je suis ici évidemment dans la catégorie des prisonniers qui ne vivent pas du banditisme, mais uniquement de la mendicité.

Mais le fait d'assister aux détenus comportait également des risques car ces derniers multipliaient les demandes si bien qu'il était pratiquement impossible de les satisfaire toutes. Et ce comportement se poursuit même en dehors de la prison car les détenus savent qu'à la moindre demande, ils auront satisfaction. Ils écrivaient du n'importe quoi, pourvu qu'ils constatent qu'il y a volonté d'aider de la part du « donateur ». Tantôt ils demandent de payer le loyer de leurs maisons car ils étaient les seuls à travailler, donc capables de payer le loyer, tantôt de leur acheter des chaussures car celles qu'ils avaient ont été volées lors de leur arrivée en prison, etc.

Mais comme je l'avais toujours dit, ils sont tellement imprévisibles si bien qu'ils tendent même des pièges à leurs bienfaiteurs. A titre d'exemple, une Soeur catholique a décidé d'approvisionner quelques détenus nécessiteux en charbons de bois pour éviter qu'ils en demandent chaque fois qu'ils la voient. Mais quelle ne fut sa surprise désagréable de se rendre compte qu'un jour, les détenus qui réceptionnent ce « cadeau » avaient introduit de la drogue dans un des sacs. La Soeur a comparu deux ou trois fois au parquet de la mairie de Bujumbura pour interrogatoire. Elle n'a pas heureusement été condamnée, - le parquet ayant constaté qu'elle n'y était pour rien -, mais elle a décidé de ne plus aider les détenus.

Il faudrait signaler que les détenus font une demande verbale car la plupart d'entre eux ne savent ni lire ni écrire. Mais ceux qui se sentent un peu « civilisés », préfèrent rédiger des lettres tout en mentionnant leurs téléphones portables pour une éventuelle réponse à la requête. Si la réponse ne venait pas tout de suite, il y avait des appels téléphoniques pour demander un rendez-vous afin de discuter en tête à tête.

J'ai donc collecté quelques correspondances qui me demandaient de leur venir en aide car, disaient-ils, ils se trouvent dans une situation intenable. Celui qui donne un billet de 100 francs burundais est perçu comme un sauveur dans cette prison. Ce montant permet d'acheter des charbons de bois pour cuire les aliments fournis par la prison. Les autres achètent des lengalenga (légumes) produits localement même par des détenus pour mélanger avec du riz et ou du haricot ou alors ce dernier produit avec la pâte. Avec le même montant, d'autres préféraient acheter du chanvre pour deux objectifs au moins : pouvoir manger avec appétit son repas du soir d'une part et dissiper les soucis d'autre part.

La photo en bas montre trois de ma garde rapprochée. Le garçon en culotte s'appelle « Sura Mbaya, roho nzuri » (visage maussade, joli coeur)[116], mais les détenus ont gardé le surnom de « SuraMbaya ». Il est en compagnie de Mastylo (debout) et Kagayo (accroupi). Le visage maussade est une combinaison de plusieurs facteurs. D'une part, il a fait un accident de roulage alors qu'il était à moto. Il semble qu'il venait de voler et les populations, pour l'arrêter, ont tendu une corde sur son passage et il est tombé sur son visage par terre, d'où il s'est blessé. D'autre part, il n'a fait qu'enregistrer des bastonnades tout au long de sa vie car il a embrassé la « carrière » de..... Pickpocket depuis son jeune âge.

[116] Traduction littérale en Kiswahili

Cette garde était toujours aux alentours du quartier où j'étais et m'accompagnait partout où j'allais. Cette bonne garde avait un « salaire » de Bif 10.000 par semaine, soit 1.000 Fbu par personne et par semaine, ce qui n'était pas rien au regard de la misère qui se trouve dans le milieu carcéral. Evidemment, si j'ai procédé ainsi, ce n'est pas que ma sécurité était menacée. C'était plutôt pour les inviter à ne pas piller d'autres détenus aussi misérables.

Cependant, ce n'est pas parce que je leur donnais cet argent qu'ils ne volaient pas d'autres prisonniers. Cette bande de 10 personnes était en prison pour des raisons de banditisme. Pour des prisonniers qui entraient pour la première fois, ils les prenaient de force et leur retiraient tout ce qu'ils possédaient comme argent. On assistait donc à de petits vols entre prisonniers, entre ces derniers et les policiers, des vols organisés contre les nouveaux venus et toutes formes d'escroquerie car ceux qui sont appréhendés pour cette infraction gardent cette habitude, même en prison.

En guise de conclusion sur ce chapitre, on le voit donc, la prison est un milieu où, innocents et criminels se rencontrent suite à la justice humaine qui, parfois si pas souvent, est partiale. C'est un endroit où il est difficile de s'adapter car, la surpopulation aidant, l'hygiène est tout simplement impossible. C'est un milieu où les pensionnaires sont très pauvres et passent par tous les moyens, y compris l'escroquerie, pour survivre. C'est un milieu où, pour accéder à ses droits, - je pense aux soins médicaux et à la comparution aux différentes instances judiciaires -, le détenu doit intéresser le responsable de la section.

C'est un milieu où, pour être en harmonie avec tout le monde, il faut rester humble, il faut gérer les conflits qui sont légion, c'est un endroit où, s'il faut un jour passer de meilleurs moments en prison, il faut faire semblant d'être libre et ne pas trop penser au manque de liberté. En effet, quand on est en prison, il faut savoir que l'étape suivante sera de quitter ce milieu. Pour cela, il faut danser, il faut jouer, il faut se divertir le plus possible tant qu'il y a possibilité, il faut lire pour ne pas s'abrutir davantage, il faut même monter des projets d'avenir car, comme je l'ai signalé dans les pages antérieures, ce livre a été conçu en prison même si les manuscrits ont été rédigés après ma libération.

Enfin, je peux conclure que l'établissement pénitentiaire est frustrant pour la simple raison que l'on devient complètement immobile alors que l'on avait la volonté et la force de travailler. Bref, l'on devient complètement inutile pour soi et pour la société mais, sur un autre plan, et c'est cela le paradoxe de la vie, c'est un milieu très édifiant.

CHAPITRE 5 : DES CAS CONCRETS DE L'IMMIXTION DE L'EXECUTIFDANS LE JUDICIAIRE

> « *Puis-je vous dire qu'une pression éventuelle du pouvoir exécutif sur le parquet, pour qu'il prenne dans les vingt-quatre heures une décision contraire à une décision judiciaire, n'est pas de nature à assurer la paix des esprits des habitants de l'Urundi qui désirent que la justice soit rendue dans des conditions complètes et d'indépendance* ».[117]

Dans ce chapitre, il s'agira essentiellement des cas concrets de l'immixtion du pouvoir exécutif dans celui dit judiciaire. Ce sont des cas que l'on présente comme arrestations pour des mobiles politiques ou d'opinion et l'intervention de l'Etat est visible si l'on analyse le comportement des juges qui traitent des affaires pareilles, surtout lors des séances publiques ainsi que l'orientation des jugements. En réalité, ils ont des dossiers qu'ils ne peuvent pas défendre car les infractions sont imaginaires et ce sont eux qui doivent « les fabriquer ». C'est souvent « l'atteinte à la sécurité intérieure de l'Etat », « l'atteinte à la sécurité extérieure de l'Etat », « l'imputation dommageable », « l'outrage à chef de l'Etat », etc, bref, des infractions qui sont inscrites dans le code de procédure pénal et qui sont utilisées à tort et à travers selon que l'on en veut à un adversaire réel ou supposé.

Lors des séances publiques donc, les magistrats qui représentent le ministère public tentent une fuite en avant et ne veulent pas respecter les règles élémentaires du procès. Ils sont parfois arrêtés dans cette démarche par les avocats de la défense qui maîtrisent bien leurs manoeuvres dans pareilles circonstances. C'est ainsi que de telles procédures commencent par des ajustements de la forme du procès avant d'entrer dans le fond.

Aussi, il n'est pas rare de constater que le représentant du ministère public, qui, normalement, instruit à charge et à décharge, charge uniquement l'inculpé à cette occasion, mais avec des arguments non fondés. Il est mal placé quand le siège ou les avocats de la défense lui posent des questions sur ce dossier car il

[117] Guy Poppe, L'assassinat de RWAGASORE, le LUMUMBA burundais, Ed. Iwacu, Bujumbura, 2012, 215 p, p. 147. Il s'agit d'une lamentation datée du 6 décembre 1961 de Me Léon Goffin, avocat de M. Pascal Bigirindavyi, présumé assassin de Rwagasore, qui avait été libéré la veille, le 5 décembre. Depuis, plusieurs coups de téléphone ont été adressés au Résident Général, le menaçant de mort si M. Bigirindavyi n'est pas réincarcéré. Ce qui fut fait le 6 décembre, donc le lendemain.

donne des réponses évasives, dénouées de toute cohérence. Mais malgré cela, le représentant du ministère public demande le maintien de la détention préventive de l'inculpé alors que la défense ne cherche qu'une liberté provisoire pure et simple. Des fois, le représentant du ministère public, à court d'arguments, s'en remet à la cour de céans pour appréciation et celle-ci met l'affaire en délibéré.

L'on est pourtant surpris d'apprendre que, 48 heures après la délibération, le prévenu doit rester en prison. Cette démarche qui est presque similaire pour tous les dossiers politiques poussent les prisonniers à se préparer moralement. Quand ils comparaissent, ils savent d'avance que la liberté provisoire pour eux ne peut pas être octroyée et ils s'attendent toujours au pire, donc à la condamnation. Le secret dans ce pays est toujours dévoilé d'une manière ou d'une autre et l'on parvient à avoir l'information de la part des magistrats du siège, de la provenance d'une telle décision, que c'est tel, - dont les accointances avec le parti au pouvoir sont nettes -, a refusé catégoriquement l'octroi de la liberté provisoire, une visite des éléments de la présidence de la République, etc., ce qui est un tout premier signal assez fort d'une magistrature non indépendante et qui se contente d'exécuter les ordres venus d'ailleurs.

L'étape suivante est l'appel interjeté par le prévenu et sa défense. A ce moment, les délais de la fixation du procès devant le tribunal dépendent de la volonté des juges, là aussi souvent sur proposition de l'Exécutif. Le procès entre cette fois-ci dans le fond et le scénario est toujours le même, le ministère public qui ne parvient pas à charger le prévenu comme il faut, qui ne sait pas exactement quoi répondre face aux questions de la cour de céans et de la défense, qui fait son réquisitoire visiblement dicté d'ailleurs et qui demande une sanction lourde contre l'inculpé.

La cour prend l'affaire en délibéré pour une période de 60 jours[118]. Les pressions sur le gouvernement, qui commencent généralement avec l'incarcération, deviennent plus intenses car tout le monde entre en jeu. C'est le cas des activistes des droits de l'homme, de la société civile en général, des partis politiques de l'opposition ainsi que les missions diplomatiques[119]. Quant aux délais, ils sont prévus dans le code de procédure pénal, mais les juges peuvent aller au-delà ou en deçà car parmi les magistrats, il y en a ceux qui attendent – et le chiffre tend à s'accroître malheureusement, au détriment du bon fonctionnement de la justice - des instructions venues d'ailleurs ou d'en haut, comme on dit souvent dans ce pays.

---

[118] Aujourd'hui, la délibération ne dépasse pas 30 jours.

[119] Cette mobilisation n'a jamais eu lieu à l'endroit d'Hussein Radjabu pour des raisons qui seront précisées plus loin dans ce chapitre.

Généralement, quand les juges acquittent le prévenu, il y a deux réactions de la part du gouvernement. D'une part, peut-être par peur des représailles des personnes acquittées qui pourraient éventuellement porter plainte contre l'Etat pour être dédommagées, celui-ci prend les devants et interjette appel à son tour. Cette attitude pourrait être également dictée par une sorte d'amour propre du gouvernement en place qui ne veut pas perdre la face devant une telle décision de la justice et dont le procès est suivi par le public par voie de presse interposée.

Dans le cas où l'Etat interjette appel, il s'agit en réalité d'une fuite en avant car à chaque convocation, le représentant du ministère public indique que le dossier ne lui est pas encore parvenu. La séance dure moins de trois minutes, il s'agit en réalité de se présenter à la barre, le greffier mentionne que le prévenu libre cette fois-ci a comparu en compagnie de son avocat-conseil, avant de communiquer une autre date de comparution. Des remises sont alors fixées pour une durée de trois mois et au bout de cinq séances sans objet, les deux parties abandonnent l'affaire beaucoup plus par usure.

Une autre réaction que l'on observe souvent est une sanction administrative à l'endroit des juges qui tranchent dans ces affaires dites politiques dans le sens « contraire » à la volonté des dirigeants. Ces derniers sont souvent frappés de mutation d'une province à l'autre, loin de leurs familles respectives, avec des difficultés de rendre visite aux leurs, en plus des doubles loyers pour ceux qui n'ont pas leurs propres maisons - ils sont de loin majoritaires dans ce pays -, et une double ration, aussi bien chez eux que chez les leurs. C'est donc l'une des raisons qui font que la justice accepte facilement de devenir l'instrument de l'exécutif, surtout que c'est ce dernier qui nomme les magistrats. Par contre, quand les autorités politiques sont satisfaites, les magistrats obtiennent une sorte de promotion, une récompense pour avoir condamné le prévenu, avec tous les avantages y associés, notamment le retour dans leurs familles respectives, la promotion interne dont ils bénéficient au service ainsi que l'augmentation conséquente de leurs salaires.

Dans ce chapitre, je vais porter un regard sur des cas de MM. Jean-Claude Kavumbagu, journaliste et directeur de l'agence en ligne Net Press, d'Hassan Ruvakuki, journaliste de la radio Bonesha FM et correspondant de RFI en Kiswahili, de Pierre-Claver Mbonimpa, président de l'Association pour la Promotion des Droits de l'Homme et des Détenus, de Bob Rugurika, directeur de la Radio Publique Africaine, d'Hussein Radjabu, ancien président du Cndd-Fdd, d'Alexis Sinduhije, président du parti d'opposition Mouvement pour la Solidarité et le Développement, Msd et de Juvénal Rududura, ancien vice-président du syndicat du personnel non-magistrat au ministère de la justice.

La liste n'est pas évidemment exhaustive car le pouvoir exécutif a pratiquement sapé tous les partis de l'opposition dont les leaders ont d'ailleurs fui le pays pour des raisons d'insécurité. Il s'agit notamment, à titre de rappel, des forces nationales de libération, Fnl d'Agathon Rwasa, - qui a regagné le pays après trois ans d'exil, du Msd déjà mentionné, du Cndd de Léonard Nyangoma et de l'Upd avec la fuite de Pascaline Kampayano que cette formation politique avait mise en avant pour des présidentielles de 2010. Même l'Uprona qui a tenté de jouer au yoyo à cette période n'a pas été épargné par le Cndd-Fdd au pouvoir qui a tout fait pour diviser cette formation politique dite de Rwagasore.

Cette attitude de boycott s'observe également dans tous les secteurs de la société civile, les activistes des droits de l'homme sont malmenés, les médias privés sont tout le temps convoqués dans les différentes instances judiciaires, si pas détruits comme cela a eu lieu en 2015, les confessions religieuses se rentrent dedans, le barreau est intimidé, bref, tous les secteurs de la vie nationale qui ne pensent pas comme le parti au pouvoir ont des difficultés de fonctionnement. Ce n'est pas évidemment par hasard.

5.1. Jean-Claude Kavumbagu.

Dans cette partie qui me concerne, j'ai jugé bon de présenter brièvement mes cinq emprisonnements ainsi que des interdictions de Net Press, des ennuis endurés sous plusieurs régimes en place à Bujumbura. Les témoignages recueillis auprès des journalistes et des activistes des droits de l'homme feront comprendre combien il est difficile de travailler dans un pays où la dictature s'installe à grands pas.

5.1.1. Le parcours de Net Press

L'agence d'information Net Press a ouvert ses portes le 1er juillet 1996 et fut mise en ligne l'année suivante, en mars 1997. Mais l'agence a rencontré très tôt des difficultés de fonctionnement suite aux tracasseries policières, administratives et judiciaires, tout comme son gestionnaire. Les différents magistrats se servaient de la loi du conseil national de la communication, mise en place en 1992, en même temps que la constitution autorisant le multipartisme, pour phagocyter la presse, surtout privée et montante.

5.1.2. La traversée du désert.

Vers le 20 mars 1998, le journal « Aube de la Démocratie » du parti Frodebu - formation politique fondée par Melchior Ndadaye et ses amis politiques en exil, candidat de ce parti aux présidentielles et vainqueur des élections de 1993 -, fut censuré et retiré des kiosques à vente par les services de renseignement. Comme Net Press avait pu se procurer d'un numéro, elle décida de reprendre les titres de ce journal non autorisé à paraître. Pour cette raison, l'agence fut interdite pendant une période de 8 mois, du 27 mars 1998 au 25 novembre de la même année. Elle sera rouverte suite aux pressions du conseil national de la communication dont les membres venaient d'être changés. La perte sera énorme suite à cette fermeture.

Pour rouvrir ses portes, l'agence a dû recourir à un crédit bancaire auprès d'une institution financière locale très prospère, Inter Bank Burundi où IBB en sigle. Dans l'entre-temps, l'agence a cherché à se trouver un moyen d'autofinancement en cherchant à fournir des services divers dans les bureaux de l'Etat. Ce fut vain. J'apprendrais plus tard, au moment de la rédaction de cet ouvrage, que non seulement les services de l'agence ne devraient jamais être acceptés, mais également qu'il fallait rompre tous les abonnements des services publics. Ne faut-il pas voir dans cette intention une façon de cacher les crimes que les hommes politiques au pouvoir commettent à leurs citoyens ?

5.1.2.1. Approche pour « collaboration… »

L'année suivante, au mois de mars, le porte-parole du président de la République, Apollinaire Gahungu[120], contacte le directeur de l'agence Net Press. Le message vient du chef de l'Etat qui propose de collaborer avec la présidence de la République moyennant… pour lutter « efficacement » contre les écrits d'une parlementaire allemande, Brigitte Erler, gestionnaire à l'époque d'un site d'information dénommé « Burundi Buro ». Celle-ci écrivait des contrevérités sur le Burundi et chargeait tout le temps le régime de Bujumbura, mais surtout l'armée dominée à l'époque par les Tutsis, d'être responsable des différents massacres des populations civiles, essentiellement hutu, au Burundi.

Un refus net de « collaboration » avec le pouvoir d'alors sera senti comme un affront car, dans l'entendement des dirigeants, un jeune homme ne pouvait en aucune manière refuser une offre de la présidence. C'est qu'il y avait – et c'est toujours la même explication si pas la conviction – des politiciens très riches à la main invisible qui étaient derrière moi et qui me manipulaient pour désobéir au régime en place.

Pour la première fois en 1998, le service national des renseignements m'a taxé d'être proche du Frodebu. J'ai demandé le type d'infraction que j'avais commise au moment où le pouvoir de Pierre Buyoya était en pourparlers avec la formation politique de Melchior Ndadaye pour former un régime de transition. La réponse se fera toujours attendre. De même, j'avais toujours posé la question de savoir pourquoi le président Pierre Buyoya, de loin plus puissant que tout le monde, ne pourrait pas me racheter à son tour si jamais ne je roulais pour de l'argent. Cette question n'aura pas non plus de réponse de la part de la haute sphère de la République.

5.1.2.2. Vers la prison.

En mai 1999, le procureur général de la République de l'époque, Gérard Ngendabanka alias Foti, convoqua le directeur de Net Press. Il était question de lui demander la source d'une information qui avait été publiée sur le parquet général dont il venait d'hériter la gestion au quotidien. Il fut le premier à indiquer qu'il déteste Net Press car cette agence d'information rapporte uniquement des rumeurs. Il informa en outre que M. Jean-Claude Kavumbagu pouvait être emprisonné pour ses écrits[121]. Faute de la source d'information, il

[120] Il s'est éteint dans la nuit du 26 au 27 avril 2015

[121] Entretien avec le procureur général de la République, Gérard Ngendabanka, dans son cabinet de travail, le 26 mai 1999..

convoqua tout le personnel de l'organe d'information et ordonna à ses collègues magistrats de se présenter un à un devant l'équipe de Net Press. Ce fut vain.

Presqu'au même moment, le procureur de la République en mairie de Bujumbura, M. François Ndayiragije, convoqua le directeur de Net Press pour lui signifier que son agence ne fait pas de dépôt judiciaire. A travers la loi sur la presse de 1997, il n'était prévu nulle part de dépôt judiciaire pour les agences de presse et les radios, mais plutôt pour les journaux. Après une explication au procureur de la République en mairie de Bujumbura[122], il rétorqua qu'il ne comprenait pas la différence entre une agence de presse et un journal. Cette ignorance de l'autorité judiciaire équivaudra à une infraction de la part de Net Press. Son directeur, Jean-Claude Kavumbagu, sera envoyé en prison du 16 au 29 juin 1999.

A cette date, l'ancien président Pierre Buyoya participait aux cérémonies d'investiture du nouveau chef d'Etat sud-africain, Thabo Mbeki, le 16 juin 1999. Il y avait également à l'ambassade des Etats-Unis au Burundi, une diplomate du nom de Maria Olson, qui était nouvellement affectée à Bujumbura en provenance du Burkina Faso. Elle avait été témoin de l'assassinat d'un journaliste de ce pays du nom de Norbert Zongo, le 13 décembre 1998. Croyant que la situation pouvait ressembler à celle qu'elle venait de vivre au pays des « Hommes intègres », elle a vite alerté son pays par le biais du secrétariat d'Etat.

Comme les Etats-Unis devaient envoyer leur représentant à ces cérémonies en Afrique du Sud, Howard Wolpe – qui a rendu son âme en octobre 2011-, posa la question au président Buyoya, parti la veille, de savoir pourquoi Jean-Claude Kavumbagu était en prison. L'ancien chef de l'Etat rétorqua qu'il n'était pas détenu mais que la justice le poursuivait pour ses écrits. Son interlocuteur sortit une dépêche "mail" venue de Bujumbura où l'on parlait justement de cette incarcération. Il ne répondit rien, faute d'arguments. Au retour de l'Afrique du Sud, il intima l'ordre à son ministre de la justice de relâcher le journaliste.

5.1.2.3. Net Press, source de tous les maux !

Au mois de décembre de la même année, le premier vice-président de la République à l'époque, Frédéric Bamvuginyumvira, un Hutu du Frodebu, effectua une visite de travail au Kenya. Il profita de cette occasion pour rencontrer les compatriotes hutus vivant dans ce pays, probablement en exil.

---

[122] Entretien avec le procureur de la République en mairie de Bujumbura, François Ndayiragije, dans son cabinet de travail, dans la matinée du 16 juin 1999.

Les informations parvenues à Net Press ont été relayées et le président Buyoya en a rougi. Il pensa encore une fois à un emprisonnement mais celui-ci n'eut pas lieu pour des raisons qui n'ont jamais été portées à la connaissance du concerné.

En l'an 2000, au mois de mai, une information circula sur internet et accusait le couple présidentiel de détourner le sucre produit localement afin de l'exporter vers le Rwanda voisin. Deux semaines plus tard, son porte-parole, qui venait de lire l'information, fit un démenti. Forts de cette nouvelle donne, les journalistes de Net Press publièrent ce document, y compris le texte du porte-parole du président de la République. Le président Buyoya exigea encore une fois que M. Kavumbagu soit arrêté. Son ministre de la justice, Térence Sinunguruza, fit tout pour arrêter le journaliste mais celui-ci était en dehors du pays en ce moment.

En cette période précise, j'étais en Afrique du Sud, à Pretoria, sur invitation de l'Ong « ACCORD » (African Centre for the Constructive Resolution of Disputes), dirigée par Graca Machel, l'épouse de Nelson Mandela. Une trentaine de personnalités avaient pris part à cette délégation. Parmi elles, trois journalistes, dont Jean-Claude Kavumbagu, sur demande expresse du plus célèbre prisonnier de la planète, qui avait la curiosité de voir à quoi ressemble un journaliste incarcéré.

Jean-Claude Kavumbagu debout derrière Nelson Mandela, au milieu de ses confrères de Bonesha FM et de l'ABP, à Pretoria, le 29 mai 2000.

Au retour le 2 juin 2000, tout le monde me félicitait, disant que j'ai failli retourner en prison. Ce fut l'ancien maire de la ville, Pie Ntiyankundiye, qui me fit part le premier de ce risque encouru au téléphone et quand j'ai voulu savoir davantage de quoi il s'agissait, il me répondit gentiment de poser la question aux autres.

5.1.2.4. L'omniprésence du mal

Une année plus tard, en décembre 2001, un site clandestin dénommé « Le Témoin » s'en est pris violemment au procureur général de la République dans des termes les plus virulents. Ce dernier, qui ne comprenait rien de l'internet, suspecta Kavumbagu d'être à l'origine de ces écrits incendiaires. Il est de nouveau arrêté et placé en garde à vue à la police judiciaire des parquets (P.J.P) le 21 décembre. Malgré toutes les démonstrations faites que Net Press n'y était pour rien, le procureur général décida le maintien du directeur de l'agence en ligne dans les cachots de cette police. Le 27 du même mois, soit six jours plus tard, le prisonnier comparaîtra chez un magistrat du parquet de la mairie de Bujumbura, en compagnie de ses avocats-conseil. Par surprise, l'on constata qu'il n'y avait rien dans le dossier, sauf un mandat d'arrêt et la copie du site « Le Témoin ».

M. Kavumbagu sera transféré à la prison centrale de Mpimba où il sortit deux jours plus tard, moyennant une amende transactionnelle de 100.000 francs burundais, plus ou moins 120 dollars à l'époque. Les avocats-conseil m'ont suggéré de payer cette amende car, d'une part, il ne fallait pas passer la fin de cette année-là en prison et d'autre part, m'ont-ils expliqué, la justice avait procédé ainsi pour sauver la face.

Au sortir de la prison, le 29 décembre 2001, j'ai déclaré que « ma libération était une victoire de la presse et du barreau de Bujumbura », j'ai remercié tous les intervenants qui ont contribué pour ma libération, les activistes des droits de l'homme, les missions diplomatiques et consulaires accréditées à Bujumbura ainsi que les populations qui avaient condamné par voie de presse ma détention. Mais c'était sans compter que le pouvoir se sentait déjà frustré par cette « défaite » que venaient de lui infliger la presse et le barreau.

Le 15 janvier de l'année suivante, alors que je participais aux activités de la ligue des droits de la personne dans la région des Grands-Lacs africains

(LDGL) à Goma, à l'Est de la République Démocratique du Congo, j'ai appris que l'agence a été de nouveau interdite. Dans la soirée, un message m'est parvenu, m'informant que depuis la veille, l'agence Net Press est interdite pour une durée indéterminée par le tout nouveau ministre de la communication, Albert Mbonerane. Je suis rentré le 17 janvier et quand je suis entré en contact avec ce membre du gouvernement qui a pris la mesure pour en savoir davantage, il me révéla que la sanction a été prise parce que j'avais fait une déclaration « triomphaliste » quand je suis sorti de la prison le 29 décembre de l'année écoulée. La sanction durera 37 jours, du 14 janvier au 21 février 2002.

Bien que l'agence fût fermée pendant ce mois et quelques jours, cela ne veut pas dire que j'ai arrêté mes activités de journaliste. En cette période, le régime a voulu remplacer l'équipe sortante du conseil national de la communication. Au niveau de la Maison de la Presse, on a procédé à des élections des journalistes qui vont siéger dans le nouveau Cnc. J'ai été élu parmi les journalistes qui devaient faire partie de la nouvelle équipe mais le même ministre de la communication, qui avait pris des sanctions à l'endroit de Net Press, prit une autre initiative de me rayer de la liste des membres de ce conseil. Une autre preuve, s'il est indispensable d'en fournir, que la méfiance de l'autorité administrative et politique porte aussi bien sur la personne de Kavumbagu que sur ses activités.

A ce sujet, Reporters Sans Frontières écrit que « Le 14 janvier 2002, le ministre de la communication, Albert Mbonerane, ordonne la suspension sine die de Net Press en raison du caractère 'subversif, diffamatoire, injurieux et mensonger' de ses publications qui portent 'atteinte à l'unité nationale, l'ordre, la sécurité et la moralité publics'. Le 20 janvier, le ministre rejette la candidature au sein du Cnc de Jean-Claude Kavumbagu, le directeur de Net Press. 'Nous sommes dans un contexte de guerre civile au Burundi, et il n'y a personne, y compris les journalistes, qui soit autorisé à saborder l'action gouvernementale dont le premier objectif est de ramener la paix et la sécurité dans le pays', déclare par ailleurs le ministre. Le 21 février, il lève la mesure d'interdiction et autorise l'agence Net Press à reprendre ses activités. Selon le ministre, Jean-Claude Kavumbagu a promis de s'amender', mais le journaliste dément et affirme qu'il s'agit d'une 'injustice qui a été réparée' »[123].

[123] Reporters Sans Frontières, La liberté de la presse dans le monde, rapport 2003, Maury-Eurolivres, France, 616 p, p. 24.

- Emprisonnement sous Domitien Ndayizeye

Au mois de mai 2003, le 21 mai précisément, l'agence Net Press a écrit dans ses colonnes un article intitulé « Burundi – Société – Malversations ». Dans cette dépêche, il était mentionné que « le nouveau vice-président de la République, Alphonse – Marie Kadege, vient de prendre en location un immeuble sis quartier Kinanira III qui lui servira désormais de cabinet privé. Le loyer mensuel de cet immeuble appartenant à son beau-frère serait de 3 millions de Fbu, selon les spécialistes en la matière... ».

Pour le ministère public, Net Press, via Jean-Claude Kavumbagu, a écrit des diffamations à l'égard de la personne du vice-président cité ou à l'exposer au mépris public, et qu'il s'agit d'une infraction d'imputation dommageable prévue et punie par l'article 178 du code pénal, livre II. En outre, M. Jean-Claude Kavumbagu a écrit des diffamations à l'endroit de la personne du vice-président cité et a commis l'infraction de délit de presse au sens de l'article 44 du décret-loi n° 1/006 du 21/3/1997 régissant la presse au Burundi.

Jean Claude Kavumbagu sera condamné à deux ans de prison et à 50.000 Fbu d'amende. Ce jugement, qui est intervenu en date du 30/06/2005, ne sera jamais exécuté et n'a jamais été porté à la connaissance du prévenu. Il sera brandi de nouveau – je l'ai perçu comme une forme d'intimidation - en 2008 lors de ma 4ème arrestation. Le document me parviendra le 29/09/2008 après une vingtaine de jours d'incarcération à la prison centrale de Mpimba. J'ai naturellement interjeté appel auprès du président de la cour d'appel de Bujumbura.

En réalité, il n'y avait plus d'enjeux car le vice-président dont il était question, Alphonse-Marie Kadege, avait été chassé sans manière de la vice-présidence et avait été humilié par des bastonnades à la documentation nationale, devenue service national des renseignements, en 2006, avant de fuir le pays. Jusqu'à présent, l'affaire reste pendante devant la cour d'appel de Bujumbura. A chaque comparution, le ministère public indique qu'il n'a pas encore eu de copie de la part du tribunal de grande instance de Bujumbura.

Malgré cette tentative d'incarcération de M. Kavumbagu, il ne serait pas superflu de mentionner qu'au sortir de cette dépêche, le vice-président de la République de l'époque a directement quitté la maison dans la soirée même, ce qui explique, sans risque de se tromper, que c'est lui qui téléguidait cette tracasserie judiciaire car l'information avait été avérée.

Pour revenir à mes activités, il convient de noter que dans l'entre-temps, toujours en 2003, l'agence avait créé des liens avec d'autres sites qui s'intéressent sur le Burundi. Parmi eux, il y avait un qui portait le nom de « Agora » et dont les gestionnaires se trouvaient en Europe du Nord. Sur la page d'accueil de ce site, il y avait des hommes politiques burundais qualifiés de « génocidaires », à savoir Pierre Buyoya (ancien chef d'Etat), Alphonse-Marie Kadege (ancien vice-président sous la période de la convention de gouvernement), Jean Minani, (alors président du parti Frodebu avant que ce parti ne se disloque dans plusieurs groupuscules), ainsi que Domitien Ndayizeye (ancien président de la 2ème tranche de la transition). Sur ces images qui défilaient tout le temps, on voyait également du sang couler, pour montrer que ces personnalités sont à la base des massacres à caractère génocidaire que le Burundi a connus depuis 1993.

Le lien créé sera visible sur mon site pendant deux mois avant que le pouvoir ne s'en aperçoive. Cela fut interprété encore une fois par le régime en place comme une infraction commise par Net Press. Le même ministre de la communication a convoqué dans son cabinet de travail M. Kavumbagu pour l'intimer l'ordre d'effacer ce lien. L'interlocuteur dira que le ministre connaît parfaitement le fonctionnement des sites pour l'avoir géré avec Brigitte Erler sur le site de « Burundi Bureau » quand il vivait encore en exil en Allemagne, donc que ce lien ne peut pas du tout engager Net Press. Il insista et je lui ai dit qu'il s'agit d'une tracasserie administrative à mon endroit. Le lendemain, un samedi, jour férié, je suis allé au bureau et effacé ledit lien à 11h. A 12 heures, les policiers ont fait irruption dans le même bureau où ils ont trouvé le directeur de l'agence qui fut arrêté et gardé dans les cachots de la documentation nationale, une police présidentielle, du 5 au 10 juillet 2003. Plus tard, Albert Mbonerane dira à toute personne qui voulait l'écouter que quand le lien a été effacé, c'était trop tard car il avait déjà prévenu la police.

Arrêté donc un samedi le 5 juillet 2003, un jour férié, à midi au bureau, l'interrogatoire fut confié, de 14 heures à 16 heures, à un agent qui affirmait ne rien connaître du fonctionnement d'internet. Ce à quoi M. Kavumbagu a rétorqué que ce n'est pas normal qu'il soit emprisonné pour des raisons que même l'instructeur ne comprend pas. A l'aube du 7 juillet 2003, une attaque combinée des rebelles du Cndd-Fdd et du Palipehutu-Fnl encore au maquis s'opéra sur Bujumbura. Des roquettes furent larguées sur la capitale, surtout vers l'Etat-major de l'armée qui était le plus ciblé et qui se trouve juste à côté de la police présidentielle. Des fois, ces bombes tombaient tout près de la cellule où je me trouvais. Tous les fonctionnaires de la Documentation prirent fuite et je restais seul détenu dans cet espace de plus de 4 ha, avec quelques policiers qui montaient la garde et qui, eux non plus, n'avaient pas de choix.

Un autre interrogatoire interviendra le jeudi 10 juillet de 18 heures à 20 heures, cette fois-ci par un autre agent qui ne comprenait pas non plus l'usage de l'internet. Lui au moins sera honnête pour au moins deux choses : d'une part, il a reconnu que l'interrogatoire se fait en dehors des heures de service et d'autre part, il m'a dit qu'il a été chargé de me demander de bien expliquer ce que signifie le lien internet, par qui ? Comme un écolier, il se mit à prendre des notes que je lui dictais, moyennant quelques corrections de fautes d'orthographe, à l'image d'un cours magistral d'un professeur d'université.

Après cette séance, il me dit de rentrer pour revenir le lendemain à 9 heures. J'ai refusé, arguant qu'il s'agit d'une astuce de la Documentation nationale pour me tuer avec comme argument que je tentais de fuir. En outre, il y avait un couvre-feu à partir de 19h00 à cette époque. Comme je venais de passer des jours dans ce cachot, disais-je, autant y passer la nuit et attendre le rendez-vous du lendemain. Il me dit qu'il s'agit d'un ordre qu'il me donne de rentrer. Ce fut un bras de fer car je ne voulais pas céder et j'ai clairement indiqué que je n'avais pas confiance en cette police.

Les policiers ont alors commencé à appeler au téléphone à des gens que je n'ai pas pu identifier pour évoquer ma position. C'est ainsi qu'ils ont cherché un véhicule de ce service pour m'évacuer.

Le lendemain, je me suis présenté de nouveau à 9 heures et l'interrogatoire a commencé 3 heures plus tard, à midi. Comme la veille, l'agent me dit d'expliquer de nouveau le fonctionnement d'internet. A la question de savoir s'il n'avait pas lu le procès-verbal de la veille, il me répondit que cela ne me regarde pas. Cette fois-là, la séance a duré 20 minutes. Il me dit de rentrer et surtout de ne pas éteindre mon téléphone. J'ai rétorqué que je ne l'ai pas acheté pour l'éteindre. Ce fut tout et jusqu'à présent, l'on ne m'a plus convoqué sur cette affaire, probablement que l'usage d'internet est devenu plus tard une pratique courante de la plupart des cadres de l'administration et de la police.

Je dois dire que ce qui est frappant dans ce milieu est que les propos d'un planton, vrais ou faux, sont pris en considération par les autorités et que des cadres ont été chassés à cause de ce qui a été raconté. Avant mon arrivée dans ce cachot, il y avait quelqu'un d'autre qui avait connu le même sort que moi. Il avait eu la chance de rencontrer un officier de garde de sa connaissance et à 18 heures passées de quelques minutes, il a demandé à un policier de garde d'ouvrir le portail pour qu'il aille faire ses petits besoins. L'autre répondit que 18 heures passées, la porte est fermée jusque le lendemain, l'invitant à pisser dans une bouteille vide quitte à la jeter le lendemain. Par ailleurs, c'était la pratique de toute personne enfermée dans ces cachots-là, mais mon prédécesseur ne le savait pas car c'était pour la première fois qu'il connaissait une telle mésaventure.

Mon compagnon d'infortune insista et demanda finalement la permission à l'officier de garde, ce qu'il obtint. Le lendemain, le policier de garde donna rapport aux plus hautes autorités de cette police, ce qui coûta le poste à l'officier. J'ai appris plus tard que les deux hommes se haïssaient pour la simple raison qu'ils étaient ressortissants de deux provinces « ennemies », Bururi et Mwaro.

5.1.2.5. La manipulation du CNC.

Une petite accalmie fut observée jusqu'en 2005 quand l'agence a publié des informations sur le comportement peu recommandable du président de l'assemblée nationale, le Dr. Jean Minani. En effet, il prenait un verre de trop et ne se gênait pas de recevoir des délégations des diplomates alors qu'il était dans un état d'ébriété. Il ne prenait même pas de notes lors des discussions si bien que le lendemain, il avait tout oublié et par conséquent, il ne mettait pas ses promesses à exécution.

Ce dernier influença le président du conseil national de la communication de l'époque, Jean-Pierre Manda[124], qui interdit Net Press pour une semaine, du 11 au 17 mai 2005. Trois jours avant cette fermeture, je m'étais rendu en province de Bubanza (à l'Ouest du pays), à une quarantaine de kilomètres de Bujumbura la capitale, où quelqu'un qui était sur place m'a demandé si Net Press était déjà fermée. J'ai répondu par la négative mais il m'informa avec assurance que l'agence doit fermer. Ceci était une autre preuve que dans notre pays, n'importe quelle autorité décide n'importe quoi et n'importe comment et cela, en toute indiscrétion.

[124] Il ne comprenait rien de la communication et n'avait pas peur de le déclarer haut et fort. C'était une sorte de factotum nommé pour museler la presse privée.

5.1.2.6. Le statu quo malgré le changement politique

Les élections furent gagnées par le Cndd-Fdd en 2005. Le jour de l'investiture du nouveau président, Pierre Nkurunziza, le chef de l'Etat, prononça un discours où un passage a attiré l'attention des professionnels des médias. Lors des remerciements des uns et des autres, il n'a pas oublié les journalistes pour le travail accompli, ce qui était tout à fait inhabituel de la part des autorités politiques. Les hommes et femmes des médias ont alors nourri l'espoir que les tracasseries à leur endroit allaient prendre fin mais cet amour fut de courte durée. Une mésentente a vite éclaté entre l'homme fort du Cndd-Fdd, Hussein Radjabu et le directeur de la radio publique africaine, RPA de l'époque, Alexis Sinduhije. Quelques temps après, en 2006 plus précisément, ce fut l'incarcération de deux journalistes de la même RPA, en l'occurrence Mme Domitille Kiramvu et M. Serges Nibizi ainsi que le directeur de la radio Isanganiro, M. Mathias Manirakiza.

C'était déjà un indice que la perception de la presse privée par les autorités politiques n'avait pas du tout changé malgré la succession des hommes à la direction du pays. Deux ans plus tard, en 2008, un article a été publié par Net Press sur le déplacement du chef de l'Etat en Chine pour assister à l'ouverture des jeux olympiques organisés dans ce pays. Il était parti dans un contexte de crise économique grave dans notre pays et l'opinion ne voyait pas du tout l'importance de ce déplacement très onéreux. J'ai alors indiqué dans notre dépêche qu'il avait prévu une provision de 100.000 dollars américains. La dépêche se trouve en annexe de ce document.

Cette information fut à l'origine de la 4ème arrestation de Jean-Claude Kavumbagu. Arrêté le 11 septembre 2008, le directeur de Net Press a reçu une convocation de la part du parquet de la mairie de Bujumbura. J'ai comparu le même jour et fus arrêté et transféré à la prison centrale de Bujumbura. Le jour de la première comparution au parquet de la mairie, je me suis présenté devant le juge, accompagné de cinq avocats-conseil, et la première discussion a porté sur la forme de la détention préventive. J'ai demandé une liberté provisoire pour la simple raison que dans l'infraction, il n'y avait pas d'élément matériel, intentionnel et j'avais une adresse bien connue, sans aucune intention de fuir le pays.

Dans l'entre-temps, ma mère déjà malade, ayant appris la nouvelle de mon arrestation, son état de santé s'aggrava et dut entrer à l'un des hôpitaux de la capitale. Une fois que j'ai eu une autorisation d'aller me faire soigner à l'extérieur, je suis allé la voir à l'hôpital Roi Khaled où elle était admise. Elle était très contente de me revoir et a pu rassembler toutes les forces qu'elle avait pour s'asseoir et me demander comment je trouvais ma nouvelle vie à Musaga (en prison, Ndlr). Je lui disais que ce n'est pas tout de même comme chez soi mais que globalement, tout allait bien et que j'espérais que le calvaire allait vite prendre fin.

Très satisfaite de cette discussion, elle affirma qu'elle était rassurée et que d'ailleurs, elle se sentait guérie. Effectivement, deux jours plus tard, elle a quitté l'hôpital pour rentrer à la maison. Chaque fois que des gens venaient me rendre visite à Mpimba, elle posait toujours la question de savoir comment je me portais. Le coup dur lui viendra de ma comparution au tribunal de grande instance où après que l'affaire eut été mise en délibéré, tout le monde a appris, 48 heures plus tard, que le juge a maintenu ma détention préventive. Quelques jours plus tard, elle tomba de nouveau malade et ne s'en relèvera jamais jusqu'à la fin du mois d'octobre 2008, le 31 plus précisément, quand elle a rendu le dernier soupir à la Clinique « La Colombe » de Bujumbura. L'enterrement dût se faire le 2 novembre 2008.

L'autorisation pour participer aux cérémonies des funérailles a été également le fait des pourparlers à caractère politique car c'est le chef de l'Etat qui a lui-même donné ce feu vert, après discussions avec son premier vice-président, Dr. Yves Sahinguvu et sa ministre chargée de l'intégration du Burundi à la communauté est-africaine, Hafsa[125] Mossi, une charmante femme qui faisait le consensus de tout le monde, hommes et femmes, membres du Cndd-Fdd ou non. Ma participation à ces cérémonies d'enterrement a entraîné une heure de retard sur toutes les activités qui étaient prévues ce jour-là. L'on comprend donc qu'indirectement, je suis à l'origine du décès de ma mère au regard de toutes ces étapes que j'ai dû traverser… et franchir. Six mois après, le 19 mars 2009, je sortis de la prison, acquitté.

Une année et quelques mois plus tard, le directeur de l'agence d'information en ligne, Net Press, était incarcéré pour la cinquième fois. C'était le samedi 17 juillet 2010, encore une fois un jour férié, quand il a vu un policier, commissaire de la région Ouest, David Nikiza, débarquer devant son bureau, muni d'un mandat d'amener sur lequel était écrit : « Motif…. Trahison

[125] Hafsa Mossi, membre du parti Cndd-Fdd, jusque-là députée à l'Assemblée Législative de la communauté Est-Africaine, Eala, est tombée sous les balles des criminels, assassinée le mercredi 13 juillet 2016 tout près de son domicile sis à Mutanga Nord, dans la capitale Bujumbura. Je l'avais déjà contactée pour lui dire merci pour ce geste posé à mon égard, mais je suis aujourd'hui au regret de voir que je lui rends hommage à titre posthume. Selon des informations non encore vérifiées, il y aurait derrière cet assassinat un homme très influent du pouvoir en place.

». C'était suite à une autre dépêche rédigée le 12 juillet de la même année et dont l'intégralité se trouve également en annexe.

Jean-Claude Kavumbagu fut directement embarqué dans une voiture de la police et conduit manu militari chez le procureur de la République en mairie de Bujumbura, Rénovat Tabu, en l'absence de son avocat-conseil. Après un interrogatoire d'une heure de temps, M. Kavumbagu a été transféré à la prison centrale de Mpimba.

Le directeur de Net Press a comparu de nouveau le 20 juillet, soit trois jours plus tard, devant le magistrat-instructeur qui était en même temps le procureur de la République en mairie de Bujumbura, Rénovat Tabu. Trois infractions seront retenues à charge de M. Kavumbagu à savoir « Trahison » (art. 570 C.P.LII), « Délit de presse » (art. 50 de la loi sur la Presse), « Imputation dommageable » (art. 251 C.P.LII). Ce dernier a fixé le dossier devant le tribunal de grande instance, dans sa chambre criminelle, au 30 juillet 2010. Les avocats-conseil ont d'abord évoqué l'exception de ma détention préventive. Pour eux, dans cet article, il n'y avait pas d'intention de nuire, il n'y avait pas d'éléments matériels à charge du prévenu et il s'est toujours présenté chaque fois qu'il a une convocation de la justice burundaise. En outre, à son bureau, il est plus proche du palais judiciaire (moins d'un kilomètre) par rapport à la prison (plus ou moins 8 kilomètres du parquet).

Malgré ces arguments, les juges du tribunal de grande instance ont confirmé la détention 48 heures après. La deuxième séance à la chambre criminelle du tribunal de grande instance fut remise au 1er septembre 2010, du fait que le mois d'août constitue une période de vacances judiciaires. Encore une fois, le procès n'entra pas dans le fond et ce fut encore des discussions sur la forme, notamment la liberté provisoire du détenu. Là aussi, l'affaire fut mise en délibéré pour que le siège se prononce dans 48 heures. Le juge confirmera encore la détention préventive de M. Kavumbagu en date du 6 septembre de la même année.

Pourtant, le code pénal, dans son article 570, stipule que « Est coupable de trahison et puni de la servitude pénale à perpétuité, tout Murundi qui, en temps de guerre :

« 1° Provoque des militaires ou des marins à passer au service d'une puissance étrangère, leur en facilite les moyens ou fait des enrôlements pour une puissance en guerre avec le Burundi.

« 2° Entretient des intelligences avec une puissance étrangère ou avec des agents en vue de favoriser les entreprises de cette puissance contre le Burundi.

« 3° Participer sciemment à une entreprise de démoralisation de l'armée ou de la Nation ayant pour objet de nuire à la défense nationale ».

Le prévenu interjettera appel le 16 septembre suivant et une nouvelle audience fut fixée au 3 novembre 2010. Lors de cette séance, le ministère public déclarera qu'il ne peut pas plaider car les conclusions de la défense lui sont parvenues la veille, c'est-à-dire le 2 novembre. Les avocats de la défense ont pourtant démontré qu'ils ont déposé leurs conclusions le 21 septembre de l'année en cours, donc que cela était un prétexte pour ne pas avancer le dossier.

Malgré tout, la cour fixa une autre audience au 9 novembre 2010. A cette date, les discussions ont tourné autour de la forme, donc autour de la liberté provisoire du détenu. L'affaire a été prise en délibéré pour que la cour se prononce endéans 48 heures. Cependant, le même jour, le ministère public, tout comme la défense, ont tous confirmé qu'en date du 12 juillet 2010, le pays n'était pas en guerre, que l'article 570 a été par conséquent mal appliqué pour l'infraction dite de « Trahison ». Le dossier avait pris le numéro R.P.C. 275.

Soulignons que juste après la séance du 9 novembre 2010, une délégation de la présidence de la République[126] a rencontré aussitôt les juges, les sommant de ne pas libérer un « criminel » à l'instar de Kavumbagu. Le président de la séance, qui avait fait une remise très rapprochée – une semaine -, aura des demandes d'explication car, dans l'entendement de la présidence, il devait programmer ce procès le plus tard possible, à quelques 6 mois d'intervalle à partir de la date de la séance. Le 11 novembre 2010, sans surprise, la cour de céans confirme pour une énième fois la détention préventive de Jean-Claude Kavumbagu, soit après 114 jours sous mandat d'arrêt provisoire. Une nouvelle date de l'audience fut fixée au 9 février 2011 mais là aussi, le fond n'a pas été abordé et comme à l'accoutumée, la libération provisoire fut rejetée par le même tribunal.

[126] Parmi les membres de la délégation, il y avait un ancien confrère, Pascal Kumbuga alias Chomsky. Cependant, j'avais tout fait pour qu'il poursuive les études sur l'environnement à l'Université de Makerere en Ouganda. En outre, je lui accordais des missions à l'intérieur du pays quand j'étais encore Président de la Maison de la Presse du Burundi. Après la présidence, il a rejoint la rédaction à la télévision nationale.

Ce fut donc une très longue attente car la séance suivante a été fixée au 13 avril 2011. Ce fut le tour du fond de l'affaire et la défense avait été renforcée en ce moment par un avocat-conseil du barreau de Bruxelles, Me Bernard Maingain. Il avait fait le déplacement de son pays pour défendre ma cause, ce qu'il a fait brillamment d'ailleurs, ses interventions ayant bousculé le siège tout comme le ministère public qui ne faisait qu'écouter sa prestation. La défense a pu également démontrer que l'infraction de la trahison n'était pas fondée du fait qu'il n'y a pas de guerre au Burundi et que l'état de guerre est décrété par le président de la République. Or, en cette période, tous les politiciens, surtout aux affaires, affirmaient haut et fort qu'il y a la paix et la sécurité dans le pays qui les exporte d'ailleurs dans d'autres pays comme la Somalie, la Côte d'Ivoire et le Haïti.

Malgré cette plaidoirie, le ministère public a requis une peine à perpétuité contre M. Jean-Claude Kavumbagu et l'affaire a été mise en délibéré. En date du 18 avril 2011, les conseils ont adressé au président du tribunal de grande instance une note en délibéré qui retrace les grandes lignes de défense ainsi que les motifs qui justifient l'acquittement pur et simple de Jean-Claude Kavumbagu. Le verdict tombera le 13 mai 2011, soit un mois après la séance et une peine de 8 mois sera retenue contre le journaliste. Je venais d'y séjourner 10 longs mois.

Une amende de Bif 100.000 a été payée à cette occasion. Il faudrait signaler que la décision de la cour du 13 mai 2011 est intervenue un vendredi aux alentours de midi au moment où ce jour, les services du ministère de la justice ne travaillent pas dans l'après-midi. L'information n'est parvenue au concerné que le lendemain dans l'après-midi, raison pour laquelle la sortie de la prison a eu lieu le lundi 16 mai 2011. Les membres du siège étaient Fidèle Nyabenda, président, Jean Marie Karitunze, Vianney Niyonkuru, Evelyne Nishimagizwe et Blaise Kazinguvu Ndaye, Juges, assistés de Henry Habonayo, officier du ministère public et de Béatrice Ndike, greffier.

A cette période, l'observatoire pour la protection des défenseurs des droits de l'homme, un programme conjoint de la fédération internationale des ligues des droits de l'homme (FIDH) et de l'Organisation mondiale contre la torture (OMCT), a écrit qu'il se félicite de la libération du journaliste et défenseur des droits de l'Homme M. Jean-Claude Kavumbagu, après dix mois de détention préventive, mais dénonce vivement sa condamnation pour un délit de presse. Son intégralité se trouve en annexe.

5.2. Hassan Ruvakuki

Hassan Ruvakuki est un jeune journaliste de la radio privée Bonesha FM, qui n'est pas très connu du fait qu'il est de la section swahili, une langue que bon nombre de Burundais n'écoutent pas. Mais il est en même temps correspondant de la Radio France Internationale dans la langue swahili qui est par contre très écoutée dans les pays de la sous-région, comme la Tanzanie, le Kenya, le Rwanda et une partie du Burundi, notamment dans les milieux swahilophones qui se trouvent pratiquement dans toutes les provinces de ce pays, à commencer par la zone de Buyenzi à Bujumbura, la ville de Gitega, de Muyinga, etc.

Au mois de novembre 2011, Hassan Ruvakuki s'est rendu en Tanzanie vers le 21 du mois en cours, en tant que journaliste, pour couvrir la naissance d'un nouveau groupe rebelle. Il a été arrêté à Bujumbura dans l'après-midi du 28 novembre 2011, alors qu'il était en reportage de sa radio, puis a été emmené chez lui dans la zone actuelle de Buyenzi où il a été fouillé par des policiers, avant d'être emmené le jour même dans les cachots du commissariat de police de la province de Cankuzo, à plus de 200 km de Bujumbura, à l'Est du Burundi.

Il fut accusé dans un premier temps d'« actes de terrorisme ». Le tout premier signe d'une incarcération à caractère politique se manifestera car, aussitôt après son arrestation, le premier vice-président de la République à l'époque, Térence Sinunguruza[127], s'est empressé de rencontrer le corps diplomatique et consulaire accrédité à Bujumbura pour lui dire les raisons d'arrestation de ce journaliste. Pourtant, si Hassan Ruvakuki avait participé à la rébellion, il y avait des services de sécurité et la justice pour s'en occuper, mais non le premier vice-président, même si la justice faisait partie de son champ d'intervention.

Il sera jugé par le tribunal de grande instance de Cankuzo et condamné à la prison à perpétuité et le journaliste sera obligé d'interjeter appel à la cour d'appel de Gitega. Mais dans l'entre-temps, notre confrère a été transféré dans la prison de Muramvya au Centre du pays et malgré que cette instance dépende de Bujumbura, il fut jugé par la cour d'appel de Gitega, le 18 octobre 2012 car il avait été condamné en grande instance par un tribunal qui dépend directement de la cour d'appel de Gitega. L'on remarque qu'ici aussi, comme dans la plupart des cas d'incarcérations à caractère politique, les infractions changent selon les desiderata des hommes au pouvoir qui téléguident les dossiers.

La cour de Gitega, peut-être par souci d'équilibrer le procès, a préféré reformuler le premier jugement et a ainsi condamné le journaliste de Bonesha FM à 3 ans de prison ferme pour « s'être rendu coupable de l'infraction de participation à une association formée dans le but d'attenter aux personnes et aux biens », ce qui a fait réagir le président de l'Ubj, Alexandre Niyungeko, qui s'est posé la question de savoir comment peut-on attenter aux personnes avec un micro.

[127] Térence Sinunguruza, premier vice-président issu du parti Uprona, le principal parti qui se dit à tort tutsi de ce pays, a démissionné le 14 octobre 2013, au bout d'un long bras-de-fer avec sa formation politique qui l'accuse de privilégier ses propres intérêts et qui avait demandé au président, issu du principal parti hutu du Burundi, de le démettre.

Pour l'opinion, la cour a cédé aux pressions de l'appareil sécuritaire burundais qui n'a pas voulu perdre la face en acquittant le journaliste Ruvakuki. Quant à son avocat, Me Fabien Segatwa, il estimait que trois ans c'est trop, surtout pour un innocent, mais que c'est mieux que la perpétuité. Il avait également souligné que le fait que son client a déjà fait le quart de sa peine, il est à ce titre éligible à la libération conditionnelle. Évidemment, a-t-l conclu, il s'attendait à l'acquittement et non à une condamnation.

Hassan Ruvakuki sortira de la prison le 6 mars 2013, soit après 15 mois de détention, mais pour des raisons médicales. Un autre de ses avocats, Me Onésime Kabayabaya, a indiqué le 9 mars, soit trois jours après sa libération, que l'affaire Hassan Ruvakuki est toujours en cours car cette mesure de libération est avant tout administrative, sans incidence judiciaire et que la défense attend toujours la réaction de la cour d'appel.

Dans ce procès, l'hypothèse d'un arrangement pour ne pas vexer les services de sécurité est fort plausible car le président burundais, Pierre Nkurunziza, était attendu en France le 11 mars 2013. Il devait rencontrer le président français François Hollande et parmi les sujets à discuter, figurait le dossier Hassan Ruvakuki.

Mais il est également de notoriété publique que les journalistes du Burundi prennent la confraternité comme un acte sacrosaint. Ainsi, malgré l'interdiction du maire de Bujumbura, les confrères et consoeurs, surtout de la presse privée, ont toujours manifesté pour la libération d'Hassan Ruvakuki. C'est le cas de cette manifestation du 26 février 2013 où les journalistes disaient « Nous sommes très déterminés à marcher pour chercher la justice et pour notre confrère Hassan Ruvakuki ». Ils avaient été empêchés d'arriver à destination mais étaient convaincus qu'ils ont malgré tout manifesté ».

Le dossier Hassan Ruvakuki s'était terminé en queue de poisson et ce journaliste a dû quitter momentanément le pays pendant quelques temps. D'après les informations recueillies plus tard, il s'est rendu en Tanzanie où se trouve l'antenne de RFI en swahili. Il est revenu quelques années plus tard et travaille comme chargé de la communication à l'ambassade de France au Burundi.

Comme l'on parle des journalistes séquestrés, ajoutons tout de même qu'il y a un confrère qui, pourrait-on dire, même de façon cynique, n'a pas eu "la chance" d'être emprisonné comme ses confrères. Je fais allusion à Jean Bigirimana, un journaliste du groupe de presse Iwacu, disparu depuis le 22 juillet 2016 quelque part dans la commune de Muramvya, plus précisément à Bugarama. Il répondait à un appel téléphonique du chef du service national des renseignements dans cette région. Aujourd'hui, tous les indices montrent que Jean Bigirimana n'existe plus et sa famille vit en exil pour sa sécurité.

5.3. Pierre-Claver Mbonimpa

Pierre-Claver Mbonimpa entouré de ses deux avocats-conseils, Me Armel Niyongere à sa droite et Me Antoine Nzobandora à gauche.

Pierre-Claver Mbonimpa est un homme qui est né à Ngozi le 10 octobre 1950 et qui mène une vie anonyme comme tous les autres Burundais avant la fondation de l'Aprodh en 1995. En effet, il travaillait comme fonctionnaire ordinaire au ministère des finances, puis à la police de l'air, des frontières et des étrangers (PAFE) jusqu'en 1994 quand il a été arrêté et condamné à deux ans de prison pour possession illégale d'une arme à feu. A cette époque, l'on disait qu'un agent de la Pafe a été emprisonné car il voulait tuer des gens de son entourage à Jabe, actuelle zone de Bwiza, commune Mukaza, sans prononcer le nom de Pierre-Claver Mbonimpa parce qu'inconnu.

Ayant tiré des leçons de l'emprisonnement arbitraire, il a décidé, en 1995, d'embrasser le domaine de défense des personnes, surtout des détenus, d'où il a créé l'Aprodh ou association pour la promotion des droits de l'homme et des détenus. Du fin fond de la prison, il a écrit les statuts de son association qui décide à défendre une personne, peu importe la couleur de sa peau, ses croyances, sa religion, son appartenance ethnique ou politique, sa nationalité ou sa langue.

5.3.1. Difficile crédibilité dans un premier temps

Pierre-Claver Claver Mbonimpa est une personne d'ethnie Hutu qui décide de se battre pour les droits des autres. Mais il connaît des difficultés car le pays se trouve dans une période où le conflit ethnique est à son apogée et une rébellion qui se crée est majoritairement composée de Hutu qui combat le régime tutsi de Bujumbura, que l'on accuse d'avoir tué le président Melchior Ndadaye, surtout après le retour de Pierre Buyoya, qui vient de récupérer le fauteuil présidentiel à la tête des blindés, le 25 juillet 1996.

Alors, Pierre-Claver Mbonimpa, qui, on peut l'affirmer sans risque de se tromper, a été arrêté et condamné pour la simple raison qu'il était Hutu en possession d'une arme, aura du pain sur la planche pour se créer de la crédibilité, surtout chez les populations tutsi, car, un Hutu qui défend un autre à cette époque est un extrémiste hutu, entendait-on ici et là. Or, ce sont les Hutus à l'époque qui avaient des problèmes de violations des droits de l'homme parce qu'ils étaient uniquement de cette ethnie. L'on ne peut pas perdre de vue le cas des condamnations de 1997 évoquées un peu plus haut, où les avocats refusaient d'assister des justiciables hutu, arguant qu'ils avaient tué les leurs en 1993.

Il ne retrouvera sa crédibilité qu'après le départ du pouvoir tutsi car, juste après l'accession du Cndd-Fdd au pouvoir, Pierre-Claver Mbonimpa a eu l'occasion de démontrer la grandeur de son esprit parce qu'il ne ménageait aucun effort pour bousculer le Cndd-Fdd au pouvoir, en dénonçant systématiquement les violations diverses et intensives des droits de l'homme à l'échelle nationale. C'est à cette période qu'il a été ciblé par les associations de la communauté internationale qui lui ont remis d'ailleurs beaucoup de prix pour son activisme en faveur des droits de l'homme.

Jusqu'à présent, Pierre-Claver Mbonimpa est juste un monument pour la défense des droits de l'homme qui est prêt à s'immoler pour que ces derniers soient respectés dans ce pays, le sien.

5.3.2. Prises de position gênantes pour le pouvoir

Toute personne qui avait l'âge de la raison en 2006 se rappelle du combat de Pierre-Claver Mbonimpa lors de l'apparition des cadavres ligotés dans la rivière Ruvubu dans la province actuelle de Muyinga. Il s'agissait de 31 personnes, qui ont été transportées par des soldats de la nouvelle armée intégrée, « Force de défense nationale », du camp militaire de Mukoni où ils étaient illégalement détenus jusqu'au parc national de la Ruvubu. Ces personnes ont été tuées et leurs corps jetés dans la rivière.

Plus de deux ans plus tard, quelques militaires ont été condamnés, mais tout le monde était convaincu qu'ils ont agi sous les ordres du commandant de la quatrième région militaire, le colonel Vital Bangirinama. D'ailleurs, celui-ci quittera le Burundi avant que le procès ne prenne fin.

Constant dans son combat, Pierre-Claver Mbonimpa a également porté à la connaissance du public, via les radios privées, plusieurs crimes qui étaient commis par le régime du Cndd-Fdd. Ce fut le cas de ce que l'on a appelé « Plan Safisha »[128] autour des années 2010 et 2012, les différentes assistances qu'il a apportées aux prisonniers politiques et d'opinion dont les journalistes Jean-Claude Kavumbagu, Hassan Ruvakuki et Bob Rugurika, bref, des actions qui ne faisaient que détériorer les relations entre le pouvoir et ce militant infatigable des droits de l'homme.

C'est à ce moment qu'il a été approché pour lui dire qu'il ne devrait plus jouer le jeu des Tutsis, qu'il devrait abandonner ce combat pour qu'il soit tranquille. Mais il refusa toutes ces propositions, arguant que pour lui, un être humain est d'abord un être humain avant toute autre considération.

C'est donc Pierre-Claver Mbonimpa qui prend les devants de la société civile burundaise et qui, en toute détermination, avec le soutien de la population, commence à dénoncer l'intention du président de la République de briguer un troisième mandat pourtant interdit par les accords d'Arusha et la constitution burundaise. Il était d'autant plus gênant que le pouvoir ne peut plus qualifier d'ethniques les réactions de la société civile que l'on voulait taxer de Tutsi car lui-même détruira cet argument, invoquant son appartenance à l'ethnie majoritaire, hutu.

5.3.3. La date fatidique pour Pierre-Claver Mbonimpa

En date du 6 mai 2014, un mardi, Pierre-Claver Mbonimpa est l'invité de l'émission très populaire « Kabizi » de la radio publique africaine. Il donne des informations avec force détails sur la présence de jeunes du Cndd-Fdd qui suivent une formation paramilitaire à Kiliba Ondes, à l'Est de la République Démocratique du Congo. Il ne se gêne pas de répondre à des questions des auditeurs qui étaient satisfaits de la franchise de cet homme et de son efficacité sur terrain.

---

[128] Safisha est un mot swahili qui signifie « Nettoyer », le Plan Safisha était destiné à exterminer les membres du Fnl d'Agathon Rwasa, pourtant eux aussi Hutu.

Malgré ces précisions, le gouvernement, via le très zélé ministre de l'intérieur, le tonitruant Edouard Nduwimana, plus tard Ombudsman du Burundi, membre du Cndd-Fdd, affirmait haut et fort que ce qu'il dit est faux, archifaux, mais que les enquêtes ne sont pas nécessaires, ce qui était de nature à discréditer le pouvoir d'autant plus que celles-ci étaient un outil précieux pour trancher et dégager la pure vérité.

En dates des 7, 12 et 14 mai, il a été cité à comparaître à trois reprises devant la police judiciaire de Bujumbura où il lui était posé des questions en rapport avec ses déclarations sur la radio Rpa. Cependant, Pierre-Claver Mbonimpa avait coopéré avec la police en donnant les noms des personnes qui rendent visite aux Imbonerakure établis en RDC. Il avait affirmé détenir des preuves, notamment des photographies, qui devraient étayer ses propos et avait promis de les fournir à la police lors de ses comparutions des 12 et 14 mai 2014 auxquelles il s'est présenté.

En date du 15 mai, aux environs de minuit, alors qu'il allait prendre son avion pour une réunion internationale, Pierre-Claver Mbonimpa s'est vu arrêter à l'aéroport international de Bujumbura par un agent du service national des renseignements. Il a passé le reste de la nuit dans les locaux de la police judiciaire de Bujumbura avant sa nouvelle audition le 16 mai 2014, cette fois-ci devant le parquet de la mairie de Bujumbura.

C'est à ce moment qu'il a été mis en accusation, sur base des articles 579 et 602 du code pénal, respectivement pour « Atteinte à la sûreté de l'Etat », « Incitation à la désobéissance civile » et « Troubles de la paix publique », en lien avec des remarques formulées sur la radio publique africaine le 6 mai et dénonçant l'existence d'un centre d'entrainement de jeunes burundais à l'est de la Rdc. Pierre-Claver Mbonimpa devait donc se déplacer en date du 15 mai comme déjà mentionné, raison pour laquelle il ne pouvait pas répondre à la convocation. Son avocat, Me Armel Niyongere, a comparu et expliqué les motifs de son absence. Il avait reçu une autre convocation pour le 19 mai, mais cela n'a pas empêché qu'il trouve un mandat d'arrêt à l'aéroport signé par le procureur de la République en mairie de Bujumbura, le 15 mai 2014.

En date du 20 mai 2014, Pierre-Claver Mbonimpa a comparu devant le parquet de la mairie de Bujumbura autour de 9h30'. Il a été ramené à la prison centrale de Mpimba vers 14 heures, après près de 4 heures d'audition, au cours desquelles il a été interrogé sur ses déclarations dans la presse sur l'existence de centres d'entrainement et sur les preuves qu'il dit détenir. Le parquet de la mairie a maintenu l'emprisonnement.

Il a interjeté appel et en date du 29 mai 2014, Pierre Mbonimpa a de nouveau comparu au parquet en appel et le lundi 2 juin 2014, la cour d'appel a encore une fois confirmé la détention de M. Pierre-Claver Mbonimpa.

Mais l'on signalera que la population, dont l'intention manifeste est de soutenir l'action de cet homme hors du commun, a suivi un appel des associations de la société civile qui organisaient des manifestations tous les mardis, ce que l'on a appelé « Mardi Vert » et toute personne qui le pouvait, portait une chemise ou un T-shirt vert, symbolisant la couleur des tenues des prisonniers. Les populations suivaient ces manifestations et après quelques minutes de marche, elles écoutaient un message préparé par un membre de l'organisation avant qu'elles ne rentrent ou ne retournent à leurs activités.

5.3.4. Pierre-Claver Mbonimpa hospitalisé à l'hôpital Bumerec

Alors qu'il est en prison, Pierre-Claver Mbonimpa a été atteint de diabète chronique comme le prouvent les rapports de ses médecins traitants. En date du 29 août 2014 vers 17 heures, Pierre-Claver Mbonimpa est très affaibli et il doit être transféré d'urgence à l'hôpital le plus proche mais aussi le plus efficace. Pour cela, il doit se rendre à l'hôpital Bumerec, privé et qui connaît très bien la maladie de ce défenseur des droits de l'homme.

A cet hôpital, plusieurs policiers gardaient sa chambre si bien que les visites à son endroit étaient assez difficiles. Souvent, elles étaient tout simplement refusées à certaines catégories de populations comme les défenseurs des droits de l'homme et les journalistes, de peur que ces derniers ne dévoilent ce qu'ils ont vu. Un mois plus tard, le 29 septembre 2014, il a bénéficié d'une libération conditionnelle.

5.3.5. Libération conditionnelle et poursuite de combat

En date du 29 septembre 2014, un lundi, Pierre-Claver Mbonimpa, alors qu'il était sur le lit d'hôpital, a bénéficié d'une liberté provisoire. Quelques jours plus tard, il quittera cet endroit tout en promettant qu'il allait poursuivre son combat. Il en a profité pour demander à ceux qui sont habitués à fouler les droits humains aux pieds d'abandonner ces pratiques car il était de retour.

Revenant sur sa vie en prison, il indiquera que la prison était très dure. Il vivait comme les autres détenus mais les conditions de vie sont déplorables. Elles sont pratiquement indignes parce que là où il y a des places pour 800 personnes, il y avait plus ou moins 3.000 détenus. Il a révélé qu'il y avait même ceux qui ne dormaient pas parce qu'ils n'avaient pas de places pour cela.

Au moment de la libération conditionnelle, il était encore très faible mais sur son lit d'hôpital, il n'a pas manqué de déclarer qu'il entend poursuivre son combat quoi qu'il arrive, ce qu'il a fait au risque de sa vie.

5.3.6. Tentative d'assassinat

Au mois d'août 2015, le Burundi est en pleine guerre opposant les supporters du troisième mandat de Pierre Nkurunziza à ceux qui sont contre, dont la société civile à laquelle Pierre-Claver Mbonimpa appartient et qui n'hésite plus à afficher son opposition farouche à ce mandat. Lors de cette période, beaucoup d'activistes des droits de l'homme ont quitté le pays, certains d'entre eux trainant derrière eux le mandat d'arrêt émis par le procureur général de la République.

Mais Pierre-Claver Mbonimpa ne bouge pas d'un iota et reste dans le pays pour autant qu'il n'a pas de mandat d'arrêt comme les autres activistes. N'avait-il pas déclaré qu'il est même prêt à sacrifier sa vie pour le respect des droits de ses compatriotes comme déjà mentionné ci-haut ?

Mais une information est très intrigante car samedi le 1er août 2015, tout le monde parle de l'assassinat du président de l'Aprodh. Au téléphone, il répond aisément et indique qu'il est au courant de la rumeur, mais qu'il ne voit pas de danger. On le conseille d'esquiver un peu mais il est d'avis contraire, ne voyant pas pourquoi fuir un pays qui se trouve dans une période cruciale et qui exige sa présence physique.

En date du 2 août 2015, il y a eu l'assassinat du lieutenant général Adolphe Nshimirimana par des gens qui, jusqu'à présent, n'ont pas encore été identifiés. Comme les enquêtes n'ont jamais abouti dans ce pays, des rumeurs ont circulé, impliquant le pouvoir en place dans ce meurtre car, dans l'entendement de la plupart des populations, nul ne pouvait affronter un officier supérieur aussi craint. L'opinion a commencé à croire que la rumeur déroutait l'opinion mais que sinon, l'on voulait parler de la mort éventuelle du président de l'Aprodh.

En date du 3 août 2015, Pierre-Claver Mbonimpa est déjà chez lui vers 18 heures, à Carama, dans la zone actuelle de Kinama. Un défenseur des droits de l'homme des Nations Unies l'appelle au téléphone pour qu'ils s'entretiennent, ce qu'il accepte volontiers comme il l'a toujours fait. C'est sur le chemin de retour qu'un homme armé de pistolet et qui était à moto a tiré sur lui alors qu'il était dans son véhicule.

Il a été vite dépêché dans l'un des hôpitaux de la capitale mais ses bourreaux ont tenté de l'y trouver pour l'achever. La représentation spéciale des Nations Unies sur place est entrée dans la danse et il a pu ainsi être sauvé. Quelques jours plus tard, malgré sa restriction de voyage car libéré provisoirement, le gouvernement a autorisé qu'il aille se faire soigner en Belgique avec le concours de sa famille. C'est ainsi qu'il a quitté le pays.

Il s'exprimera d'ailleurs pour la première fois vers le 22 octobre 2015 à partir de la Belgique où il se faisait soigner. Malgré qu'il présente une apparence d'un homme fatigué, il assure qu'il suit de près, seconde par seconde, minute par minute, ce qui se passe dans son pays. Il déclare qu'il rentrera dès qu'il est guéri et que de toutes les façons, il continuera le combat jusqu'à la fin de sa vie pour ne pas trahir son engagement.

5.3.7. L'omniprésence du calvaire

Ayant quitté le pays qui l'a vu naître mais également qui l'a gravement agressé, il croyait qu'il venait de se mettre à l'abri des dangers qui le guettaient. C'était sans compter qu'il y a dans ce pays mille moyens de faire souffrir toute personne « mal pensante » car le régime ne badine pas si jamais le patron de l'Aprodh n'est pas au courant.

Certes, Pierre-Claver Mbonimpa est physiquement absent, mais ses proches parents sont toujours au pays. C'est ainsi qu'en date du 9 octobre 2015 dans la matinée, l'un de ses gendres, Pascal Nshimirimana, a été assassiné. Il était près de midi et ce dernier rentrait chez lui, dans le quartier 9 de la zone de Ngagara, réputée contestataire du 3ème mandat de Pierre Nkurunziza. En effet, quand il a ralenti le véhicule, des tirs nourris et des explosions de grenades ont été entendus et il a été retrouvé mort. Selon des informations concordantes, il avait fait l'objet de menaces, tout comme son épouse, Zygène Mbonimpa. Elle venait d'ailleurs de rentrer sur Bujumbura qu'elle avait quitté suite à des menaces.

Des défenseurs des droits de l'homme avaient alors demandé que la famille de Pierre-Claver Mbonimpa, tout comme le personnel de l'Aprodh, soient protégés par le gouvernement car il y avait tout le temps des filatures. Mais le président de l'Aprodh n'était pas encore au bout de sa peine car quelques jours après, le 6 novembre 2015 au matin, son plus jeune fils, Welly Fleury Nzitonda, a été retrouvé sans vie, quelques heures seulement après son arrestation par la police, d'après les informations livrées par son père. Quelque temps avant l'annonce de ce décès, Pierre-Claver Mbonimpa avait montré ses inquiétudes et écrivait que son fils a été arrêté et puisqu'il s'agit de son enfant, il risque d'être tué.

Signalons que Welly Fleury Nzitonda était allé chercher quelques affaires chez lui à Mutakura, l'un des quartiers contestataires du troisième mandat de Pierre Nkurunziza. Face à ce regain des violences, la communauté internationale avait multiplié les déclarations, ce qui n'a pas empêché les populations menacées de critiquer des discours sans actions. Cela n'avait pas empêché non plus Bujumbura de poursuivre ses crimes contre une partie de sa population.

5.4. Bob Rugrika

Bob Rugurika en prison à Muramvya, visité par Maggy Barankitse, patronne de la Maison Shalom

Bob Rugurika est un jeune journaliste qui a devant lui un avenir prometteur. Il a évolué à la radio publique africaine qu'il a servie comme journaliste, puis comme rédacteur en chef avant d'en devenir directeur vers le milieu de l'année 2014. Bob Rugurika est donc le quatrième directeur de cette station créée en 2001 après Alexis Sinduhije, Emmanuel Nsabimana et Eric Manirakiza.

Depuis le 20 janvier 2015, il est en prison, une situation que l'on croyait révolue dans ce pays car de nos jours, seules des menaces d'intimidation ou alors des comparutions intempestives des journalistes étaient observables, sans aller jusqu'à l'emprisonnement de ces derniers. A cette époque, Bob Rugurika est alors âgé de 37 ans.

5.4.1. Mais au fond, c'est quoi l'arrestation et l'emprisonnement de Bob Rugurika ?

Selon le concerné lui-même, il y a plusieurs causes de son arrestation dont les unes sont plus lointaines et d'autres qui ont été à l'origine de son emprisonnement immédiat. Lors de notre entretien juste après sa libération, Bob Rugurika, malgré des sollicitations diverses, m'a accueilli dans son bureau à la radio où il m'a entretenu pendant plus de 30 minutes.

- Les causes lointaines

Le directeur de la radio publique africaine évoque notamment des reportages que la radio a toujours faits et qui dénonçaient dans des termes crus les agissements du pouvoir en place, tout comme les impairs commis par le Cndd-Fdd au pouvoir. La radio publique africaine est l'une des stations de radio les plus écoutées, spécialisée dans le journalisme d'investigation. Elle fournit des informations non seulement sensibles, mais également critiques à l'égard du gouvernement, comme les violations des droits de l'homme ainsi que des informations délivrées par les victimes elles-mêmes.

L'on se rappelle que c'est la radio publique africaine qui a informé pour la toute première fois de la présence de jeunes Imbonerakure à l'Est de la République démocratique du Congo, à Kiliba Ondes, où ils recevaient une formation paramilitaire. C'est cette radio qui a mis en relief le rapport confidentiel du Binub qui parlait justement de cette présence alors que la Monusco, mission des Nations Unies au Congo, avait fermé les yeux, ce qui peut vouloir dire que les deux gouvernements, de Bujumbura et de Kinshasa, étaient au courant de cette affaire.

L'on ne peut pas oublier de mentionner le trafic clandestin entre l'Est de la République démocratique du Congo et le gouvernement de Bujumbura. Des minerais, des devises et des médicaments faisaient des navettes entre les deux villes via le véhicule de l'abbé de la paroisse Guido Maria Conforti, un prêtre italien qui est connu sous le nom burundais de Buyengero. C'est un nom d'une région située au Sud du Burundi, dans la nouvelle province de Rumonge, où ce prélat a exercé pendant très longtemps.

Enfin, pour ces causes lointaines, il faut ajouter également les mises en garde du conseil national de la communication à l'endroit de cette radio dont la dernière date d'août 2014, interdisant à la Rpa d'interviewer des gens qui attestaient qu'ils ont tué les trois Religieuses. Il ne faut pas perdre de vue qu'en juin 2013, le gouvernement a adopté une nouvelle loi sur la presse restreignant les libertés des médias. Entre autres choses, cette loi limite les sujets pouvant être couverts par les journalistes, criminalisant potentiellement les reportages sur des sujets tels que l'ordre public et la sécurité.

- Les causes immédiates

En date du 7 septembre 2014 dans l'après-midi, un dimanche, l'on apprend une mort atroce de deux Soeurs italiennes qui ont été décapitées après leur assassinat. Elles étaient chez elles dans une paroisse du Nord de la capitale, baptisée Guido Maria Conforti, dans la zone urbaine de Kamenge. Les gestionnaires de la paroisse demandent une protection policière mais cela n'a pas empêché les mêmes criminels de revenir dans la nuit, vers minuit, de décapiter une autre Soeur et de s'en aller tranquillement. Cette situation a suscité des inquiétudes au sein de l'opinion qui a directement suspecté l'implication du service national des renseignements car toute autre explication était tout simplement impossible. Il fallait connaître le pourquoi d'un crime aussi crapuleux à l'endroit des religieuses très âgées car la plus jeune avait 75 ans et la doyenne d'âge en avait 82.

Le 8 septembre 2014, une foule nombreuse s'est rendue à cette paroisse car une rumeur circulait comme quoi les tueurs des Soeurs religieuses sont à l'intérieur de la paroisse. La foule avait donc l'objectif de les tuer afin de venger les trois religieuses qui, il faut le dire, aidaient pas mal de gens indigents qui vivent dans cette contrée. Il a fallu que le curé de la paroisse monte à bord d'un véhicule camionnette, avec un micro, pour dire qu'il n'y a personne dans la maison et les habitants de cette contrée se sont dispersés lentement. Mais dans l'après-midi, la police a arrêté une personne du nom de Christian Claude Butoyi, menottes sur les bras, l'a sorti de l'intérieur de la paroisse avec des policiers tout autour de lui, l'ont fait asseoir à l'intérieur de la cour. Il a été désigné devant la presse locale et étrangère comme le véritable assassin des religieuses.

Tout le monde avait vu dans cette présentation un montage grossier de la part de la police. Le premier constat était que le « coupable » n'accordait pas d'interview aux journalistes alors que le porte-parole disait à qui voulait l'écouter que ce sont des propos qu'il a lui-même tenus, qu'il avait affirmé avoir violé les religieuses avant de les tuer. A la question de savoir pourquoi il les a tuées, le porte-parole a répondu qu'il l'a fait parce que ces religieuses occupaient la parcelle de ses parents.

Cependant, le même porte-parole tenait un aide-mémoire qu'il lisait de temps à autre quand le fil des idées se coupait. A la télévision, Christian Claude Butoyi était assis par terre et visiblement, il ne comprenait pas ce qui lui arrivait en cet instant même. Le lendemain, tous les habitants de cette zone de Kamenge indiquaient que c'est plutôt un détraqué mental. Mais cela n'a pas empêché la police de l'emprisonner au lieu de l'emmener dans un centre neuropsychiatrique de Kamenge à Bujumbura.

Quelques jours après ce massacre, l'Eglise catholique a décidé de les enterrer à l'Est de la République démocratique du Congo, à Bukavu précisément, l'endroit où elles ont passé le clair de leur temps au service de Dieu et des hommes. Une messe à leur intention a été célébrée par l'Archevêque de Bujumbura, Mgr. Evariste Ngoyagoye, qui a tenu à préciser que les religieuses n'avaient pas été violées avant d'être assassinées, contrairement aux déclarations de la police. Des contradictions en somme qui révélaient l'inexactitude de la version policière. La presse a contacté également le père du prévenu qui a précisé n'avoir jamais acheté une parcelle dans la zone urbaine de Kamenge.

La police désarmée, l'opinion est restée sur sa soif, mais elle était convaincue que le criminel n'est pas celui que la police a désigné à la télévision. Tout le monde se posait la question et il fallait se taire pour sauver sa peau, comme plus d'un se sont résignés dans ce pays.

Une semaine avant l'arrestation de son directeur, la radio publique africaine, entre en contact avec un des policiers qui affirme avoir participé au triple meurtre des trois religieuses italiennes, Olga, Lucia et Bernadette. Les deux premières ont été assassinées dans l'après-midi du dimanche 7 septembre 2014 et la troisième dans la nuit, vers minuit, donc le 8 septembre au petit matin.

Une série de reportages avaient alors été publiés par la radio publique africaine, par le biais de Bob Rugurika. Ces reportages indiquaient une autre piste de recherche car elles pointaient du doigt certaines hautes personnalités du service national des renseignements, dont son patron au moment des faits, le lieutenant-général Adolphe Nshimirimana, un homme connu de tous comme un criminel de renom et que personne n'osait dénoncer[129]. Au total, 8 personnes ont été présentées comme ayant une main derrière ce triple meurtre, dont Joseph Mathias Niyonzima surnommé Kazungu qui est souvent cité dans l'affaire de la formation paramilitaire des milices du Cndd-Fdd à Kiliba Ondes, en RDC. L'autre policier qui a été cité est un prénommé Ayubu avec la participation d'un seul civil, Guillaume Harushimana, trésorier au Centre jeunes Kamenge.

C'est à ce moment, le 19 janvier 2015, que Bob Rugurika a eu une convocation de la part du substitut du procureur de la République en mairie de Bujumbura, Emmanuel Nkurikiye alias Nkuri, pourtant ancien stagiaire à la Radio publique africaine. Initialement, il était question de fournir la lumière sur ce que la radio avait publié. Il devait comparaître le 20 janvier 2015 et au terme de 7 heures d'interrogatoire, il a été transféré à la prison centrale de Mpimba, à Bujumbura. Dans un premier temps, des questions de l'interrogatoire tournaient effectivement autour des précisions sur les informations livrées mais dans l'après-midi, l'interrogatoire s'est transformé en accusations pures et simples contre Bob Rugurika.

Ainsi, trois infractions ont été retenues à sa charge. Il s'agissait de la complicité de l'assassinat, entraves à l'administration de la justice par la violation du secret d'instruction, recel d'un criminel et manquement à la solidarité publique.

En date du 22 janvier 2015, il a été placé dans une cellule d'isolement au quartier Infirmerie A sans autorisation de recevoir des visites avant d'être plus tard transféré à la prison de Muramvya, à une cinquantaine de kilomètres de la capitale.

5.4.2. Les manifestations des journalistes et de la société civile

Comme pour le cas du président de l'Aprodh, les journalistes regroupés au sein des organisations des professionnels des médias et les organisations de la société civile ont organisé des manifestations pour

[129] Cette perception a changé après son assassinat le 2 août 2015. Beaucoup de gens ont découvert, à titre posthume, les véritables valeurs intrinsèques du disparu.

exiger la libération de Bob Rugurika. Des mardis verts ont été organisés et l'on devrait là également porter un habit vert en guise de soutien. Comme il venait d'être transféré au Centre du pays, des visites furent programmées et organisées selon que l'on est un médium ou une organisation de la société civile, etc.

Il avait ainsi pu accueillir beaucoup de personnalités, qui des politiciens de l'opposition, qui des journalistes, des femmes juristes, des femmes journalistes, des diplomates accrédités à Bujumbura, sans oublier les reportages quasi quotidiens de la presse, surtout privée.

Par contre, les journalistes de la Radio publique africaine de Ngozi n'ont pas eu la vie facile dans leur intention de marche de soutien à Bob Rugurika. La police a tenté de stopper les journalistes ainsi que d'autres personnes venues

soutenir la marche. Des discussions ont été engagées entre les populations et les policiers et ces derniers ont fini par autoriser cette marche en toute sécurité.

Pour la plupart des associations de la société civile, dont celles qui militent pour l'abolition de la torture, la justice burundaise doit se montrer indépendante et faire de son mieux pour chercher les vrais auteurs de l'assassinat des trois Soeurs italiennes. Mais en réalité, tout le monde savait plus ou moins comment allait se dérouler ce procès plus que politique.

En date du 2 février 2015, le tribunal de grande instance en mairie de Bujumbura composé de Désiré Harimenshi, de Nadine Nsabimana et de Claudette Nsanzerugeze, a siégé et où il était question de libérer provisoirement le directeur de la Rpa ou de maintenir sa détention. Quarante-huit heures après, mercredi le 4 février 2015, les juges ont décidé de maintenir en détention le directeur Bob Rugurika.

Les avocats de la défense ont interjeté appel où le représentant du ministère public de la nouvelle instance, Richard Ndayisaba, a réclamé à la radio une caution de 20 millions de francs burundais. Il avait demandé également que le directeur fournisse le criminel des 3 Soeurs italiennes assassinées en septembre à Kamenge.

En date du 18 février 2015, un mercredi, une décision de la justice de libérer Bob Rugurika est tombée. Cependant, le ministre de l'intérieur de l'époque, Edouard Nduwimana, qui avait mis en garde contre une quelconque manifestation, n'empêcha rien à l'annonce de la libération de Bob Rugurika. L'ordre avait même été donné à la police de tout mettre en oeuvre pour éviter tout rassemblement, ce fut vain car la police a été tout simplement débordée. En effet, des dizaines de milliers de Burundais sont descendus dans la rue et sont venus s'installer sur l'ensemble de son parcours, sur une cinquantaine de kilomètres.

Dans la même soirée du 18 février, la police a tenté d'emmener Bob Rugurika à Bujumbura de nuit, mais il a refusé, craignant un attentat contre sa vie. Les populations qui avaient appris l'intention de la police, ont mobilisé celles de Muramvya pour qu'elles passent la nuit autour de la prison, afin de résister en cas de « déportation » par force. Il a dû quitter le matin du 19 février, sous un cortège d'une cinquantaine de véhicules, de taxis-motos et taxis-vélos couverts de branches d'arbres vertes, symbole des uniformes des prisonniers burundais.

5.4.3. Traits communs entre Bob Rugurika et Pierre-Claver Mbonimpa

Ce sont tout d'abord des Burundais, quoi que d'âges différents, infatigables et déterminés dans leurs activités au quotidien. Ils sont tous les deux membres de la société civile et défenseurs des droits de l'homme, une mission qu'ils accomplissent avec brio. Ce sont les deux personnes qui ont poussé le président Pierre Nkurunziza à dévoiler toutes ses intentions, dont celle de briguer un troisième mandat jugé illégal et inconstitutionnel.

En effet, à travers la radio publique africaine dont Bob Rugurika est directeur, c'est là que l'opinion a appris pour la première fois, de la part du ministre de l'intérieur à l'époque, Edouard Nduwimana, que tout candidat qui se présentera aux élections aura comme rival Pierre Nkurunziza. C'était à une époque où tout le monde doutait encore, sans pouvoir n'affirmer ni infirmer cette probabilité. Plus tard, le président du Cndd-Fdd, Pascal Nyabenda, en réunion à Gatumba dans Bujumbura rural, dira la même chose que le ministre Edouard Nduwimana.

Les deux hommes, à partir de 2014, ont commencé à bousculer le régime de Pierre Nkurunziza, notamment avec des reportages sur Kiliba Ondes, des criminalités et des bavures que Pierre-Claver Mbonimpa ne cessait de confirmer. C'est d'ailleurs à cause de leur bravoure que les hommes au pouvoir ont été mis à nus, apparaissant comme des tigres en papier qui, pour survivre, devaient tuer leurs semblables, ce qui était une démonstration de la peur des hommes au pouvoir.

Malgré le rétrécissement de l'espace politique et de la liberté d'expression, les compatriotes parviennent à informer plus ou moins correctement et même s'ils sont aujourd'hui en exil, les deux hommes sont considérés comme des héros vivants de la société burundaise, n'en déplaise aux dirigeants d'aujourd'hui. Il faudrait enfin mentionner que les deux leaders ont démontré à quel degré le régime de Pierre Nkurunziza était impopulaire, malgré sa détermination à se maintenir par force.

5.5. Hussein Radjabu

Hussein Radjabu est un homme inconnu du public avant l'assassinat du président Melchior Ndadaye. Il était moniteur agricole dans la province de Bubanza. En 1994, une partie du Frodebu, que l'on désigna comme Cndd ou conseil national de défense de la démocratie, dirigé par Léonard Nyangoma, lui-même membre fondateur du Frodebu, entre au maquis pour combattre le régime dit tutsi de Bujumbura.

Dans l'entendement du Cndd et de ses dirigeants, une victoire démocratique sans forces de défense et de sécurité ne vaut rien. Pour preuve, le président Melchior Ndadaye a gagné les élections, mais comme il n'avait pas d'armée, il a été tué comme un vulgaire vendeur de cacahuètes sans protection aucune, "cueilli" chez lui pour se faire tuer dans un camp de militaires.

C'est dans ce contexte que le Cndd, en date du 24 septembre 1994, va se doter d'une branche armée, les forces pour la défense de la démocratie, Fdd, se transformant ainsi en Cndd-Fdd pour officiellement organiser une résistance armée.

Autant la lutte armée durait dans le temps, autant le nom d'Hussein Radjabu apparaissait de plus en plus dans l'opinion des Burundais et parvint même à s'imposer comme étant le stratège de ce mouvement rebelle. Mais avec le temps, le Cndd-Fdd a trouvé que le maquis était plutôt dur car au bout de quelques 5 ans de lutte, il n'a jamais pris un m^2 du territoire de ce pays.

Selon des informations qui ont circulé plus tard, le Cndd-Fdd avait même l'intention d'abandonner la lutte, n'eût été le début des négociations qui ont été organisées sans le consentement de l'Uprona, acteur-clé dans les négociations et parti politique dont Pierre Buyoya était issu. La décision de l'ancien président entraîna une scission au sein de cette formation politique, suivie d'un putsch de son président, Charles Mukasi, le 7 octobre 1998.

L'on apprendra que le président du Cndd-Fdd, Léonard Nyangoma, a été destitué de ses fonctions, une action attribuée à Hussein Radjabu. Ce dernier sera remplacé par son cousin plus jeune sans expérience, Jean Bosco Ndayikengurukiye, déserteur de l'Institut Supérieur des Cadres Militaires (Iscam). Selon des versions qui ont été diffusées au lendemain de ce putsch interne, la provenance régionale de Léonard Nyangoma - la province de Bururi - n'aurait pas été étrangère à cette destitution.

Selon les mêmes informations, le fait de remplacer Léonard Nyangoma par son cousin n'était qu'une manoeuvre dilatoire pour tromper l'opinion et d'ôter en douceur le pouvoir aux sudistes "bururiens", une forme de reproduire un scénario du passé où le roi Ntare V a destitué son père Mwambutsa IV pour être déposé à son tour par Michel Micombero, dans un espace de quelques mois, profitant de l'occasion pour déclarer que le Burundi devenait une République en lieu et place d'un Royaume.

5.5.1. Hussein Radjabu aux commandes de sa formation politique

Hussein Radjabu ne tarda pas à chasser du pouvoir Jean Bosco Ndayikengurukiye pour installer Pierre Nkurunziza à la tête du Cndd-Fdd. Le pouvoir au maquis, ne venait-il pas de quitter le Sud du pays comme cela s'était fait avec l'élection de Melchior Ndadaye, une année plus tôt ? L'on rappellera que ce dernier était originaire de Mwaro, une entité qui n'était pas du tout en bons termes avec la circonscription de Bururi pour des raisons qu'il n'est pas nécessaire de développer dans cet ouvrage.

Hussein Radjabu est secrétaire général du Cndd-Fdd jusqu'à la signature du cessez-le-feu en 2003 et Pierre Nkurunziza est président de cette formation politique issue de la rébellion. Ce dernier deviendra plus tard ministre d'Etat à la bonne gouvernance et il gardera également le poste de président du Cndd-Fdd.

En date du 26 août 2005, il est élu président de la République au suffrage universel indirect et c'est à ce moment qu'Hussein Radjabu, naturellement, est devenu président de cette formation politique de l'Aigle. C'est à ce moment où il devient encombrant car il veut porter ombrage au président de la République élu dans des circonstances particulières.

5.5.2. Vers la prison

Hussein Radjabu, président d'une formation politique au pouvoir, veut tout contrôler. Il passe par la porte du chef de l'Etat à l'assemblée nationale, il contrôle les institutions tout comme le président de la République et c'est à cause de cela que la deuxième vice-présidente de la République à partir du 29 août 2005, Alice Nzomukunda, démissionne de ses fonctions le 5 septembre 2006, soit une année après.

Hussein Radjabu est en conflit avec tout le monde, les politiciens de sa mouvance, ceux de l'opposition, les journalistes, les membres de la société civile, etc. Il ne faut pas perdre de vue que le nouveau président du Cndd-Fdd réserve également très peu de courtoisie aux diplomates occidentaux accrédités à Bujumbura à qui il refuse toute forme de collaboration.

Tout le monde veut son départ, quelles que soient les conditions. Le ministre de l'intérieur à l'époque, le général Evariste Ndayishimiye, organisa un congrès extraordinaire dans la province de Ngozi à l'insu d'Hussein Radjabu, président du parti au pouvoir. Hussein Radjabu a tenté de résister contre ce congrès, ne sachant pas que les dés étaient joués d'avance. Le ministre a convoqué ce congrès un certain mercredi, pendant les heures de service, une session extraordinaire où l'on a proclamé la destitution d'Hussein Radjabu, le 7 février 2007.

En date du 27 avril 2007, il verra son immunité levée par l'assemblée nationale et sera transféré à la prison de Mpimba dans l'après-midi de ce vendredi, après avoir été écouté par le procureur général de la République et une enquête judiciaire a été ouverte par la même autorité.

Dans un premier temps, il est accusé d'avoir menacé l'ordre public. Plus tard, il a été accusé par la justice d'avoir voulu lancer une rébellion et d'avoir distribué des armes à feu aux anciens soldats démobilisés. Enfin, il avait été destitué pour son immixtion dans le fonctionnement du gouvernement.

D'après des témoignages recueillis à cette époque, tout le monde constatait et cautionnait l'injustice subie par Hussein Radjabu car d'habitude, le ministre de l'intérieur n'entre pas dans le fonctionnement des partis politiques, mais l'on encourageait le même gouvernement à commettre des bavures à l'endroit de cette personne, car il dérangeait trop, au pouvoir comme à l'opposition.

Après plusieurs séances à la cour suprême, l'ancien président du Cndd-Fdd sera condamné à 13 ans de prison ferme, une condamnation qu'il devait purger jusu' en 2020. Mais son sort a été décidé autrement car le 1er mars 2015, juste avant l'éclatement de la crise politico-sécuritaire d'avril 2015, il a pris le large vers l'étranger.

Cependant, il demeurait toujours la bête noire du régime qui avait toujours manifesté la crainte de celui qui a placé le Cndd-Fdd au pouvoir en 2005. Alors qu'il est déjà condamné, Hussein Radjabu n'a jamais eu droit à une sortie comme les autres détenus, même pour les soins médicaux.

Alors qu'il consultait un médecin dentiste à Bujumbura, un policier qui était avec lui l'informa qu'il était obligé d'entrer avec lui au cabinet du médecin[130]. Ce dernier a insisté pour que le policier sorte, ce fut vain. Il tenta de rassurer le policier que dans son cabinet, il n'y a pas de trou possible et qu'en cas d'évasion, il va en assumer l'entière responsabilité.

Ce dernier tenta de convaincre le policier, arguant que la maladie est une affaire privée entre un patient et son médecin. Cet élément de la police a rétorqué qu'il a eu un ordre dans ce sens et qu'il n'avait aucun droit de changer. Malgré qu'il comprenait le médecin, il était obligé d'entrer avec Hussein Radjabu au cabinet.

Au regard de l'intransigeance du policier, Hussein Radjabu a été obligé d'abandonner sa consultation, optant de retourner à la prison centrale de Mpimba sans délais. Hussein Radjabu n'est plus tombé malade et il n'a

[130] Son médecin traitant était le Dr. Alphonse Rugambarara.

plus consulté un médecin jusqu'en 2015 quand il a eu l'opportunité de s'enfuir.

Pour revenir sur son évasion, des informations diffusées plus tard, qui n'ont jamais été démenties, indiquent que le ministre de l'intérieur à l'époque, Edouard Nduwimana, a appris cette fuite vers 2 heures du matin. Il aurait directement informé le palais et le président Pierre Nkurunziza a pris ses dispositions pour fuir vers sa Ngozi natale. Les mêmes informations précisent qu'il s'est arrêté à la gare du Nord, tout près de l'endroit dit "Iwabo n'abantu", un bistrot de feu lieutenant général Adolphe Nshimirimana, ce qui atteste une fois de plus qu'Hussein Radjabu était une terreur jusque même dans le cerveau du régime "cnddfddiste".

5.6. Alexis Sinduhije

Alexis Sinduhije est un homme qui a vu le jour dans la zone urbaine de Kamenge, dans la commune de Ntahangwa, le 5 mai 1967. Il fit ses études secondaires au Collège Notre Dame de Gitega avant de fréquenter l'école de journalisme à Bujumbura. Ayant une voix grave et radiophonique, il se fait recruter à la radio nationale où il a presté comme journaliste - reporter pendant quelques années.

Malgré ce travail dans un médium public, il profita de la pluralité des médias pour fonder, avec une équipe de ses confrères, un journal hebdomadaire "La Semaine". Il fait des reportages sur la guerre civile qui sévissait au Burundi et il est senti comme l'un des rares journalistes qui sont allés sur terrain pour rencontrer la rébellion armée.

Après quelques années de travail, il obtint une bourse d'études aux Etats-Unis pour poursuivre le métier de journalisme et quand il rentre autour des années 2000, il fonde la Radio Publique Africaine, RPA qu'il qualifie de Voix des Sans Voix. La radio connaît beaucoup de succès et se spécialise dans le journalisme d'investigation.

Sa radio devient un organe de presse véritablement indépendant, mais également dérangeant pour les milieux des décideurs politiques. Soutenue par toutes les catégories socioprofessionnelles, la radio évoque les moindres détails que les autorités voudraient cacher et l'on a appris qu'ils étaient fournis par des mécontents des régimes qui se sont succédé.

Quelques années plus tard, en 2008, à la surprise de tout le monde, Alexis Sinduhije, connu de tout le monde comme un journaliste-vedette, change subitement de carrière et veut devenir homme politique. Au moment où ses confrères croient encore en une comédie, l'ancien journaliste dépose au ministère de l'intérieur les statuts de sa formation politique ainsi que la réunion constituante. Son agrément interviendra plus d'une année plus tard.

Initialement, ce parti s'appelle Mouvement pour la Sécurité et le Développement, mais on lui fit comprendre que la sécurité est une affaire de l'Etat et non d'un parti politique. Il doit donc changer de nom pour être agréé, d'où le Mouvement pour la Solidarité et le Développement. Devenu politicien, il est déjà connu de tout le monde, politiciens, journalistes et activistes des droits de l'homme, sans oublier les simples citoyens.

Il est donc inquiétant pour les formations politiques car pour chercher les membres de son parti, il les trouve dans les partis politiques existants, sans considération de tendances ethniques ou régionales. Il cible les jeunes qui apprécient son franc-parler qui manque chez les autres politiciens.

Pour tenter de lui barrer la route, il est incarcéré au mois de novembre 2008 à la prison centrale de Mpimba, à Bujumbura. Il est accusé d'avoir outragé le chef d'Etat en fonction en écrivant : " Ubusuma no kwica abantu vya Cndd-Fdd vyagirwa nuwama mu bikorane vy'urudaca " (Les détournements des fonds et les tueries du parti Cndd-Fdd sont imputables à celui qui est tout le temps dans des croisades de prières, traduction de l'auteur.).

Lors de son arrestation, le ministère public l'accusait d'avoir injurié le président de la République car c'était lui qui organisait régulièrement des séances de prières. Mais la défense ripostait en soulevant qu'il n'a cité personne et que par conséquent, c'est une fausse interprétation du ministère public, ce qui fut d'ailleurs à la base de son acquittement.

Quelques cinq mois plus tard, au mois de mars 2009, il sera acquitté car le siège a constaté que l'infraction d'outrage envers le chef de l'Etat, au sens de l'article 278 du code de procédure pénal livre II, n'est pas établie à charge d'Alexis Sinduhije. Il a acquitté en conséquence le prévenu tout en ordonnant sa libération, ce qui fut fait en date du 11 mars 2009.

5.6.1. Alexis Sinduhije de nouveau arrêté

Le président du MSD a été arrêté dans la province de Ngozi alors qu'il rentrait de Kirundo dans la soirée du 17 mars 2009. A peine sorti de prison, visiblement sous pression de la communauté internationale, le pouvoir de Bujumbura a tout mis en marche pour l'arrêter, pourquoi pas l'éliminer en cas de besoin. Dans la province de Kirundo, au Nord du pays, les boulons des pneus de ses voitures sont déréglés pour causer un accident, mais les auteurs de ce plan macabre sont déçus de voir que ses chauffeurs vérifient tout avant le démarrage.

Le procureur de la République dans la province de Kirundo a suivi le cortège d'Alexis Sinduhije, accompagné de policiers. A l'entrée de la ville de Ngozi, les policiers l'arrêtent avec les armes au poing comme on le fait pour les terroristes. Les forces de l'ordre qui étaient sur place ont affirmé sans rire qu'ils ont pris une arme dans l'une de ses voitures, mais ne l'ont jamais montrée à qui que ce soit.

Jusque dans la matinée du 18 mars, les policiers attendent toujours des injonctions qui leur indiquent ce qu'ils doivent faire de cet opposant "enquiquinant". En réalité, c'était leur arme qu'ils voulaient poser dans la voiture d'Alexis Sinduhije, une intention qu'ils n'ont pas réalisée ce jour-là. Jusque-là, il était toujours gardé sur une station d'essence à Ngozi. L'on saura que la sortie de la prison d'Alexis Sinduhije avait été vivement combattue par un général qui faisait la pluie et le beau temps qu'il n'est pas nécessaire de citer dans ces colonnes car il n'est plus depuis 2015.

Il avait juré d'en découdre, mais de quelle manière ? Dans tous les cas et à l'époque, tout était connu et les organisations de défense des droits de l'homme craignaient déjà que ce dossier ne cause des ennuis au pouvoir. A la limite, ces derniers se posaient la question de savoir qui détenait les réalités du pouvoir à Bujumbura.

5.6.2. Tentative d'arrestation en Tanzanie

En date du 14 janvier 2012, Alexis Sinduhije est arrêté en Tanzanie. Le gouvernement du Burundi, par le biais de son porte-parole et secrétaire général, Philippe Nzobonariba, a assuré ne pas avoir demandé l'arrestation de cet opposant. Il avait renchéri que le gouvernement n'était pas informé de l'infraction à charge de Sinduhije en Tanzanie. Malgré cette déclaration, Philippe Nzobonariba poursuivra que cela ne veut pas dire que la justice burundaise n'aurait pas l'une ou l'autre affaire contre lui, il venait de dévoiler à demi-mot que c'est le gouvernement qui avait en réalité téléguidé son arrestation.

On saura qu'à cette période, Alexis Sinduhije vit en exil en France et s'était rendu en Tanzanie en provenance de l'Ouganda. Il avait été arrêté justement sur demande des autorités burundaises, comme l'avait annoncé son avocat tanzanien, Me Habas Nyange. D'ailleurs, plusieurs responsables des services de sécurité burundais s'étaient réjouis de cette arrestation, l'un d'entre eux accusant Sinduhije d'être à la tête d'un groupe terroriste qui tente de déstabiliser le Burundi depuis plus d'une année.

Les autorités l'accusaient en outre d'avoir participé à un meurtre il y a plusieurs années et elles faisaient tout pour avoir son extradition de la Tanzanie, avait renchéri l'avocat de ce pays. A Bujumbura, Alexis Sinduhije était également poursuivi pour subornation des témoins dans l'affaire Kassy Manlan, le représentant de l'OMS au Burundi assassiné en novembre 2001. Son adjoint au MSD, Me François Nyamoya, était en prison depuis fin juillet 2011 pour le même motif.

Il ne faut pas perdre de vue que le procureur général de la République, Valentin Bagorikunda, avait fait le déplacement de Dar es Salam depuis quelques jours où il tentait d'obtenir l'extradition de l'opposant burundais. Signalons qu'Alexis Sinduhije avait fui le pays après la contestation des élections de 2010 par l'opposition et des violences qui s'en sont suivies.

5.6.3. Interpellation du président du Msd à l'aéroport de Zaventem

L'on saura enfin que le gouvernement n'a cessé de chercher ce politicien des plus dérangeants car en 2014, M. Sinduhije est de nouveau interpellé à l'aéroport de Bruxelles alors qu'il arrivait du Tchad. Il était sous le coup d'un mandat émis en mars par le Burundi pour "Organisation d'un mouvement insurrectionnel".

Alexis Sinduhije a été interpellé, jeudi 1er mai au matin, à l'aéroport de Zaventem, à Bruxelles, où son avion venait d'atterrir en provenance de N'Djamena. Le président du MSD serait, selon son avocat, joint par RFI, sous le coup d'un mandat d'arrêt international pour "organisation d'un mouvement insurrectionnel", communiqué par le Burundi aux autorités belges.

Alexis Sinduhije est considéré par Bujumbura comme responsable des violences entre ses militants et la police qui ont eu lieu le 8 mars 2014. Il avait été, le 12 mars, inculpé d'"insurrection", tout comme 71 autres militants de l'opposition, et risquait la prison à perpétuité.

5.7. Juvénal Rududura

Juvénal Rududura est un vice-président du syndicat du personnel non magistrat au ministère de la justice jusqu'au 15 septembre 2008 quand il est arrêté en violation de l'article 18 de la loi n° 1/015 du 29 novembre 2002, portant réglementation de l'exercice du droit syndical et du droit de grève dans la fonction publique et de l'article 71 du code de procédure pénal (CPP). Il faudrait mentionner que cet emprisonnement de ce syndicaliste, tout comme les autres cas d'incarcération à caractère politique, connaît des raisons lointaines et celles qui sont immédiates pour cette arrestation.

5.7.1. Les causes lointaines

Cet emprisonnement tire son origine dans des revendications syndicales du personnel non magistrat au ministère de la justice qui étaient à l'époque liées à la demande d'une mise en application du statut des agents de l'ordre judiciaire signé le 16 juin 2000 par le président de la République et le ministre de la justice au moment des faits. Ledit personnel n'a jamais cessé de réclamer la mise en vigueur de ce statut mais la réponse était toujours la même : l'Etat n'a pas de moyens pour le faire.

En date du 4 juin 2007, soit 7 ans après la signature du statut, le personnel non magistrat a observé un mouvement de grève parce qu'il venait d'avoir la même réponse de manque de moyens alors que leurs collègues magistrats, dont le statut a été signé à la même date, venait d'être appliqué à la satisfaction des concernés.

Selon des informations issues du milieu syndical, cette grève a duré trois jours parce que le ministère de tutelle venait de faire semblant de comprendre la colère du personnel non magistrat. Une commission mixte de 8 personnes, dont 4 représentants du ministère de la justice et 4 autres du personnel, dont la mission était d'étudier les voies et moyens de mise en application de la loi n° 1/006 du 16 juin 2000, a été mise en place.

Le 15 octobre 2007, un autre mouvement de grève a refait surface parce que le président de la commission a bloqué la clôture des travaux de cette commission. Il deviendra plus long que le précédent car le ministère de la justice a opté pour la politique du silence jusqu'à ce que la première vice-présidence, supérieure hiérarchique dudit ministère, soit saisie pour départager les parties en conflit.

Dans sa lettre n° 120/VP/1164/2007 du 16 novembre 2007, la première vice-présidence a demandé au ministère de la justice d'analyser toutes les revendications du personnel non magistrat et d'y donner suite endéans un mois et qu'aucun syndicaliste ne devait être inquiété pour les faits liés à la grève qui était en cours au moment de la rédaction de cette correspondance.

Une année plus tard, le ministre de la justice n'avait fait aucun signe de mise en application de ce statut. En outre, le ministre, toujours dans la logique de violer le contenu de la lettre de la première vice-présidence, a bloqué le salaire du mois d'octobre 2007 de ce personnel en conflit et s'est arrogé le droit de muter, par ordonnance n° 550/603 du 30 mai 2008, les représentants de ce personnel vers l'intérieur du pays, dans les coins les plus reculés du pays.

L'objectif était évidemment d'anéantir le suivi direct de ces revendications tout en sachant que les salaires de ce personnel ne leur permettraient pas de vivre séparés de leurs familles. Au passage, ceci est une stratégie que l'exécutif a toujours brandie pour rendre le judiciaire non indépendant. Ces mutations ciblaient très exactement les représentants de ce personnel pour leur déstabilisation.

Naturellement, le ministère venait de provoquer une autre grève qui n'a duré que deux jours. Pour les syndicalistes, le ministre venait d'afficher une attitude d'inconscience et d'hypocrisie pour avoir déclaré que la grève ne lui dit rien parce qu'elle n'affecte pas son salaire, encore moins ses biens acquis. En outre, la population carcérale était automatiquement victime de ce bras de fer d'autant plus que ses procès étaient bloqués. Par ailleurs, n'étaient-ils pas encouragés par le fait que les supérieurs hiérarchiques du ministère donnaient raison aux grévistes ? Visiblement, ce bras de fer aussi bien en amont qu'en aval ne présageait rien de bon pour Juvénal Rududura.

5.7.2. Les causes immédiates.

Cet ancien vice-président du syndicat du personnel non magistrat apparaît dans le journal IWACU, du groupe de presse de même nom, publié le 4 août 2008 sous le titre "OBSCURES CONDITIONS D'EMBAUCHE A LA MAGISTRATURE". Dans les colonnes de ce journal, Juvénal Rududura demande de vérifier la véracité de cette information, ce qui ne viole aucune loi du Burundi, du moins à cette époque, donc aucune infraction par conséquent. Par ailleurs, tout autre citoyen ordinaire pouvait à la limite poser la question sans être nécessairement poursuivi.

5.7.3. Evolution alambiquée d'un dossier judiciaire.

Depuis, le dossier apparaît vite comme politique car il ne suit pas le cours normal de la procédure judiciaire. En effet, il a passé trois mois en prison alors que la détention préventive n'est clôturée qu'endéans 21 jours pour cette question, soit 15 jours au niveau du parquet, 48 heures pour la délibération au niveau de la juridiction compétente pour statuer au premier degré, 48 heures pour le délai d'appel de la partie non satisfaite et 48 heures pour la délibération au niveau de la juridiction d'appel.

Pendant cette période, le magistrat-instructeur ne l'a jamais présenté devant le juge de confirmation. Celui qui a été saisi le 2 octobre 2018 pour statuer sur sa détention préventive ne s'est prononcé, en sa défaveur, que le 23 octobre 2008, alors que la loi prévoit 48 heures. La cour suprême saisie le 10 novembre 2008 n'avait pas encore appelé ce dossier le 15 décembre de la même année alors que la loi prévoit que de tels appels doivent être prononcés dans 48 heures après la saisine.

En date du 13 mars 2012, Juvénal Rududura a été surpris de voir que son dossier est sorti du délibéré après 28 mois et 16 jours alors que le code de procédure pénal burundais limite le délai de délibération à 2 mois, une situation grave qui ternit l'image de la justice, si pas de l'exécutif tout entier.

5.7.4. Des incohérences dans le traitement du dossier

C'est à ce moment que des incohérences commencent. En effet, dans la lettre du 9 mai 2012 du ministre de la justice et garde des sceaux, il apparaît que le dossier administratif de Juvénal Rududura révèle sa démission d'office qui ne résulte pas de son incarcération, mais d'une désertion de service prolongée sans aucune justification. Cela est illustré par l'ordonnance ministérielle n° 550/1433 du 6 novembre 2009 portant démission d'office d'un agent de l'ordre judiciaire. Selon la même ordonnance, Mr. Juvénal Rududura est en désertion de service prolongé d'après la lettre n° 552/033/111/2008 émanant du président du tribunal de grande instance de Karusi et que son traitement a été suspendu.

En date du 28 mai de la même année, Juvénal Rududura réagit et se dit surpris par une ordonnance ministérielle vieille de plus de deux ans et qui ne lui est jamais parvenue. Le lendemain, le 29 mai, une autre ordonnance ministérielle tombe, n° 550/766 du 29 mai 2012, est signée et porte réintégration d'un agent de l'ordre judiciaire. Ainsi, il est replacé en activité de service, mais affecté au tribunal de grande instance de Karusi, en qualité de greffier.

Le dossier du 29 mai ne lui parviendra que 14 jours plus tard, le 11 juin 2012. Cependant, il trouve que l'ordonnance est inexécutable car, tout simplement, "réhabiliter" signifie "rétablir dans son premier état, dans ses droits". Avant sa séquestration, il était au tribunal de grande instance de la mairie de Bujumbura depuis plus de 10 ans.

Curieusement, Juvénal Rududura, qui ne s'est jamais présenté au tribunal de grande instance de Karusi, est démis d'office de ses fonctions, en date du 14 décembre 2012, en tant que greffier au tribunal de grande instance de Karusi. Le 28 décembre 2012, Juvénal Rududura a fait recours contre cette ordonnance ministérielle auprès du premier-vice-président de la République, mais jusqu'en 2016, quand cet ouvrage a été bouclé, Juvénal Rududura n'avait pas encore eu de réponse de la part de cette instance et il était toujours dans la rue.

Conclusion Générale

En définitive, l'on voit que dans l'histoire de la justice de notre pays, surtout postcoloniale, ce secteur très important dans la vie nationale a toujours été un instrument du pouvoir exécutif. Que ce soit sous le Royaume, sous la République ou alors sous la Démocratie, la justice fonctionne exactement de la même façon. Faudrait-il remarquer que la justice traditionnelle, bien qu'imparfaite sur certains points, était plus objective par rapport à celle rendue par ceux qui ont fréquenté l'école ? Des spéculations, des suspicions, des manipulations de toutes sortes sont à l'origine de cette magouille politico-judiciaire.

Faut-il mentionner également que, dans la rédaction de cet ouvrage, j'ai seulement ciblé quelques dossiers qui ont éveillé la conscience des Burundais, qui ont donné une image plutôt sombre de notre justice, qui l'ont soumise à des critiques acerbes. Quand on considère les injustices faites aux « évolués » pour reprendre le terme de la colonisation, l'on se demande ce qui l'en est au juste pour un Burundais moyen. Quoi qu'il arrive, ce secteur de la vie nationale a besoin de se réformer de fond en comble pour que le pays retrouve la stabilité et le développement dont il a tant besoin.

L'on constate en outre que la prison centrale de Mpimba est aujourd'hui subdivisée en 11 quartiers qui sont surpeuplés. Les prisonniers, dont l'effectif dépasse largement la capacité d'accueil de cette institution pénitentiaire, sont obligés de dormir dans des corridors souvent sombres ou à la belle étoile.

Au départ, les quartiers étaient aménagés suivant les infractions retenues à charge des prisonniers, mais aujourd'hui, cette réalité est un lointain souvenir. Les détenus logent un peu n'importe comment, ce qui fait que l'on trouve des fois des mineurs qui sont dans des cellules des adultes. Cela a des conséquences fâcheuses car il n'est pas rare de trouver un adolescent attraper des maladies incurables comme le Vih/Sida en prison, suite aux rapports sexuels, homo et ou hétérosexuels faits avec des hommes et des femmes adultes, moyennant quelques sommes d'argent.

Sinon, l'historique de la prison est difficile à reconstituer du fait que la plupart des documents d'archives ont été détruits pour les cacher au public. Les données sur cette période sont incomplètes si bien que l'on est obligé de se fier beaucoup plus aux témoignages. Pourtant, l'on devrait savoir que ces derniers ont des limites au regard des défaillances de la mémoire humaine.

Mais à l'intérieur de la prison, l'on sent qu'il s'agit d'une organisation comme une autre au regard de l'acquisition des terrains d'exploitation, des activités des généraux ainsi que des règlements de différends entre les détenus sans oublier le service de santé à cet endroit qui, tout en n'étant pas parfait, sait tout de même alléger la souffrance des détenus dans tout ce qu'ils cherchent comme assistance.

L'on constate que malgré un manque criant de données fiables, le milieu carcéral dégage quelques tendances démographiques. C'est le cas des décès et des naissances avec notamment l'accroissement de la population carcérale dû à l'augmentation des nourrissons, les décès difficiles à évaluer, les différentes maladies qui y sont présentes de façon endémique comme le paludisme, la tuberculose, les infections sexuellement transmissibles et le Vih/Sida. Les mauvaises conditions de détention (alimentation, logement, ...) entraînent une présence permanente de ces pathologies.

L'on constate également que les prisonniers sont jeunes, ce qui fait qu'ils sont assistés gratuitement alors qu'ils avaient encore la force de produire. L'Etat leur donne à manger, de l'eau et de l'électricité et il dépense énormément pour des détenus dont la plupart sont encore des prévenus. Et à force de rester longtemps en prison, certains des détenus trouvent que ce milieu est devenu leur domicile fixe, surtout qu'à l'extérieur, ils ne parviennent pas à trouver tout ce "luxe". C'est pourquoi il n'est pas rare de trouver des détenus qui, une fois sortis de la prison, commettent encore des infractions pour qu'ils y retournent.

D'autres facteurs influents sur la vie dans la prison sont externes à la volonté même des détenus comme la dévaluation de la monnaie. Celle-ci a été plus sensible à partir de l'année 1996, ce qui correspond aux moments forts de la crise et à l'embargo économique imposé par les pays de la région. Cette dévaluation a alors entraîné l'effritement du pouvoir d'achat de la population qui devait malgré tout vivre. Dans ces conditions, tous les moyens étaient bons, y compris la malhonnêteté avec toutes formes d'infractions que cela entraîne.

On ne peut pas ne pas évoquer la guerre civile de plus de 10 ans que le pays a connue depuis l'assassinat de Melchior Ndadaye. Elle a entraîné des mouvements indescriptibles des populations, certaines fuyant à l'intérieur du pays et les autres à l'extérieur. Même l'administration n'a pas été épargnée par cette folie meurtrière car ceux qui n'avaient pas trouvé la mort dans leurs quartiers respectifs, avaient peur de se présenter à leurs postes d'attache pour des raisons de sécurité.

Dans ces conditions donc, les personnes qui vivaient de l'agriculture avaient fui leurs domiciles vers des endroits où ils espéraient une vie sauve. Dans les bureaux, personne n'était plus là pour travailler, y compris les politiciens à qui on peut incomber objectivement la responsabilité dans cette guerre fratricide. La production n'y était donc plus et à tous les niveaux et ce fut la paupérisation de la population dans l'ensemble. Il fallait encore une fois, - la dévaluation de la monnaie aidant -, que les populations vivent d'une manière ou d'une autre.

Sinon, la prison est le reflet de la société car il y a des instruits et des non-instruits, des enfants et des adultes, des nourrissons, toutes les religions y sont représentées, des nationaux et des étrangers s'y retrouvent mais avec des proportions variables. En d'autres termes, les aspects démographiques indiquent qu'une prison est un milieu comme un autre, avec une dynamique de société comme on peut en trouver ailleurs. Ce ne sont que les conditions de vie qui changent, mais surtout le manque de liberté qui fait souffrir.

On le voit donc, la prison est un milieu où, innocents et criminels se rencontrent suite à la justice humaine qui, parfois si pas souvent, est partiale. C'est un endroit où il est difficile de s'adapter car, la surpopulation aidant, l'hygiène est tout simplement impossible. C'est un milieu où les pensionnaires sont très pauvres et passent par tous les moyens, y compris l'escroquerie, pour survivre. C'est un milieu où, pour accéder à ses droits, - je pense aux soins médicaux et à la comparution aux différentes instances judiciaires -, le détenu doit intéresser le responsable du service.

C'est un milieu où, pour être en harmonie avec tout le monde, il faut rester humble, il faut gérer les conflits qui sont légion, c'est un endroit où, s'il faut un jour passer de meilleurs moments en prison, il faut faire semblant d'être libre et ne pas trop penser au manque de liberté. En effet, quand on est en prison, il faut savoir que l'étape suivante sera de quitter ce milieu. Pour cela, il faut danser, il faut jouer, il faut se divertir tant qu'il y a possibilité, il faut lire pour ne pas s'abrutir davantage, il faut même monter des projets d'avenir car, comme je l'ai signalé dans les pages antérieures, ce livre a été conçu en prison même si les manuscrits ont été rédigés après ma libération.

Enfin, je peux conclure que l'établissement pénitentiaire est frustrant pour la simple raison que l'on devient complètement immobile alors que l'on avait la volonté et la force de travailler. Bref, l'on devient complètement inutile pour soi et pour la société mais, sur un autre plan, et c'est cela le paradoxe de la vie, c'est un milieu très édifiant.

Tel est, en quelques mots, le parcours de l'agence Net Press et rien ne garantit qu'elle soit actuellement au bout de ses peines. Il suffit de voir le traitement réservé aux autres médias, aux acteurs de la société civile ainsi qu'aux partis politiques de l'opposition. L'espace des libertés fondamentales se rétrécit de plus en plus et l'on sent l'odeur d'une dictature se poindre à l'horizon, si elle n'existe pas déjà !

Postface

Louons maintenant le grand Journaliste !

Quel bonheur d'écrire cette postface sur un ouvrage dont l'auteur est plus qu'un ami ? Jean-Claude Kavumbagu, parce qu'il s'agit bien de lui. L'auteur de ce livre est un grand défenseur de la liberté des médias. Quand il a décidé d'écrire son livre *–Le journalisme d'investigation à la découverte des souffrances et dénis des droits humains dans le système pénitentiaire burundais : le Journaliste et le Prisonnier -*, j'étais loin de penser qu'il allait avoir une "fécondité" pareille, qu'il allait trouver à écrire sur de telles pages, avec des précisions qui attirent la curiosité de tout lecteur.

Car, la personnalité de l'auteur peut être sans hésitation qualifiée d'exceptionnelle au regard de son parcours professionnel, du nombre de fois qu'il a fait la prison et chaque fois acquitté. Loin d'être un journaliste « alimentaire » ou « fonctionnaire », il a souvent osé et fait le journalisme d'investigation toujours visé par la censure. Et c'est ce qui lui a valu le record des journalistes burundais ayant connu la prison.

La manière dont l'auteur décrit la prison centrale de Mpimba étonne plus d'un. C'est comme si notre confère était entré en prison muni d'un bloc note pour prendre des notes sur tout ce qu'il voyait au quotidien. Mais la lecture de son ouvrage nous a révélé que plutôt il était surveillé par tout le monde car, dans l'entendement des autorités de la prison, un journaliste était un homme dangereux qui pouvait subvertir toute la prison. Ce témoignage est donc le produit de ses observations que sa mémoire a essayé de retenir.

C'est dire que le journaliste et combattant de la liberté, Jean-Claude Kavumbagu, garde en tout temps et en tout lieu son réflexe journalistique. Ce livre apparaît donc en quelque sorte comme son reportage en prison. L'auteur nous décrit avec précision la prison centrale de Mpimba : les conditions de détention, le taux d'occupation, le rôle et statuts du personnel y affecté, etc ...

Ce livre le fait entrer dans la catégorie des journalistes-écrivains qui ne sont pas très nombreux dans notre métier d'informer, ce qui lui vaut un honneur d'un journaliste qui a toujours été professionnel car, en plus de ce document aussi important, il continue à diffuser quotidiennement ses informations à travers son agence Net Press, avec sa ligne éditoriale toujours engagée même si de nos jours, l'espace des libertés se rétrécit dangereusement dans notre pays.

Puisse Jean Claude Kavumbagu aller toujours de l'avant dans ce combat pour la liberté que la plupart de ses confrères ont préféré mener de l'exil suite à une dictature qui pointe à l'horizon de ce pays, qui avait vu pourtant sa presse forcer l'admiration de tous les observateurs tant africains qu'occidentaux qui, malheureusement, marche en reculant, au vu de tout le monde, impuissante face à la politique actuelle.

Puisse cet ouvrage sur "Le journaliste et le prisonnier : un parcours de souffrances et de découvertes" servir d'étoile polaire aux hommes de lois, aux acteurs et hommes politiques pouvant changer la situation des droits de la personne humaine dans les prisons du pays.

C.N.

Annexes

Cette partie est réservée aux annexes des textes que je n'ai pas jugés utiles pour faire partie intégrante de l'ouvrage. Mais, ces dernières peuvent donner de la lumière sur des passages précis. Elles sont au nombre de cinq et elles ont en commun le fait d'illustrer certains passages de cet ouvrage pour que le lecteur comprenne mieux les dessous de table dans l'emprisonnement des justiciables dans notre pays.

La première est lié à une dépêche de l'agence burundaise de presse invoquant des détournements qui avaient eu lieu lors du gouvernement de Michel Micombero déchu par le colonel Jean-Baptiste Bagaza.

La deuxième annexe a trait de l'intégralité du contenu d'un journal ivoirien "Fraternité Matin" qui s'exprimait sur le crime du représentant de l'OMS au Burundi, l'Ivoirien Kassy Malan, décédé au Burundi au mois de novembre 2001. Son épouse donne les détails sur cet assassinat.

Les annexes III et IV sont des dépêches de l'agence de presse en ligne Net Press, qui ont été à l'origine des quatrièmes et cinquièmes incarcérations de son directeur, Jean-Claude Kavumbagu.

Quant à l'annexe V, elle reprend les déclarations de l'observatoire pour la protection des défenseurs des droits de l'homme (OPDDH) et la fédération internationale des droits de l'homme (FIDH).

Annexe I

L'agence burundaise de presse (ABP)[131] du 3 février 1977 écrit :

Avec les arrestations opérées hier par le parquet de Bujumbura, une lueur a percé enfin la sombre "affaire Ntiyankundiye", appelée ainsi parce que Ntiyankundiye a été le premier arrêté et parce qu'il a été le plus utilisé dans cette mafia tentaculaire qui avait fini par gagner toute l'administration.

Le Ministre de la Justice, M. Manwangari Jean-Baptiste a reçu ce matin la presse dans le souci d'apporter à l'opinion certaines précisions afin d'éviter la confusion que voudraient semer certaines personnes mal intentionnées. Et pour que l'opinion puisse juger objectivement, le Ministre promet de fournir des informations chaque fois qu'il en sera nécessaire. Mais le Ministre avait commencé par faire la mise au point suivante :

1. Les personnes qui ont été mises en état d'arrestation sont poursuivies de droit commun. Il n'y a donc pas un seul cas "politique" même si certaines arrêtées ont exercé des fonctions politiques.

2. Aucune personne, à quelque niveau qu'elle soit, ne peut échapper à la rigueur de la loi. Du moment que des indices sérieux de culpabilité existent, personne ne sera à l'abri.

3. Certains mauvais esprits disent qu'on ne peut pas poursuivre tous ceux qui ont détourné parce que le mal est généralisé. Nous leur répondrons que le régime doit poursuivre tous ceux qui ont commis des malversations économiques. Sinon, où serait le changement ?

Le Ministre a alors parlé des arrestations en les classant par catégories.

---

[131] Le document m'a été confié par un membre de la famille Ntiyankundiye, l'un de ses fils du nom de Gilbert Ntiyandkundiye

1. Il s'agit d'abord d'un grand dossier de près de 120.000.000 de nos francs détournés par des fonctionnaires des Ministères de la Justice et des Finances. Des pièces établissant d'une façon pertinente que cette somme a été détournée existent.

2. Le deuxième cas est celui de détournement de plusieurs sommes d'argent du "Fonds des sinistrés des événements de 1972" constitué grâce aux dons des Ambassades, des personnes privées et de quelques collectivités. Ce fonds était géré par les hautes autorités du Ministère de la Justice. Là aussi, des indices sérieux de culpabilité montrent que des sommes importantes ont été retirées de ce compte.

3. Un dossier de meurtre qui date de 1973. Ce dossier qui met en cause un Haut Fonctionnaire de l'Etat et un Haut Officier de l'Armée était en cours d'instruction à la Police Judiciaire quand diverses pressions sur les officiers du Ministère Public vinrent tout arrêter.

4. Détournements de certains fonds gérés par le Ministère de l'Intérieur.

5. Détournement des fonds de la Régie de distribution et d'électricité (REGIDESO).

A une question de savoir si les personnes arrêtées étaient les seules à avoir détourné les fonds de l'Etat, le Ministre a indiqué que les poursuites ne sont pas discriminatoires. Si une personne, à quelque niveau que ce soit, a commis un détournement des deniers publics, et si des preuves existent, cette personne sera poursuivie, a assuré le Ministre.

Ceux qui veulent semer la confusion disent que certains coupables sont protégés. Je tiens à préciser, à vous rassurer, a dit le Ministre, qu'en cas de détournement ou de toute autre infraction, le coupable sera poursuivi en justice chaque fois que le Parquet disposera d'indices sérieux.

Peut-on connaître les noms de ces personnes arrêtées ?

Je ne peux pas vous donner toute la liste, a répondu le Ministre car le dossier des 120 millions concerne 70 personnes, à peu près 74 fausses signatures datant de 1970 à 1975 et portant sur des fournitures fictives aux prisons et aux hôpitaux. Le Ministre a ensuite souligné qu'il faut aujourd'hui la création d'une morale nouvelle.

Les arrestations ne sont pas opérées dans un simple esprit répressif. Au-delà de la répression, nous voulons une nouvelle façon de penser.

Ne peut-on pas prévenir ?

C'est possible. Et dans le cas précis des détournements, le Ministère des Finances devrait inaugurer un nouveau système de contrôle rigoureux. Ensuite, tirant du hasard dans une pile de feuilles, le Ministre a montré aux journalistes quelques factures falsifiées. Nous en reproduirons deux ci-après ainsi que la liste de quelques-uns des noms (vrais ou faux) de ceux qui ont participé au détournement des 120 millions de FBU.

A travers ce tableau, l'on peut noter une incohérence au niveau des dates et des objectifs poursuivis par le nouveau régime, soit les infractions des années 1970 à 1974. L'on constate que le nouveau gouvernement poursuivait également des infractions de la deuxième moitié des années 60. Je livre ici une partie de ce tableau pour illustration.

Comptable payeur	Fournisseur	Montant	Période de livraison	Destination
36.05.71.72	NTIYANKUNDIYE	545.148	6/68	SANA[132] KIBUMBU
133	Idem	152.934	7/68	Idem
271	Idem	482.238	1/70 - 5/70	Hôpital KIBUMBU
06.71.133	Idem	441.882	11/69 - 12/69	Idem
241	Idem	243.702	6/70	SANA KIBUMBU
374	Idem	138.702	3/68	Hôpital KIBUMBU
588	Idem	105.000	12/69	Idem
28.07.71.47	Idem	673.187	8/68	SANA
48	NTAGWARARA	200.885	99/69[133]	SANA
124	NTIYANKUNDIYE	893.652	4/67 - 10/67	Hôpital KIBUMBU
126	Idem	397.108	4/70 - 6/70	Idem

[132] Sanatorium de KIBUMBU

[133] Cette date pourrait être Septembre 69

32.09.71.202	Idem	798.742	7/67 - 1/68	SANA
10.71.07	Idem	397.108	6/68	Hôpital KIBUMBU
97	Idem	587.806	4/68 - 6/68	Hôpital RWABAGA
36.18.71.237	Idem	582.057	6/70 - 10/70	Idem
32.11.71.005	Idem	1.327.399	4/69 - 11/70	Hôpital KIBUMBU
28.12.71.71	SABUSHIMIKE. A	1.401.700	12/70 - 5/71	Idem
150	NTIYANKUNDIYE	1.761.129	7/70 - 8/71	SANA
32.12.71.29	Idem	2.627.449	9/67 - 5/68	Hôpital RWIBAGA
161	BARIHINYUZA	1.394.140	6/70 - 12/70	SANA
36.12.71.119	NTIYANKUNDIYE	1.861.644	31.08.70	Hôpital MURAMVYA
120	KANANI Dismas	1.454.829	6/70 - 12/70	Prison NGOZI
32.12.71.003	NTIYANKUNDIYE	1.522.754	1/69 - 5/69	Idem
36.03.72.059	NTIRAMPEBA S	1.780.118	2/70 - 6/70	Idem
310	GASURURE Déo	1.819.175	-	MPIMBA
28.04.72.133	NZIGAMA P	1.144.890	2/69 - 4/70	Prison RUYIGI
32.04.72.134	BUYOYA Ch.	2.477.756	1968	Hôpital RWIBAGA
22.05.72.078	NDIRAHISHA A	2.310.952	3/68 - 10/69	Prison RUMONGE
26.06.72.074	SABUSHIMIKE A	2.932.092	1/69 - 3/70	Prison GITEGA

La déclaration decréance se faisait comme suit : "FACTURE .../1969

" Le Gouvernement de la République du Burundi, Ministère de la Justice, doit à Monsieur[134]........, Fournisseur des vivres, la somme de DEUX MILLIONS QUATRE CENT SOIXANTE ET UN MILLE NEUF CENT SEPTENTE SIX FRANCS BURUNDI (2.461.976 Frs) pour avoir fourni à la Prison Centrale de MPIMBA

[134] Nous avons sciemment omis le nom du fournisseur

- 7.443 Kg des Légumes, soit 7,5 Fr. le Kg = 55.822,5 Frs
- 45.313 Kg de Patates Douces, soit 5,5 Fr/Kg = 249.221,5 Frs
- 19.412 Kg de Viandes, soit 45 Fr le Kg = 873.500 Frs
- 48.918 Kg de Bananes, soit 6 Fr/Kg = 293.508 Frs
- 39.726 Kg de Pains, soit 15 Frs la Pièce = 593.890 Frs
- 16.684 Kg des OEufs, soit 5Fr la Pièce = 83.420 Frs

56.468 Kg de Manioc, soit 5,5 Fr/Kg = 301.574

TOTAL : 2.641.976.-

CERTIFIE SINCERE ET VERITABLE ET ARRETE A LA SOMME DE DEUX MILLIONS QUATRE CENT SOIXANTE ET UN MILLE NEUF CENT SEPTENTE SIX FRANCS BURUNDI (2.461.976 Frs)

Sé
Fournisseur des vivres

Pour réception conforme
Sé

Pour Acquit
Sé

Annexe II

Drame

Cinq ans après l'assassinat de son époux au Burundi, Angèle Brou Malan Kassi revient sur les circonstances de ce meurtre.

Quel sentiment éveille en vous l'attribution du Prix Ebony à Lébry Francis pour, entre autres, productions primées, son enquête sur l'assassinat de votre époux ?

J'avais lu avec beaucoup d'intérêt en juin 2005 les articles que M. Lébry avait publiés sur la mort de mon époux. C'était une bonne enquête et j'avais déjà bien apprécié son travail. Mon jugement a été confirmé par le jury des Ebony. Grâce à M. Lébry, les Ivoiriens ont été bien informés et complètement informés sur l'assassinat odieux de mon mari, alors qu'il était fonctionnaire international à l'OMS. Pour sa famille ; c'est moi qui l'ai fait tuer par mon comportement dévergondé. On a raconté ensuite que c'est parce qu'il courtisait une femme mariée qu'il a été tué, etc... Toutes choses qui nous avaient mis, mes enfants et moi, dans une situation inconfortable. Grâce à M. Lébry, mon mari a été réhabilité, et moi aussi.

J'ai connu ce monsieur en 1970. Il était étudiant en médecine. On l'a tué en 2001. Comment ai-je pu le faire tuer après qu'il m'ait donné quatre enfants ? Mes enfants sont petits et moi, je suis infirmière à la retraite. Comment vais-je m'y prendre pour m'occuper d'eux ?

Etiez-vous à Bujumbura lorsqu'il a été tué ?

L'OMS a refusé que je parte avec lui. Lorsqu'il a été nommé, je revenais d'un voyage. Il m'a dit : "Je suis sûr que la nouvelle que mon patron va venir t'annoncer ne va pas te plaire". Je lui ai demandé de m'annoncer lui-même la nouvelle en question, il a refusé. Et quand son patron est venu, j'ai vu les Ivoiriens arriver chez-nous par petits groupes. Lorsqu'ils me voyaient approcher, ils se taisaient. J'ai alors dit à mon mari, en Agni : "s'il y a quelque chose, j'ai le droit de savoir".

Il m'a répondu qu'il ne pouvait rien me dire, parce que c'était trop gros. "Tu m'as dit que si on m'envoyait là-bas, de ne pas y aller", m'va-t-il dit. En fait, il avait été question qu'il soit affecté d'abord au Cameroun, puis au Sénégal. Moi j'étais prête pour le Sénégal. Or, à la dernière minute, on lui a demandé d'aller au Burundi et il ne pouvait pas me l'annoncer, parce que je lui avais dit que si jamais on l'affectait au Burundi ou dans un pays en guerre, il ne bougerait pas. J'aurais préféré qu'il aille à la Banque mondiale qui avait alors besoin de lui.

A quel moment son patron vous a-t-il annoncé la fameuse nouvelle ?

Pendant qu'on prenait l'apéritif, il m'a dit : "je suis venu vous dire que votre mari s'en va au Burundi". Ma réaction a été instantanée. "Vous partez le tuer alors", ai-je rétorqué avant de poursuivre : "comme vous n'avez pas pu le tuer ici, vous l'emmenez au Burundi. D'accord nous irons...". Il m'a dit : "non, vous ne partez pas". Alors j'ai appelé mon mari : "Léopold, tu n'iras pas au Burundi, tu as vu qu'ils vont aller te tuer". Je parlais à haute voix, j'étais dans tous mes états. Jamais auparavant, je n'avais parlé à mon mari en haussant le ton, mais là, c'était plus fort que moi.

"Calmez-vous madame, qu'avez-vous ? ", a demandé son patron. Je lui ai répondu : "ne me posez pas de questions. Vous, vous savez, mais lui ne sait pas". Un peu plus tard, lorsque je me suis calmée, j'ai interrogé le patron :

"vous l'envoyez à l'abattoir pour combien de temps ?" Il m'a dit : "madame, ne dites pas cela". Habituellement, quand mon mari voyage, c'est moi qui fais sa valise, mais là, j'ai refusé, parce que je ne voulais pas être complice de ce que les gens s'apprêtaient à faire.

Quelle a été sa réaction ?

Il m'a dit : "Angèle ne dis pas cela, c'est une grande promotion pour moi". J'ai rétorqué : "Ah bon ? Tu crois ça ?". J'ai maintenu mon refus de faire la valise jusqu'au lendemain matin. Il a alors attiré mon attention sur le fait que les gens devaient venir chercher la valise pour aller la faire enregistrer. Et lorsque je me suis mise à faire la valise, je lui ai dit : "Léopold, si tu as un minimum d'amour pour tes enfants, ne bouge pas. Si tu pars, c'est que tu nous a laissés orphelins". Devant sa détermination à partir, je lui ai donné quelques conseils : "Si tu pars et que tu constates que des fonds ont été détournés, abstiens-toi de faire un quelconque rapport, dis-leur que tu rentres voir ta famille et à ton arrivée ici, tu démissionnes". Il m'a dit : "mon ange gardien, j'ai compris. Puis, il est parti. C'était au mois de juin.

Combien de temps après son départ vous vous êtes revus ?

Au mois de novembre, je préparais nos 25 ans de mariage. Il m'a téléphoné pour me demander d'organiser une grande fête à cette occasion. Devant mon étonnement, il m'a dit ceci : "Je vais montrer aux yeux de tous que c'est grâce à une grande dame comme toi que je suis parvenu là où je suis". Il m'a demandé de prévoir 300 invités. J'ai tout préparé, tout prévu pour le grand jour. Je devais ensuite le retrouver à Paris où nous devions voir des amis avant de rentrer à Abidjan avec les enfants.

Avez-vous pu vous rendre à Paris ?

Quelques jours avant mon voyage, j'étais devant Mermoz, où j'attendais les enfants, lorsque RFI a annoncé qu'il a été tué. Durant le journal de 17 heures, j'ai cru entendre son nom, mais j'étais loin de m'imaginer cette horreur. C'est au cours du journal de 17heures 30 que j'ai entendu : "Dr. Malan jeté dans le lac Tanganyika ...". Le temps, c'est le remède des douleurs. Je suis sortie de la voiture... (Pleurs). ...Et puis voilà qu'il est mort.

Son patron, Ebrahim Samba, n'a jamais mis les pieds au Burundi, lui qui l'y a envoyé. Même quand un chien est renversé par un automobiliste, celui-ci descend de sa voiture pour demander qui en est le propriétaire. Samba n'a pas eu une telle attitude pour mon mari. Lorsque Léopold a été tué, Samba venait à Abidjan, mais n'a jamais mis les pieds chez moi. Je l'ai salué un jour au siège de l'OMS, mais il ne m'a pas reconnue.

Quelqu'un lui a dit que j'étais la femme de son collaborateur. C'est suite à cette rencontre, soit sept à huit mois après la mort de Léopold, qu'il est venu à la maison. Mon oncle lui a alors demandé si l'OMS pouvait prendre en charge les enfants mineurs. Il a répondu "non"

D'où est partie la rumeur selon laquelle il a été tué pour avoir courtisé une femme mariée ?

Ce sont ceux qui sont venus avec le corps du Burundi qui ont propagé cette rumeur. Dieu merci, tout cela est derrière nous aujourd'hui. Merci encore à Lébry et à Fraternité Matin. C'est le gouvernement ivoirien qui doit vraiment m'aider. Depuis 2003, l'avocat n'a pas été payé.

Finalement, le temps vous a donné raison...

Avec le recul, les choses sont un peu plus claires dans ma tête. Au moment où mon mari devait présenter ses lettres de créances, j'ai demandé à être à ses côtés, on m'a répondu "non"., au motif qu'il s'agissait d'un pays en guerre. Ce dont je me souviens très clairement, c'est que le samedi avant sa mort, il m'a appelé pour me dire : "c'est toi qui as raison, mais nous les hommes, nous en faisons toujours à notre tête, nous n'écoutons jamais nos femmes. Je te demande pardon pour tout ce qui va se passer, parce que c'est toi qui as raison. En fait, ils ne m'ont pas fait venir ici pour ma promotion, c'est un piège...". J'ai hurlé : "Quoi ? ". Puis la communication a été interrompue. C'était le 17 novembre 2001.

Vous a-t-il rappelée ?

Il m'a rappelée vers 13 heures sur le fixe à la maison. Il m'a dit "Angèle, je veux entendre ta douce voix au téléphone, parce que je me suis rendu compte que tu n'es pas une femme, mais un ange gardien pour moi. Malheureusement, je ne t'ai pas écoutée. Sais-tu que j'ai été piégé ?". Je lui ai alors conseillé de ne pas parler en français, mais en Agni. Lorsqu'il s'est mis à parler dans cette langue, la communication a été coupée. J'ai entendu un grand bruit, un peu si comme on arrachait le combiné. Le bruit était si fort que j'ai dû aller, par la suite, en consultation en l'ORL. J'ai tenté de le rappeler, en vain. Il n'y avait même plus de tonalité. J'ai alors essayé d'alerter ses amis, mais aucun d'eux n'était disponible. J'ai réveillé les enfants et nous nous sommes mis à prier pour lui.

Avez-vous réessayé de l'appeler plus tard ?

Oui, le dimanche, mais toujours en vain. Lundi, j'ai demandé à la servante d'aller chercher les enfants à l'école, parce que je n'arrivais pas à sortir du lit. J'étais totalement engourdie. J'ai ensuite appelé Big Sat, qui donnait des cours à mes enfants. Je lui ai dit : "maître, priez pour moi et mon mari qui a des ennuis terribles". Devant son incrédulité, j'ai insisté. De fait, Léopold n'était plus un mari pour moi, il était un frère. Big Sat a donc prié. Le mardi matin, je ne pouvais toujours pas accompagner les enfants à l'école et j'ai demandé à la servante de le faire. Pendant que tout Abidjan savait qu'il était mort, je ne savais pas. Jusqu'à ce que je l'apprenne par RFI.

Personne ne vous appelée pour vous l'annoncer ?

Aucun membre de l'OMS ne l'a fait. C'est le représentant actuel, Louis Sambo, qui m'a téléphonée pour me dire ceci : " Mme Malan, on dit que votre mari est perdu, on a retrouvé ses habits au bord du lac Tanganyika". Je lui ai répondu : "M. Sambo, je vous avais dit que vous alliez tuer mon mari, c'est fait à présent, non ? ". Il m'a dit : "Non, ne dites pas cela, ne soyez pas pessimistes". Je lui ai fait remarquer que chez nous, lorsqu'on a retrouvé les habits de quelqu'un au bord de l'eau, c'est qu'il est dans l'eau. Il tentait de me rassurer, mais j'ai soutenu que mon mari avait été tué et me suis mise à pleurer. Il m'a demandé si je croyais en Dieu. Je lui ai répondu que cette fois, Dieu me disait que je n'avais plus mon mari. Plus tard, M. Sambo m'a rappelée pour m'assurer que mon mari était encore en vie.

D'où appelait-il ?

De Harare. Et lorsque RFI a annoncé la mort de mon mari, ma fille aînée m'a appelée pour me dire : "maman, nous sommes perdus, c'est toi qui as eu raison". Parce que quand il partait, j'ai réuni tous les enfants et leur ai dit : "demandez pardon à votre papa pour qu'il ne parte pas". C'est pourquoi elle me disait que c'est moi qui avais raison. Elle venait elle aussi d'apprendre la nouvelle par RFI. Et je pensais que, quand même, M. Samba qui était le directeur régional Afrique, m'aurait appelée pour s'excuser de n'avoir pas pu contrôler la diffusion de cette information. Il ne l'a pas fait. Personne ne m'a appelée. Je n'ai même pas eu droit à une assistance psychologique.

Comment a réagi l'OMS Côte d'Ivoire ?

La seule assistance que nous avons reçue est venue justement de l'OMS Côte d'Ivoire. Le responsable de ce bureau a fait ce qu'il devait. Tous les autres ne sont venus que le jour de l'enterrement. Le Pr. Samba s'est fait représenter. Le jour de l'assassinat de mon mari, il organisait une fête chez lui. Il faut que la vérité éclate, que les commanditaires de l'assassinat soient identifiés pour que la mémoire de mon mari soit définitivement réhabilitée. Vous ne l'avez pas connu, mais je peux vous dire que c'était un monsieur sans histoire, un bon époux, un bon père de famille. Aujourd'hui, je me retrouve toute seule. Quand je dis toute seule, c'est-à-dire moi et mes enfants. (Pleurs).

Vous devez être courageuse, madame.

Ai-je le choix ? Je dois être très forte. Je n'ai personne pour conseiller les enfants, les orienter dans tel ou tel sens. Ils ont fait des études anglophones, parce que leur père avait un plan pour chacun d'eux. Aujourd'hui, je me retrouve toute seule avec eux. Je demande à Dieu de nous prêter longue vie pour qu'un jour, nous voyions le bout du tunnel.

Interview réalisée par Cyprien TIESSE

Fraternité Matin.

Posté le 24 juin 2006.

Annexe III

« Burundi – Jeux Olympiques.

« Le chef de l'Etat aurait empoché une somme faramineuse pour aller assister aux jeux olympiques de Pékin.

« ***Bujumbura, le 10 août 2008 (Net Press).*** Justifiant l'absence du chef de l'Etat au sommet mondial de Mexico où les chefs de l'Etat discutent sur les voies et moyens pour lutter contre le fléau du Sida, le porte–parole de la présidence de la République, M. Léonidas Hatungimana, a évoqué, parmi les raisons de cette absence, le souci de ne pas saigner à blanc les caisses de l'Etat, dans la mesure où le chef de l'Etat se préparait à aller à Pékin en Chine pour assister aux jeux olympiques 2008.

« L'argument du porte–parole de la présidence de la République devient insensé, quand on apprend des informations selon lesquelles Pierre Nkurunziza aurait empoché une faramineuse somme de 100.000 $ Us pour son déplacement vers l'empire du milieu. D'après les mêmes informateurs qui indiquent avoir recueilli ces sources auprès du secrétariat général du gouvernement, le ministère des finances aurait eu du mal à collecter tout ce montant et a dû se rabattre sur celui destiné aux salaires des fonctionnaires de l'Etat pour le mois de juillet. C'est pourquoi, certains fonctionnaires devront attendre longtemps pour percevoir leurs salaires du mois de juillet, estiment ces sources.

« D'après les mêmes informations, tout ce montant amassé par le chef de l'Etat auquel il faut ajouter d'autres comptes crédits et débités en faveur du chef de l'Etat sans que personne n'en soit au courant, sauf bien sûr, les services habilités, servirait au président Nkurunziza de mener sa campagne personnelle pour les élections 2010. Ainsi, les différentes descentes sur terrain, d'après toujours les mêmes informations, n'ont d'autre but que mener sa propre campagne en distribuant çà et là, des liesses de billets.

« L'observatoire de lutte contre la corruption et les malversations économiques (Olucome) qui ne cesse de dénoncer le moindre dérapage en matière de détournements et de malversations des fonds publics, a encore du pain sur la planche, car la bonne gouvernance qui implique la bonne gestion du patrimoine national n'est pas pour aujourd'hui dans le pays de Pierre Nkurunziza. A propos des jeux olympiques de Pékin en Chine, il importe de rappeler que le Burundi a été représenté en tout et pour tout par 3 athlètes dont deux dames et un seul monsieur. Il s'agit de Mme Francine Niyonizigiye qui concourt sur la discipline de 5000 m, Elsie Uwamahoro pour la natation ainsi que M. Joachim Nshimirimana pour le marathon ».

Annexe IV

« Burundi – Ouganda – Sécurité

« Le Burundi, sera-t-il la prochaine cible des Shebbab somaliens ?

« *Kampala, le 12 juillet 2010 (Net Press).* Soixante-quatorze morts, c'est le bilan très lourd enregistré cet après-midi à Kampala, lorsqu'hier soir en pleine fête du football, au sein des téléspectateurs qui suivaient en direct la finale de la coupe du monde opposant l'Espagne aux Pays-Bas. Il s'agit de deux explosions qui se sont succédé à quelques minutes d'intervalle, la première dans un restaurant éthiopien et la seconde dans un club de Rugby. Ce bilan pourrait malheureusement s'alourdir, puisque de nombreux blessés graves ont été directement évacués dans les hôpitaux de la capitale ougandaise. Parmi les 74 victimes, se trouve un Américain, ce qui a fait réagir dans la même soirée le président américain.

« Barack Obama a en effet condamné un acte « ignoble », en souhaitant que les autorités ougandaises mènent tout de suite des enquêtes pour juger et punir ces criminels. Bien que cet acte terroriste n'ait pas été encore revendiqué, le porte-parole de la police indiquait dès hier soir qu'il privilégiait la piste des milices Shebbab par rapport aux rebelles de la Lord resistance army (Lra) qui lutte en faveur de l'application intégrale des dix commandements du Seigneur.

« Les Shebbab sont d'autant plus soupçonnés qu'ils avaient antérieurement menacé de mort les deux pays dont les militaires forment le contingent présent à Mogadiscio, à savoir l'Ouganda et le Burundi. Ils avaient précisé qu'ils effectueraient des attaques sur leurs territoires respectifs. Dès ce lundi matin, l'inquiétude était réelle à Bujumbura et tous ceux qui ont appris ce qui s'est passé hier à Kampala étaient convaincus qui si ces miliciens Shebbab voulaient tenter « quelque chose » dans notre pays, ils réussiraient avec facilité déconcertante tellement nos forces de défense et de sécurité brillent plus par leur capacité à piller et à tuer leurs compatriotes qu'à défendre notre pays. »

Annexe V.

Réaction de l'Observatoire pour la Protection des Défenseurs des Droits de l'Homme

« Le 16 mai 2011, **M. Jean-Claude Kavumbagu**, rédacteur-en-chef du journal en ligne Net Press, a été libéré après dix mois de détention préventive passés à la prison centrale de Mpimba suite à la décision du tribunal de grande instance de Bujumbura d'abandonner les charges de "trahison", d'"imputation dommageable" et d'"écrits diffamatoires" qui pesaient à son encontre. Le tribunal de grande instance a toutefois décidé de condamner M. Jean-Claude Kavumbagu à huit mois de prison ferme - peine qu'il a déjà effectuée - et 100 000 francs burundais d'amende (environ 58,10 euros) pour délit de presse au motif de "publication d'écrits susceptibles de porter atteintes au crédit de l'État et à l'économie nationale". Si l'Observatoire se félicite de la libération de M. Jean Claude Kavumbagu, il dénonce vivement la décision du tribunal de le condamner sur la base d'une loi attentatoire à la liberté de la presse.

« M. Jean-Claude Kavumbagu, cible du pouvoir depuis plusieurs années en raison de ses articles dénonçant les actes de corruption et la mauvaise gestion de l'État, avait été arrêté le 17 juillet 2010 sous prétexte de la publication d'un article dans lequel il exprimait ses réserves quant à la capacité de l'armée et des forces de police burundaises à prévenir une éventuelle attaque du groupe islamiste somalien Al Shabab qui avait revendiqué l'attentat terroriste perpétré en Ouganda le 11 juillet 2010.

« Le 13 avril 2011, le ministère public de Bujumbura avait requis la prison à perpétuité à son encontre, une requête jugée disproportionnée et vivement dénoncée par l'Observatoire. L'Observatoire se félicite de la libération de M. Kavumbagu et remercie toutes les personnes, organisations et institutions qui sont intervenues en sa faveur.

"Faute d'éléments tangibles, le tribunal n'avait d'autre choix que d'ordonner la libération de Jean-Claude Kavumbagu. Nous nous en félicitons. Rappelons toutefois que cet homme vient de passer dix mois en prison en raison de son action en faveur des droits de l'Homme. Ceci est intolérable et des mesures devront être prises par la justice burundaise pour garantir pleinement la réparation du préjudice subi", a déclaré Souhayr Belhassen, présidente de la FIDH.

"Par ailleurs, tout en notant avec intérêt la mise en place en 2010 d'un ombudsman pouvant enquêter sur les atteintes aux droits de l'Homme infligées par des agents étatiques ainsi que la promulgation en janvier 2011 d'une loi portant création d'une commission nationale des droits de l'Homme, nous appelons à une mise en oeuvre effective et indépendante de ces deux organes afin qu'ils soient en mesure de garantir une protection pleine et entière des droits de l'Homme et de leurs défenseurs", a déclaré Eric Sottas, secrétaire général de l'OMCT.

« L'Observatoire appelle les autorités burundaises à garantir en toutes circonstances la protection des défenseurs des droits de l'Homme, conformément à la Déclaration des Nations unies sur les défenseurs des droits de l'Homme et aux autres instruments internationaux ratifiés par le Burundi, notamment le Pacte international relatif aux droits civils et politiques. »

Bibliographie

Ouvrages.

Cistac G,	Code de justice administrative au Burundi. Rédaction et motivation des arrêts par les juridications administratives, justice administrative et droits de l'homme, programme d'appui à la bonne gouvernance, Bujumbura, 146 p.
Deslaurier C,	Dossier, Justice et réconciliation : ambigüités et impensés "LE BUSHINGANTAHE" PEUT-IL ENCORE RECONCILIER LE BURUNDI ? pp 76 - 96
Deslaurier C,	Paroles et écrits de Rwagasore : leader de l'indépendance du Burundi, Ed. Iwacu - Karthala, 2012, 240 p
Deslaurier C,	RWAGASORE FOR EVER ? Des usages contemporains d'un héros consensuel au Burundi, vingtième siècle. Revue d'Histoire 2013/2N° 150 pp 15 30, DOI : 10.3917, Ving, 118.0015
Enrique Eguren L et Caraj M,	Nouveau manuel de protection pour les défenseurs des droits humains, Ed. Protection International, Bruxelles, 2009, 230 p.
Foucault M,	Surveiller et punir. Naissance de la prison, Ed. Gallimard, Paris, 1975, 360 p.
Gahama J,	Le Burundi sous administration belge, la période de mandat 1919 - 1939, Ed. Karthala, Paris, 2001, 465 p
Kavumbagu JMV,	La condition pénitentiaire au Burundi de 1850 à 1962, Mémoire, UB, FLSH, Département d'Histoire, Bujumbura, 1989, 176 p

Kavumbagu JC,	Evolution démographique d'une zone urbaine d'après les registres paroissiaux : cas de Ngagara (1956 - 1990), Mémoire, UB, FLSH, Département d'Histoire, Bujumbura, 1993, 170 p.
Kovach B et Rosentiel T,	Principes du journalisme, Ed Nouveaux Horizons, Paris, 2004, 207 p.
Manirakiza M	La fin de la monarchie burundaise, 1962 à 1966, Ed. Le Mât de Misaine, Bruxelles, 1990, 107 p,
Manirakiza M,	Burundi, la déviance d'un pouvoir solitaire. Le régime Bagaza (1976 - 1987), Ed. La Longue Vue, Bruxelles, 1997, 159 p
Mariro A,	Burundi 1965 : la première crise ethnique. Genèse et contexte politique, Ed. L'Harmattan, Paris, 2005, 249 p
Mukuri M,	Dictionnaire chronologique du Burundi, Volume 1 Ca 1850 - 1966. De Mwezi Gisabo, Presses Lavigerie, Bujumbura, 2011, 382 p
Ndayizeye E,	L'Eglise Catholique du Burundi ne s'est pas tue devant la violence, Typographie Linea Grafica de Centobuchi di Monteprandone (Ascoli Piceno, Italie), 2010, 239 p.
Ndegeya V,	Répression au Burundi, journal d'un prisonnier vainqueur, Ed. L'Harmattan, Paris, 1993, 135 p
Ndikumana C et Songré E Sawadogo,	Notes sur les médias, principes, pratiques et perspectives, Ed. Jamana - OMEGA PRINT Plus, Ouagadougou, 176 p.
Nindorera W, Capitan S et Ndarugirire Th,	Audit des médias par les médias, s.e, 238 p.
Ntabahungu J et Manirakiza M,	La gloire d'une école (Astrida 1929 - 1963), Presses de l'Imobu, Bujumbura, 2009, 202 p

Pope G,	L'assassinat de RWAGASORE, le LUMUMBA BURUNDAIS, Ed. Iwacu, Bruxelles, 2012, 159 p.
Sinunguruza Th,	Le système organisationnel des prisons au Burundi face au droit pénal moderne, Mémoire UB, Faculté des Droit, 1983, 150 p.
Wilson R,	Titanic Express, Continuum, London, 2006, 249 p.

Rapports et autres documents

APRODH, Rapport annuel 2014, Bujumbura, Janvier 2015, 72 p

Amnesty International, Government carries out political executions after grossly unfair, AI INDEX, AFR A6/28/97, 1 August 1997

Amnesty International, Torture, Une impunité criminelle, Ed. Francophones d'Amnesty International, London, 2001, 140 p.

Amnesty International, End Impunity, justice for the victims of torture, Amnesty International Publications, 2001, 139 p.

Bureau Central de Recensement Général de la population et de l'habitat au Burundi de 2008. Synthèse des résultats définitifs, Bujumbura, Avril 2011, 29 p.

Droits de l'Homme, la Charte Internationale des Droits de l'Homme, 71 p.

EHAHRDP, Ernest Manirumva, Assassinat d'un défenseur des droits humains, une lumière perdue, un procès qui déraille et une société civile menacée, Octobre 2011, 17 p.

Human Rights Wach, Burundi, La quête du pouvoir. Violences et répressions politiques au Burundi, Ed. New York, mai 2009, 95 p.

Human Rights Watch, Burundi, Des portes qui se ferment ? Réduction de l'espace démocratique au Burundi, Ed New York, Novembre 2010, 69 p.

La loi sur la presse au Burundi, loi n° 1/025 du 27 novembre 2003 régissant la presse, éditée avec le soutien de l'Institut Panos Paris, de l'Union Européenne et de Cordaid, Bujumbura, 2004, 66 p.

LBDH Iteka, Code de procédure pénale, promulgué par la loi n0 1/015 du 20 juillet 1999, Textes et commentaires, Bujumbura, Décembre 2001, 80 p.

LDGL, Rapport annuel d'activités de la LDGL 2002, Mars 2003, 15 p.

LDGL, Rapport du 5ème Congrès Ordinaire de la LDGL, GOMA, Janvier 2002, 20 p.

LDGL, Lueur de paix et persistance chronique de l'impunité, rapport annuel sur la situation des droits de l'homme dans la région des Grands Lacs, Burundi, Rd Congo et Rwanda 2003, Presses de l'Imprimerie COFICO, Kigali, mai 2004, 156 p.

LDGL, Rapport annuel des activités de la LDGL 2004, Février 2005, 30 p.

Institut Panos Paris, Afrique Centrale : cadres juridiques et pratiques du pluralisme radiophonique, Ed. Karthala, Paris, 244 p.

Inter Congo Média, Cahiers des médias pour la paix, Ecrire pour reconstruire : les journaux des Grands Lacs et la guerre, Institut Panos Paris, 96 p.

Ministère de la Solidarité Nationale, des Droits de ma Personne Humaine et du Genre, Premier rapport périodique de la Convention relative aux Droits d'enfant, Bujumbura, 22 p.

ONU Femmes, En quête de justice, Le progrès des femmes dans le monde 2011 - 2012, 165 p.

Rapport annuel de la Banque de la République du Burundi, Presse Lavigerie, ISSN 1013-5359, Bujumbura, 1995, 178 p.

Rapport annuel de la Banque de la République du Burundi, Imprimerie la Licorne, ISSN 1013 - 5359, Bujumbura, 1998, 167 p.

Rapport annuel de la Banque de la République du Burundi, Imprimerie La Licorne, ISSN 1013-5359, Bujumbura, 2000, 150 p.

Rapport annuel de la Banque de la République du Burundi, Imprimerie La Licorne, ISSN 1013 - 5359, Bujumbura, 2004, 144 p.

Rapport annuel de la Banque de la République du Burundi, Bujumbura, 2006, 164 p.

Rapport annuel de la Banque de la République du Burundi, Bujumbura, 2008, 112 p.

Rapport annuel de la Banque de la République du Burundi, Bujumbura, 2010, 115 p.

Rapport annuel de la Banque de la République du Burundi, Bujumbura, 2012, 112 p.

Rapport annuel de la Banque de la République du Burundi, Bujumbura, 2016, 98 p.

Rapport S/1996/682. Rapport d'une Commission d'enquête internationale de l'Onu sur le Burundi, New York, le 23/07/1996

Reporters Sans Frontières, La liberté de la presse dans le monde, Rapport 1995, Marsat, Paris, 460 p.

Reporters San Frontières, La liberté de la presse dans le monde, Rapport 2003, Mang-Eurolivres, Paris, 616 p

L'auteur

Jean-Claude Kavumbagu est un témoignage éloquent de ce qu'il a vécu dans sa vie de prisonnier et sa carrière de journaliste. Pour y avoir séjourné à cinq reprises, il sait de quoi il parle car il a tout vu, a posé des questions, a discuté avec d'autres détenus qui ont témoigné de la subjectivité de la justice humaine de notre pays. Dans ces développements, Jean-Claude Kavumbagu montre qu'il y a des catégories qui sont victimes du harcèlement judiciaire, notamment les jeunes et alors qu'ils sont encore capables de produire, ainsi que les personnes pauvres qui ne sont pas en mesure d'intéresser les hommes de la loi pour qu'ils soient rétablis dans leurs droits.

Des motivations politiques sont également perceptibles dans l'emprisonnement des Burundais, surtout ceux qui évoluent dans des milieux indépendants, comme les journalistes, les défenseurs des droits de l'homme ou alors des gens qui évoluent dans des partis politiques de l'opposition. Ce qui l'a intéressé est que tous les régimes qui se sont succédé, de 1999 à 2010, ont toujours avoué sans détour qu'ils sont démocratiques, qu'il n'y a pas de prisonniers politiques dans le pays.

Les autorités judiciaires indiquent souvent que les procès suivent le cours normal mais il devient paradoxal de se rendre compte qu'il y a des détenus qui viennent de passer plus de deux ans sans être présentés devant le juge de confirmation. Les mêmes autorités ne veulent pas admettre que le secteur judiciaire est gangréné par la corruption et ce, à plusieurs niveaux. Ces négations sont souvent à l'origine des surpopulations carcérales et des fois le Chef de l'Etat est obligé de décréter une grâce présidentielle afin de désengorger les prisons, même si des fois les collaborateurs directs boycottent sa grâce.

Si les magistrats et les procureurs empochent de l'argent des justiciables pour faire ceci ou cela, généralement en faveur de leur libération, même les membres du gouvernement ne sont pas épargnés par de telles pratiques et l'on est obligé de se taire car le ministre de la justice est le seul membre du gouvernement qui est habilité à emprisonner une personne sans passer par les instances connues. Autant donc de contradictions que l'auteur relève dans son ouvrage, tout en espérant qu'il servira à quelque chose dans la gestion des prisons et de la justice.

Fils d'un ancien lauréat du Groupe Scolaire d'Astrida, une école qui formait des élites situées au Sud du Rwanda sous la colonisation belge, Jean-Claude Kavumbagu est né à Bujumbura, la Capitale du Burundi, au mois de juin 1965, dans une famille de 5enfants dont il est quatrième. Dans sa carrière de journaliste, il a tout vu, il a tout expérimenté. S'il a fait la prison, il a également voyagé beaucoup et rencontré de très prestigieuses personnalités à l'instar de Nelson Mandela, l'ancien prisonnier le plus célèbre de la planète, ancien président de l'Afrique du Sud et ancien médiateur dans le conflit burundo-burundais.